中国语言资源论丛

（一）

主　编：张　普　王铁琨

商务印书馆

2009年·北京

编辑委员会

主　　编：张　普　王铁琨

执行主编：杨尔弘

编辑委员会成员：（按音序排列）

　　　　侯　敏　苏新春　王铁琨

　　　　杨尔弘　张　普　周洪波

目　　录

序言……………………………………………… 周有光(1)
前言………………………………………… 张普　王铁琨(3)

论语言资源……………………………………… 陈章太(7)
国家语言资源发展战略研究 …………………… 徐大明(18)
语言使用实态考察研究与语言规划
　　——发布年度语言生活状况报告的思考……… 王铁琨(32)
语言资源整合与对比研究
　　——以两岸词汇对比研究为例 ……………… 黄居仁(52)
国家语言资源建设和现代汉语规范化及汉语教学 … 胡明扬(67)
作为第二语言教学的汉语教学必须重视书面语教学 … 陆俭明(70)

喀卓人的双语关系
　　——兼论双语关系在语言国情研究中的地位
　　………… 戴庆厦　蒋颖　邱月　常俊之　赵燕珍(82)
论汉语方言的资源及其开发利用……………… 李如龙(104)
两岸四地语言文字使用现状与汉语国际推广…… 陈荣岚(117)
新加坡双语教育政策的挑战与新机遇………… 吴英成(131)
试论在新马两国推进华语文传播的策略……… 汪惠迪(154)

论新词语的短期消亡……………………………… 王宁(168)
共时、同题语料库和社会文化 …………… 邹嘉彦　邝蔼儿(174)
论语言的稳态…………………………………… 张普(188)
关注语言文字差错,营造国民用好母语氛围 ……… 华绍和(207)
教材语言的性质、特点及研究意义

………………… 苏新春　杜晶晶　关俊红　郑淑花(213)

语言监测需要多功能、易维护的自动分词标注系统

………………… 侯敏　胡凤国　滕永林　刘伟(224)
蒙古语语言资源平台架构设想……………… 那顺乌日图(236)
维吾尔语语音语料库的设计研究

………… 吾守尔·斯拉木　那斯尔江·吐尔逊(249)
论面向信息处理现代维吾尔语资源库构建

……… 玉素甫·艾白都拉　潘伟民　阿布都热依木·沙力(256)

动名兼类词及其词性标注规则

………………………… 黄昌宁　李玉梅　靳光瑾(268)
基于计量研究的现代汉语常用词库的构建

………………………… 俞士汶　朱学锋　支流(289)
自然语言处理中的理性主义和经验主义……… 冯志伟(302)

关于语文教科书编选问题的思考 ……………… 顾之川(323)
现代汉语词汇通用度及其计算方法研究初步

………………… 赵小兵　张普　唐宁　田寄远(332)

对外汉语初级教材义类分布研究
　　——以"性质与状态"义类为例
　　…… 柯丽芸　杨艳　杜晶晶　李安　田立宝　苏新春(345)
基于动态流通语料库通用词语的字词语关系考察
　　………………………………………… 韩秀娟(354)
基于词汇时间分布信息的未登录词提取……… 何伟　侯敏(368)

关于语言资源的几点思考(闭幕词)…………… 崔希亮(380)

序　　言

2007年9月,教育部语言文字信息管理司和北京语言大学共同主办了一个高峰论坛,讨论"国家语言资源与应用语言学"的问题。主题是"国家语言资源",提出:语言,包括文字,是人文社会资源,是国家资源,是人类资源,需要加以保护、开发和利用,进行调查、测量和研究。应用语言学应当研究语言资源。这些概念和观点,使人耳目一新。

近年来,教育部语言文字信息管理司,建立专题中心,进行语言资源的调查、研究和分析,每年把成果编成《中国语言生活状况报告》;提供共时的描写资料,便利历时的比较探讨。教育部做的这些工作,实际开辟了一个语言资源研究的新园地。

本书中的论文和资料,都是专门研究的成果,应用了新的理论和新的方法。研究的语种包括:汉语、少数民族语言、华侨地区语言、濒危语言等。研究重视语言生活的实际状态,分别动态和稳态,动态反映语言的演变,稳态传承语言的功能。这些研究,有理论意义,有实用价值。语言文字学呈现了新气象。

现在是21世纪,21世纪是全球化时代,全球化是人类社会发展的新阶段。在新阶段中,一切事物都要"重新认识、从头超越"。厚今而不薄古,重中而不轻外,既需继承,更要创新。时代在前进,语言文字学不能不"与时俱进"。

我将追随在语言文字学界同行们之后,共同学习,共同前进。

周有光

2008-08-08

时年103岁

前　言

由教育部语言文字信息管理司和北京语言大学共同主办，国家语言资源监测与研究中心平面媒体分中心（北京语言大学应用语言学研究所）承办的"国家语言资源与应用语言学高峰论坛"于2007年9月12—14日举行。本论文集是该论坛的特约报告和论文报告的精选，还收入了几位青年学者的研究报告。

召开本次高峰论坛的目的是为了更好地推进国家语言资源监测与研究的实践，进一步推动中国应用语言学学科建设的深入发展。

2004年到2005年期间，教育部语言文字信息管理司先后与国内五所大学签署了共建国家语言资源监测与研究中心平面媒体分中心（北京语言大学）、有声媒体分中心（中国传媒大学）、网络媒体分中心（华中师范大学）、教育教材分中心（厦门大学）、海外华语研究中心（暨南大学）的协议。五个分中心都分别建立了学术委员会，制定了相关章程，学术委员会对申报的监测项目分别进行了评议，有的中心的项目还进行了中期考核、结题与验收。但是五个分中心学术委员会还没有一次机会坐在一起，认真对国家语言资源、语言资源的监测、监测的理论、方法、结果等问题进行一次专门的充分的集中的讨论。这次"国家语言资源与应用语言学高峰论坛"，是五个分中心的学术委员会（与会委员共计53人，其中中国大陆地区46人,香港地区2人,海外5人)首次一起开会,并特约了语言学及应用语言学、"语言资源联盟"等有关国内外专家,就国家语言资源与应用语言学科发展等重大问题进行专门研讨。

国家语言资源监测与研究,是一项面向语言应用的实际状态(可称为语言的"实态")的监测与研究。监测的规模是空前的,监测的实践是动态的,监测的方法和技术都是需要不断探索的,监测结果的连续发布在国际上也是没有先例的。国家语言文字工作委员会以"中国语言生活绿皮书"的形式连续发布了《中国语言生活状况报告2005》、《中国语言生活状况报告2006》,《中国语言生活状况报告2007》也将于2008年发布。国家语言资源监测与研究中心每年监测的语料约10亿汉字符次(12亿字符次)的数据量,无论监测的理论还是监测的方法,以及监测的汉语信息处理技术和设备,都随着监测的实践的推进而不断发生变化,我们的认识也在不断深化。因此,召开一次"国家语言资源与应用语言学高峰论坛"的研讨会,延揽国内外的相关专家学者,深入研讨一些问题,已经是国家语言资源监测科学、持续、深化发展的需要。正是在这样的背景下,教育部语言文字信息管理司和北京语言大学共同发起并主办了这次高峰论坛,也得到了国家语言资源监测与研究中心的各分中心的响应与支持。

本次会议以"国家语言资源与应用语言学"为主题,具体议题主要包括以下内容:

1. 国家语言资源建设、监测与研究
2. 国家语言资源与语言服务
3. 国家语言资源与语言规划
4. 国家语言资源与语言文字规范

5. 国家语言资源与语言文字社会应用

6. 国家语言资源与母语教学

7. 国家语言资源与国际汉语传播

8. 国家语言资源与民族地区汉语教学

9. 国家语言资源与语言信息处理

10. 其他与会议主题相关的论题

把语言资源作为一种国家资源,是从一个新的视角来看待语言,自然就产生了许多新的研究内容。召开此论坛的目的就是请专家们在这样一个新的视野下,探讨其中的新问题、新发现、新方法、新技术和新理论,进一步推动国家语言资源的监测研究与应用语言学的发展。

会议收到特邀报告、论文报告50篇,高峰论坛后又经作者认真修改,精选了其中的28篇,收入本论文集,并依据论文的内容,大致作了分类。对于语言资源最宏观的、战略的论述,放在第一类。

高峰论坛于9月12日上午开幕,北京语言大学崔希亮校长、教育部语信司李宇明司长作为主办方领导致开幕词,胡明扬先生代表专家讲话,然后进入特约报告和论文报告的研讨。值得特别提出的是,本次论坛于9月12日晚专设了青年学术骨干及学生报告专场,来自中央民族大学、香港浸会大学、中国传媒大学、厦门大学、北京语言大学、第二外国语大学等从事国家语言资源监测、语言教学与研究的11位青年学者报告了论文,引起热烈的关注。受条件限制,我们不能将这些论文悉数收入本论文集,希望创造其他的机会让这些研究成果能与广大读者见面。

尤其值得一提的是9月13日下午的"自由论坛",这是与其他的学术研讨会完全不同的一种学术上的自由论坛,是本次高峰论坛专门安排的集中的长达三个小时的交互讨论。在通常的学术报告过程中,每篇报告后都有简单的提问和讨论,一些新鲜的热门的大家关注的问题常常有很多人想提问、发言或讨论,但交互时间不够,往往就已经有按捺不住的感觉。因此大家早就盼望在"自由论坛"的集中交互时间,能够充分对一些重大的问题、感兴趣的问题进行深入讨论,甚至于交锋。会议提倡学术平等,人格尊重,观点交锋。受国家语言资源与应用语言学高峰论坛两位主席的委托,"自由论坛"由王铁琨、苏新春、侯敏、周洪波和张普五位主持,每人主持半小时,主持人做开场发言5—8分钟,交互发言3—5分钟。自由论坛发言热烈,讨论激烈,发人深思,频频有思想的火花碰撞出来,全部发言均由现场两位速记员实录,并经本人修改。我们希望这个实录的"自由论坛"另外有机会单独发表。

自由论坛结束后,教育部语言文字信息管理司王铁琨副司长作大会总结,北京语言大学崔希亮校长致闭幕词。2007国家语言资源与应用语言学高峰论坛在热烈欢快的气氛中,在紧张有序的节奏下谢幕了。

为了与更多的专家学者分享这次会议的成果,也希望有机会向更多的同仁求教,我们整理出版了此论文集。

论文集的编辑委员会成员是:侯敏、苏新春、王铁琨、杨尔弘、张普、周洪波。各篇入选论文都经作者授权,文责自负。

张普 王铁琨

2008年3月29日

论语言资源

陈章太　教育部语言文字应用研究所

引言

0.1　语言是不是资源,怎样看待语言资源,过去国外学界谈论多一些,国内学界讨论不太多。近些年来,这个问题逐渐引起我国语言学界和有关部门的关注,邱质朴(1981、2000)、黄行(2000)、李宇明(2003、2005)、张普(2006、2007)、孙宏开(2006)、徐大明(2007)等教授对语言资源问题进行了较多的研究与论述,发表了很好的意见。教育部和国家语委对这一问题十分重视,从2005年起相继建立了"国家语言资源监测与研究中心"及多个分中心,对我国语言资源进行监测与研究,先后发表了多部重要翔实的监测研究报告,取得了很好的绩效。现在,学界正在讨论这个问题,2007年10月在北京语言大学举行的国家语言资源与应用语言学高峰论坛的主要议题,就是国家语言资源的建设与应用。

0.2　我国学界讨论的"语言资源"有广义和狭义之分,广义的"语言资源"是指语言本体及其社会、文化等价值;狭义的"语言资源"是指语言信息处理用的各种语料库和语言数据库,以及各种语言词典等。随着我国现代化、信息化的加速发展,社会对语言实际需求的加大,以及语言功能的变化,人们对语言的认识正在发生深刻的变化,从视语言为问题逐渐转向将语言看作资源,进而发出保护建设和开发利用语言资源的呼吁,这有重要的意义,对我国语言生活和语言文字工作将产生积极影响。本文讨论的"语言资源"是广义的"语言资源",还包括文字。具体讨论三个问题:语言是一种特殊的社会资源;我国的语言资源状况;语言资源的保护建设与开发利用。

一 语言是一种特殊的社会资源

1.1 所谓"资源",是指有价值、可利用、出效益、能发展的事物。资源学通常将资源分为自然资源和社会资源两大类,下面再各分成若干小类。语言是一种符号系统,又是一种社会交际工具,它存在、依附于人类社会,与社会紧密相结合,为社会交际服务,因此被认为离开了社会无所谓语言。语言既是物质的又是社会的,而更多的是社会的。语言以它的物质结构系统,承载着丰富、厚重的社会文化信息,为社会所利用,能够产生社会效益和政治、经济、文化、科技等效益,所以是一种有价值、可利用、出效益、多变化、能发展的特殊的社会资源。

1.2 语言资源主要由语言本体和语言社会应用两部分构成。语言本体包括语音系统、词汇系统、语法系统和语义系统,是语言资源的物质基础;语言应用包括语言在社会各领域的应用,是语言资源价值和可利用性的具体体现。语言资源的价值有隐性的也有显性的,其隐性价值是语言本体的价值,具体包括语言地位,规范程度,语言历史,承载的文化、信息,记录的文献、资料等;显性价值是语言本体价值的具体体现,具体包括语言社会交际作用,使用人口,使用领域,应用效益等。语言资源的隐性价值要通过显性价值加以体现,而所有语言资源价值的显现一般是逐渐、缓慢的,只有在语言功能、语言地位、语言作用发生大的变化之后,某些语言的资源价值才会有较快的显现。例如希伯来语,原来只是犹太人在宗教活动中使用的一种"死了的语言",并不是犹太民族的日常用语。以色列建国以后,因为国家、民族、社会的需要,实行一个国家一种语言的政策,确定希伯来语为国语,从此改变了希伯来语的地位、功能和作用,希伯来语成了以色列法定的官方语言和犹太人的日常通用语,这样希伯来语的语言资源价值才从隐性转为显性,很快显现出来。又如马六甲海峡的一种廖内——柔佛方言(Riau-Johor),在1972年印度尼西亚与马来西亚协议共同采用以这种方言为基础的标准马来语为两国共同语以后,这种方言的地位、功能和作用等发生了重大变化,随之,这种方言的语言资源价值也才凸显出来。菲律宾的他加禄语(tagalog)在成为菲律宾国语之后,它的语言资源价值也很快显现。

1.3 语言资源价值的高低,与语言功能、语言活力和社会需求、国力状况等有密切关系。就语言功能和语言活力来说,凡是语言功能完备或比较完备,语言活力强盛或比较强盛的语言,如一般国家的官方语言,多数民族共同语和许多区域通用语,其语言资源价值就较高;反之其语言资源价值则较低或很低,如世界上和我国不少弱势或濒危的语言、方言。就社会需求和国力状况来说,凡是社会处于稳定、发展时期,社会对语言的需求就要加大,或是国家综合国力处于上升、鼎盛状态,这都会促使该国家社会主要语言的语言资源价值升高,如我国近期的崛起、发展与汉语普通话语言资源价值的攀升;反之,国家、社会发展得缓慢或停滞,其主要语言的语言资源价值则降低,如亚洲、非洲的有些国家与主要语言。

1.4 评价语言资源价值,可以参考语言活力评价指标体系,我以为具体指标大致有这样几项:(1)语言在社会中的地位与声望情况;(2)语言规范程度及表现力;(3)语言使用人口及其年龄结构与社会分布;(4)语言使用范围与应用领域;(5)语言记录文献和承载信息情况等。依据这个语言资源价值评价指标体系,大致可以将我国的语言资源分为以下五类:语言活力超强的超强势语言资源;语言活力强盛的强势语言资源;语言活力减弱的弱势语言资源;语言活力缺乏、处于濒危状态的超弱势语言资源;语言活力没有、已经消亡但仍有一定价值的语言资源。超强势语言资源和强势语言资源,一般都达到评价指标体系中各项或多项指标的较高标准,如国家、民族、地区的共同语,通用语言,官方语言和法定语言等。然而有的超弱势语言,甚至是消亡了的语言,因为具有评价指标体系中某些指标的高标准,如记录文献和承载文化信息较多,这样的语言也具有一定的资源价值,如我国历史上的契丹语、女真语和当代的满语,外国的梵语、巴利语、哥特语等。

二 我国的语言资源状况

2.1 上文说过,我国的语言资源大致有这样几类:超强势语言资源,强势语言资源,弱势语言资源,超弱势语言资源,消亡但仍有一定价值的语言资源。

2.2 语言活力超强的超强势语言资源。汉语普通话由于它形成的历史悠久,记录了极其丰富、珍贵的文献资料,现在使用人口众多,应用地域广阔,使用领域广泛,规范程度很高,语言功能完善,语言活力超强,应用效益显著,语言声望很高,语言影响广泛,对国家统一、民族团结、社会进步、经济文化科技等发展,以及国际交流等发挥重大作用。近百年来,它先被定为国语,后被确定为国家通用语言,其地位、作用、贡献和利用效益,都是最为重要最为显著最为巨大的,所以可以认为汉语普通话是我国的超强势语言资源。随着国家的更加强盛,社会的更加发达,经济文化科技等的更加发展,国际交往的更加频繁,汉语普通话的资源价值与作用必将进一步显现出来。

2.3 语言活力强盛的强势语言资源。语言规范程度较高,语言功能比较完善,使用人口较多,应用范围较广,语言表现力较强,语言活力强盛,在中央及相关民族自治地方法定通用的少数民族语言,如蒙古语、藏语、维吾尔语、哈萨克语、朝鲜语、壮语、彝语,是语言活力强盛的强势语言资源。还有在民族自治州、县公务活动等使用或跨境使用,使用人口较多,具有较强活力的部分少数民族语言,如苗语、布依语、载佤语、侗语、白语、傣语、纳西语、景颇语、拉祜语、佤语、柯尔克孜语、达斡尔语、土语、黎语、傈僳语、哈尼语、独龙语、锡伯语、塔吉克语等,以及汉语中语言活力强盛的主要方言和次方言,如官话方言、吴方言、湘方言、赣方言、粤方言、闽方言、客家方言及其次方言,还有某些地区实际通用的当地方言,如吴方言的苏州话、宁波话、温州话,粤方言的台山话、香港粤语,闽方言的福州话、厦门话等。这些语言、方言因为它们的功能正在增强,价值、活力、使用范围较大,可以认为是强势语言资源。有的语言或方言虽然使用人口不多,也没有文字,但其价值、活力较强,语言功能很好,在本民族本地区中使用人数比例很大,语言保持和发展情况很好,这样的语言或方言也是强势语言资源,如基诺语和汉语方言的杭州话。

2.4 语言活力减弱的弱势语言资源。那些语言规范程度较差,多数没有文字,文献资料较少,使用人口较少,应用地区较小,使用范围较窄,语言功能减弱,语言活力较差,使用效果较弱的部分少数民族语言和部分汉语方言土语,都是弱势语言资源。如土家语、布努语、仡佬语、普米语、乌孜别克语、裕固语、保安语、门巴语、珞巴语和台湾地区的一些少数民族语言,以及汉语的某些小方言土语和多数边界弱小方言土语,如湘南、桂北、粤北的方言土语,皖南、浙西的某些方言土语,闽中地区闽语几大次方言交界的弱小边界方言等。

2.5 语言活力缺乏、处于濒危状态的超弱势语言资源。有些少数民族语言和汉语方言,虽然使用人口很少,应用范围很窄,语言功能萎缩,语言活力很差,已经处于濒临消亡的状态,但还在一些人和某些范围内使用,还有一定价值,这样的语言都属于超弱势语言资源。据学界调查研究,我国的这类语言大致有20多种。这些语言大多没有文字和文献资料。如满语、畲语、赫哲语、鄂伦春语、塔塔尔语、普标语、仙岛语、康家语、阿侬语、达让语、格曼语、毕苏语、桑孔语、柔若语、图佤语、波拉语、泰耶语、苏龙语、布兴语、倈语、葛玛兰语、赛德克语等。汉语超弱势方言资源的情况很不清楚,已知的情况是有些方言已处于濒危的超弱势状态,如畲话(畲族说的汉语方言)、疍家话、正话、军话、儋州话、站话、伶话,以及各地方言区中的有些方言岛,如闽方言区中的吴方言岛、赣方言岛、客家方言岛和北方方言岛,吴方言区、粤方言区中的有些闽方言岛等。

2.6 语言活力没有、已经消亡但仍有一定价值的语言资源。这样的语言多数具有文化价值,有时还需利用。如我国历史上的焉耆——龟兹语(又称土火罗语)、于阗语、西夏语、契丹语、女真语等。已经消亡但还有一定价值可利用的汉语方言,如古吴语、古越语、古楚语、古闽语等。这些语言和方言及其记录的历史文献资料,对研究、解读我国古代历史、社会和文化等极具重要价值。

2.7 此外,语言的各种社会变体社会方言,如不同群体的语言,行业专用语,以及特种语言,如盲文哑语等,是否可以看作语言资源或语言副资源?还有外国语言虽然不是我国的语言,但掌握、利用外国语言,是中国语言生活的重要内容,对国家、社会、事业的发展等有重要价值和意义,从这个角度看,是否可以将具有不同价值的外国语言资源,看作我国语言资源体系中的副资源?这些都需要研究。

2.8 根据观察和已知的情况看,由于语言接触的密切和语言影响的扩大,我国的语言和方言正在发生急剧的变化,语言生活丰富,语言成分多变,语言资源价值不太稳定,多数语言和方言处于强势语言资源和弱势语言资源状态,只有少数语言、方言比较稳定地处于强势语言资源状态,另有少数语言、方言处于濒危的超弱势语言资源状态。这值得我们充分重视和认真研究。

三 语言资源的保护建设与开发利用

3.1 语言既是一种资源,对语言资源就应当加以积极保护和科学建设,并进行合理开发和有效利用,这样才能保证语言资源的健康、持续发展和长期有效利用。积极保护、科学建设和合理开发、有效利用,是互相促进、互为因果的辩证关系;积极保护和科学建设是为了更好地开发与利用,而合理开发和有效利用是为了更好地保护和建设。整合语言资源,是做好语言资源建设的重要内容。为了做好对语言资源的保护建设和开发利用,下面的几件事情值得重视并认真做好。

3.2 调查语言及其使用状况,全面摸清国家语言资源家底,并对国家语言资源进行更有效的监测。关于我国语言文字及其使用情况的调查,过去进行过多次,如20世纪50年代的少数民族语言和汉语方言普查,20世纪80年代的全国民族语言文字使用情况调查,20世纪90年代的民族语言调查,1998年至2004年的中国语言文字使用情况调查,近几年的中国语言生活状况调查等,还有其他几次规模较小的语言调查。这些调查的成果为我国语言政策的制定与实施,语言文字工作的顺利开展提供了重要依据,创造了有利的条件。新中国成立后,已经过去了半个多世纪。现在,国家有了很大的发展,社会发生了深刻的变化,语言及其使用状况也发生很大的变化,对国家语言资源应当进行更加全面、细致的调查,以获取新的带有动态性的数据、资料。还要对国家语言资源进行更加有效的监测,随时掌控国家语言资源发展、变化情况。这些都是保护、建设和开发、利用语言资源的重要基础工程,对制定语言政策、语言规划和相关事业发展规划等也有重要意义。

3.3 制定和修订适合新世纪国家社会发展需要的语言政策和语言规划。过去的语言政策和语言规划,适应当时国家、社会发展和社会生活、语言生活的需要,当然,语言和语言生活有稳定性和连续性,过去有些语言政策和语言规划仍有现实作用,还要继续执行和实施。而有些则需要适时修订,并且应当依据新世纪国家、社会和语言生活的实际需要,制定新的语言政策和语言规划。比如新的语言政策和语言规划要指出认真贯彻、执行《宪法》有关条款和《国家通用语言文字法》、《民族区域自治法》等法律的重要现实意义,说明要依法做好语言文字工作,并作出相关规定;要突出国家通用语言文字的地位和作用,强调大力推广普通话和规范汉字,并要确保民族语言的地位、作用和权利;要说明方言的价值和作用,恰当保护方言;要强调语言文字规范化标准化信息化的重要性和迫切性,并作相关规定;还要说明构建和谐语言生活的重要意义与内容。从语言政策上和语言规划方面,作出相关说明和规定,对保护建设和开发利用国家语言资源是重要而有效的。比如怎样创造、提供语言使用的空间和条件,如何进一步实行双语政策和双语教育等。

3.4 大力构建和谐语言生活。这不仅是新世纪语言文字工作的新理念和新目标,也是语言规划的新内容,对保护、利用国家语言资源必将发挥重要作用。构建和谐语言生活,似有这样几项具体内容:(1)尊重公民的语言选择,保障公民语言权利,营造和谐语言生活。(2)正确对待、妥善协调国家通用语言文字与民族语言的关系。(3)正确对待、妥善协调各民族语言的关系。(4)正确对待、妥善处理民族共同语、标准语与方言的关系,以及方言与方言的关系。(5)恰当处理母语与外语的关系,重视母语并加强母语教学,同时加强外语的学习与使用。(6)积极保护弱势语言和弱势方言,有效抢救濒危语言和濒危方言。(7)进一步加强语言文字规范化标准化信息化,努力增强语言功能与语言活力。(8)树立语言服务观念,做好语言社会咨询、服务工作。(9)积极保护、科学建设、合理开发、有效利用语言资源,提高语言资源价值。

3.5 加强语言研究,促进语言应用。我国的语言研究,从传统的语文学到现代语言学,经历了较长的时间,打下了坚实的基础。而我国的当代语言学则比较薄弱。当代语言学既强调语言本体分析与描写,强调理论概括,又重视语言应用,特别是语言教学与习得,语言与社会、科技应用,语言信息化等。我国的语言研究应当朝这一方向前进,应当将语言本体研究与语言应用研究紧密结合起来,关心、研究语言及其使用的变化,关心社会语言生活,重视国家语言资源的保护与利用,让语言研究成果的绚丽之花在语言应用中结出硕果。

3.6 处理好保护建设与开发利用的关系,是国家语言资源健康、持续发展的重要一环。上文说明,保护建设是为了更好地开发利用,开发利用是为了更好地保护建设。只保护建设不进行开发利用,语言资源价值无从体现,语言不成其为资源;只开发利用或过度开发、不当利用,必然影响乃至破坏语言资源的保护与建设。所以本文提倡对语言资源进行"积极保护、科学建设、合理开发、有效利用"。这方面可以普通话的保护建设与开发利用为例。

参考文献

① 邱质朴《试论语言资源的开发——兼论汉语面向世界问题》,《语言教学与研究》1981年第3期。
② 邱质朴《应用语言学的新概念》,《镇江师专学报》2000年第3期。
③ 张普《论国家语言资源》,《民族语言文字信息技术研究》,西苑出版社2007年版。
④ 李宇明《关注语言生活》,《长江学术》2003年第4期。
⑤ 李宇明《中国语言规划论》,东北师范大学出版社2005年版。
⑥ 黄行《少数民族语言活力研究》,中央民族大学出版社2000年版。
⑦ 金星华《中国民族语文工作》,民族出版社2005年版。
⑧ "中国语言生活状况报告"课题组《中国语言生活状况报告(2005)》,

商务印书馆2006年版。

⑨ "中国语言生活状况报告"课题组《中国语言生活状况报告(2006)》,商务印书馆2007年版。

⑩ 孙宏开《中国少数民族语言活力排序研究》,《广西民族大学学报》(哲学社会科学版)2006年第5期。

⑪ 孙宏开、胡增益、黄行《中国的语言》,商务印书馆2007年版。

⑫ 徐大明《国家语言资源发展战略研究》,《国家语言资源与应用语言学高峰论坛论文集》2007年。

国家语言资源发展战略研究

徐大明

语言的资源观可以帮助我们摆脱"多语多言"是"语言问题"的错误观念,但是社会交际中的语言隔阂以及言语交际失范的问题仍然存在;少数民族地区保存民族语言、民族文化与经济发展的矛盾仍然存在。一系列语言资源的"发展战略"的课题亟待研究:例如,市场经济的力量、国家统一的需要是否一定会导致语言同化;国家的语言资源应该怎样对待,是以保护和维持现状为主,还是采取发展和优化的策略;语言资源的发展是否只局限于语言本身的发展(即本体规划的内容),而不包括从国家利益角度所进行的宏观调控(即地位和功能规划),等等。本文拟就这些问题谈一些粗浅的看法,希望能抛砖引玉,促进这方面的研究。

一 国家的语言资源

一个国家的人口是该国家的重要资源,而这一资源的效能来源于该人口的素质。低素质的人口难以构成良好的人口资源,高素质的人口成为高效能的资源。目前对于人口素质的研究还很不够,但是,有一点可以肯定:语言素质应该是人口素质的一个重要的成分。语言最重要的功能就是它的社会整合功能。一个国家需要一个或几个通用的语言,这样它才能有效地行使行政职能。如果该国的人民比较普遍地掌握了通用语,这将有利于全国范围内的交流、协作和人力物力的流通。如果该国的专业人才比较普遍地掌握了国际上通用的语言,将会有利于该国的国际交流、国际合作、国际贸易、国外投资等,进而更有效地发挥其在世界经济、国际政治中的作用(Swaan 2001)。如果该国的民众具有较强的语言社会交际能力,就能形成较为和谐融洽的社会互动规范;如果社会中形成了有效的语用规范,就能提高社会交际的效率,增进和谐与稳定。这当中既包括国民作为个别讲话人的语言意识、语言能力的增强和提高,也包括政府有意识、有计划地通过教育等手段从整体上来培育国民的语言素质的举措,以及建立语言使用方面的社会秩序的工作。

二 语言管理:新加坡经验

语言规划理论正在从"问题导向"向"资源导向"的规划观转变:把语言,特别是"多语多言"现象不再视为问题,而是视为文化资源来看待,开始重视"濒危语言"的保护、"方言遗产"的抢救等工作,这是一个重要的进步。但是,现实社会中,不管是"单语"还是"多语"、"单言"还是"多言"的状况,言语交际问题,以及其他与语言相关的社会问题还是存在的,有时以一种比较突出的形式出现(例如,威胁到国家统一或民族团结的语言冲突问题)。此外,对于语言资源本身,除了了解、监测和保护之外,似乎还应该有更加全面的管理。

"语言管理"是语言规划研究领域中较新的理论,它不仅接受语言是资源这一前提,而且引进了管理理论,为语言资源的管理提供了方法论和基础理论依据(Xu & Li 2002)。根据这一理论,对于语言资源,不仅有爱护和保护,防止破坏和流失的问题,还有一个掌握、配置、利用和发展的问题;反之,语言资源的浪费、误用,必然造成社会问题。因此,语言的"资源观"与"问题观"是可以通过解析而联系在一起的。

新加坡具有比较成功的语言规划经验,其中,"语言管理"的部分是可以供我们借鉴的。新加坡的语言管理模式包括三个组成部分:"确认资源"、"利用资源"、"发展资源"(Xu & Li 2002)。新加坡是一个缺少自然资源的国家,因此向来重视人口资源的开发。新加坡又是一个移民国家,历史上也一直是一个贸易和物流中心,因此五方杂处、人口流动,语言状况十分复杂。新加坡建国之后,语言和文化的复杂情况成为一个重要的政治难题。为了政治的统一,似乎可以对这个地域不过数百平方公里、人口不过几百万的国家实行比较简单的语言统一政策。但是,新加坡政府充分认识到语言问题的复杂性和语言规划工作的科学性,因而进行了相应的调研、咨询和论证,进而接受了"语言管理"的语言规划观,并将其纳入在"社会工程"思想指导下的总体管理体系。在确认语言资源的时候,政府直接参与,同时也支持学术界进行了比较全面的语言人口、语言使用状况以及语言教育、语言意识形态方面的调查研究,而且应用了语言规划理论研究方面的一些成果。这样,语言规划者对新加坡的语言资源有了比较完整的"确认":不仅掌握了当前的语言状况,而且联系有关语言的历史人文传统,对可利用的语言资源进行了综合性评估。这种综合评估为确定新加坡的国语、官方语言和语言教育政策的工作奠定了基础。

新加坡的语言管理模式的另一个重要特点是：在总的长远目标确定的前提下，灵活、策略地确定短期目标和执行措施，不断地根据形势的发展来调节和调整。这一特点在"利用语言资源"的工作中得到特别的体现：在新加坡共和国短短40年的历史中，我们看到对语言工作和语言教育的几次大的调整和无数次小的调整，但都是服从于在当时形势下所认定的"促进经济发展、社会稳定、国家认同"的总目标。其中的一个妙笔，为1979年启动的"讲华语运动"，以及相应的双语教育的举措。这一行动适时地收到政治、经济、社会、文化等多方面的效益。从语言规划的角度来看，这是一个资源统筹管理的例子，是一个成功地利用新加坡华文教育传统、新加坡华人语言认同，以及作为重要人力资源的大批华校毕业生的举措。

新加坡语言规划的一个奇迹般的成果，就是快速产出了一代华语和英语母语讲话人，而这是其"发展语言资源"工作中的一个突出成果。通过有关政策引导，许多以华语或英语为第二语言的家长刻意为子女制造了华语或英语的习得环境。在一系列言语社区建设的配套措施的支持下，大批华语、英语以及华英双语母语讲话人被"制造"了出来。新加坡母语人口的状况每十年即产生几成改变，而且这些改变基本上都是向有利政府目标的方向的转变（Xu *et al*. 2004）。

三 语言资源的发展观

从"语言管理"的模式中我们可以得到语言资源的发展观。语言学界一度流行的"自足自立"的语言理论及其相关的语言哲学理论,过度强调语言的生物基础,从而将人们引入语言是一种自然现象的片面性认识,进而产生对积极的语言规划的怀疑态度。然而,历史社会语言学的研究成果告诉我们,现存的自然语言都是历史文化的产物,都深深地打上了社会和政治的烙印。作为一种历史积淀的文化模式,语言中充满了人为干预的结果以及社会历史事件的痕迹,同时它每时每刻都在社会环境的影响之下继续发展变化。语言不是"自足自立"的,而是一个寄生在社会系统中的信息和符号系统。因此,"发展变化"和"对社会的依附"是语言的基本特性。

语言是从来都没有停止过嬗变的。如果说语言变化有什么最基本的规律,那就是,从长远的观点看,语言总是能适应社会的发展和人类的需要而改变的,以至于语言学家有"语言有自我调节机制"或"自我完善的功能"的说法。其实,语言并不能脱离人类而独立存在,它之所以看起来是在自我调节、在适应环境,是因为人类在不断地改变它以适应自己的需要,是具体的社会和具体的社区在改变自己所使用的语言,有的时候是无意识的,有的时候是有意识的。对此,我们可以进一步有所认识,以确立语言管理观。语言管理方面的无政府状态未必会导致语言社会交际的混乱和失败,因为还有社区和其他社会群体在发挥作用,但是理性的语言规划却可能带来更好的语言管理效果。

语言主要是一种社会资源,为社会所创,为社会所用,也为社会的需要而改变。国家的语言资源的管理和规划,自然服务于国家总的政治和经济目标。但是语言本身的规律和特性不能忽视,不了解语言运作、语言变异与变化的性质和规律,只从语言外部强行予以干预,恐怕会事与愿违。儿童有一个生理上限定的最佳语言习得期,因此母语的习得成为人类的奇异能力(有学者称其为"本能性"能力);相对而言,成人对第二语言的学习和掌握则需要较多的时间、经验和特殊的条件,也有较大的个人能力方面的差异。因此,无论对于个人和群体来说,语言能力的获得和语言能力的培养并不是无限度的。因此,社会中人们的语言沟通能力和语言认同能力自然受到这些语言获得条件的限制。但是,统筹兼顾地改善这些语言习得和语言学习的条件,自然会收到改善人们的语言能力和语言认同的预期效果。国家,作为一个政治权威、人口管理和语言规划机构,在这方面是可以有所作为的。

我们认为,要放弃语言是"自足自立"的观点,放弃无所作为或被动追随的语言规划观,而代之以积极主动的语言管理的规划观。语言学家要深入研究各种无意识的语言行为的社会效应,语言规划学家要慎重考虑各种有意识的语言干预的可行性及其后果。语言是可以人为地改变的,语言使用的社会秩序也可以有计划地建立,但是在进行这些工作的时候,要坚持科学的发展观,既要反对无端地强调神秘未知的"语言的自然规律",也要认真地对待已发现的社会语言学的规律。语言行为基本是一种社会行为,要按照改变社会行为的方法来改变。同时,语言能力的培养是一项艰苦复杂的工作,需要认真和持久的努力。

四 "语言资源"议题与"发展战略"

结合本"论坛"所提出的有关议题,下面谈谈"语言资源发展观"的应用问题。这些应用还远远没有落实到具体的语言内容和具体的语言行动计划,属于比较宏观的国家语言战略方面的探讨。

但是宏观战略的制定具有十分重要的意义,对于具体的语言规划行动具有规定性、指导性的作用。

(一)"国家语言资源建设、监测与研究"的议题

就传统的词语搭配来说,"资源"通常与"开发和利用"搭配,但是,对于"语言资源"来说,"建设"也未尝不可,至少"语言建设"是已有的说法。此外,我们可以"建设语言设施"。根据"言语社区理论"(Xu 2006),"言语社区"的"建设"必然包括其"设施"的建设,其中一种解释是指"语言建设",另一种解释包括的范围更广,包括有形无形的、本体的或语用的规范、标准、辅助性和保障性的设备和条件;其中,小到辞书和语法教材,大到语言立法和政府的语言管理机构。这些,自然都可以"建设"。

回顾前面提到的新加坡经验,"调研和评估"自然是确认、占有和开发利用语言资源的先决条件。语言资源不限于标准语资源,包括所有具有沟通和认同作用的语言资源,因此包括各种口头的和书面的语言变体。由于这些资源本身是在发展变化的,对它们的实时监测就至关重要了。在确认这些资源的时候,一是要实事求是地测定其规模和分布,同时要了解其现有的和潜在的社会功能;即沟通功能和认同功能。这些语言变体在哪些语言使用域、主要为哪些社会群体承担信息交流的功能;目前还承担着怎样的语言认同功能,换句话说,是谁掌握了这些资源作为信息工具和认同工具。随之而来的问题就是:目前的这种资源占有和使用状况是否符合国家利益;其发展趋势是否符合国家目标,这些都是国家的语言战略研究要面对的问题。

(二)"国家语言资源与语言服务"的议题

这里的"语言服务"并不是指所谓的"语言为人类服务",那只是一种有限的比喻。因为"语言"本身是无意志的,它为谁服务完全取决于对它掌握和控制的主体。这里的"语言服务"应该是指国家为人民提供的语言服务,是国家所提供的全部服务的一部分。从"资源发展观"的角度来看,首先就是从全民的立场来决定怎样合理地利用和发展国家的语言资源,因此有一个统筹兼顾的问题,既要照顾到个人、群体的不同利益,也要优先解决大多数群众面临的紧迫问题。除了群体之间利益的协调之外,也要区分服务领域的优先次序。经济发展和社会稳定往往是最重要的目标,因此语言服务也要优先考虑经济和社会范畴的服务。

如上所述,对于现代社会来说,通用语以及掌握通用语的劳动力是十分重要的生产力。所以,政府首先要促进和辅助通用语的推广和使用,首先是在经济和社会领域中的使用,这就是最重要的语言服务。具体地来讲,这些可以包括通用语的办公服务、翻译服务、培训测评等工作,以及通用语的本体规范、社会语用规范的建设方面的工作。再具体一点讲,政府特别是中央政府要保证政府工作中的普通话和规范汉字的服务,对内对外,公民(包括公务员)获得这种服务的权利都应该得到保障;此外,政府也应该在教育和非教育领域大力投资建设这种服务。语言资源,作为其可利用的形式,和一种理想的(国家的)服务工具,不会自然地出现,而需要有计划地开发,有意识地发展,有投入地"建设"。

(三)"国家语言资源与语言规划"的议题

如果说"语言规划就是语言资源的管理",那么对于中央政府来说语言规划与国家的语言资源的管理是一回事。但是,我们要对语言资源的掌控有所分析:哪些是政府直接掌控的语言资源,哪些是基本上保持在民间的语言资源。对于政府直接控制的语言资源,要进行直接的管理和优化发展;对于民间的资源,有关的规划要采取比较间接的方式,以引导、扶助和支持的方式为主来促进发展。

(四)"国家语言资源与语言文字规范"的议题

语言文字规范的建设自然是语言资源优化发展的一部分内容。这里也有管理上的轻重缓急,以及资源掌控的问题。国家通用语言文字的规范建设自然是国家语言资源重点建设的内容,因为它直接牵涉对全国人民的语言服务。此外,地方的语言建设自然也要根据本地情况,尽可能地为更多人服务,地方流行的少数民族语言、大部分人口所使用的方言等都应该受到足够的重视。此外,语言规范的制定也应该建立在"资源开发和优化"的原则上,而不是追求脱离现实的或偏离"语言服务"和"语言规划"总目标的"规范"。总的来说,语言文字规范的制定和实行不是最终目标,而是达到国家的语言服务和国家的基本政治经济目标的手段。因此,在语言规范研究中,应该增加其与宏观语言规划关系的内容。

(五)"国家语言资源与语言文字社会应用"的议题

如上所述,国家语言资源的管理包括语言使用的社会秩序的建立。和谐的社会离不开和谐的语言生活,而国家对语言资源的合理掌控是构建和谐的社会语言生活的关键。语言文字的社会应用是语言生活中最重要的部分,也是直接影响到构建和谐社会的效果的问题。在公共领域中的语言使用,政府应该代表民众进行干预和管理。对于社会语言生活的和谐程度也应该进行调查研究和持续监测,使"语言和谐"体现为比较具体的语言建设,其中包括语言使用规范的建设。有了稳定、公认的语用规范,可以提高社会交际的效率,增强社会生活的和谐程度。这方面的研究还需要加强,目前对于和谐的语言生活和社会语用规范还缺乏比较明确的标准。

在考虑到社会交际的效率问题时,可以发现语言文字的社会应用不仅仅是一个社会问题,也是一个经济效益的问题。这方面,行业语言的研究似乎应该更多地从经济效益的视角来开展,改变无视经济生活中的语言问题的情况。

(六)"国家语言资源与母语教育"的议题

母语资源是语言资源中最宝贵的部分,这是因为人类语言习得能力是有限度的。由于缺乏母语教育而导致母语能力受限或丧失,是母语资源的浪费和流失,也是国家语言资源的重大损失。因此,母语教育是保护和发展母语资源的主要措施,国家要从整体上保障母语教育,这自然包括我国各民族的母语教育。其中,最重要的问题是要摆对母语教育与外语教育的位置。母语教育必须优先外语教育。外语教育对于当代中国教育,对于国家语言资源的总的发展,对于我国的经济发展和国际地位的提高,都有十分重要的意义。在全球化的时代,任何废弃外语教育的国家都会蒙受严重的损失。但是,外语教育必须要在整体上不危害母语教育的前提下展开。以外语教育为主的教育是本末倒置的。具体地讲,培养一批缺乏母语能力的外语人才是不足取的。这不仅从语言学角度来说是事倍功半之举,而且也不能适应国家对外语人才的需求。

(七)"国家语言资源与汉语的国际推广"的议题

汉语的国际传播,是在中国综合国力提高的背景下产生的,主要受到中国的改革开放和经济增长的影响。与此同时,汉语本身的国际推广也可以产生促进我国的国际交流、对外经济活动,以及扩大在国际领域的话语权的作用。因此,中国国力的发展和汉语的国际教育是相辅相成的,脱离中国的国际影响和中国的国际战略的汉语国际推广是毫无意义的。这样看来,汉语的国际推广与前面所讨论的政府的语言服务、语言规划、母语教育等工作也是连接在一起的。有关的问题是:汉语的国际推广是否应该与国家的对外经济战略更紧密地结合在一起;是否也应该是政府的语言服务的一部分,又应该怎样与其他部分协调;汉语的国际推广是否与国内的语言政策无关,是否与我国公民的母语教育无关——如果我们在汉语国际教育中教授的通用语在国内的通用度不够高会有怎样的影响,如果走向世界的每一个国人都成为我国语言的楷模,那又会产生怎样的影响。

普通公民越来越多地面临国际交往的语用环境,这种"对外汉语"是否需要关注?汉语实际的国际形象如何,不是仅靠"孔子学院"来决定的。换言之,汉语的国际推广不仅仅是"中国文化走向世界"的一部分,而是整个中国走向世界的一个有机环节,应该与政治、经济、科学技术等各方面的国际接轨成比例地配合。即使仅从文化角度来看,现代中国文化的传播似乎比中国传统文化的传播应该有更突出的紧迫性和现实意义。这一点上我们的汉语国际教育工作是否有足够的认识?我们的对外汉语教材当中"刻舟求剑"、"守株待兔"等文化内容的比例是否适当呢?我们的汉语国际教育中是否过度地强调了文化的差异而使学习者觉得格格不入呢?

(八)"国家语言资源与民族地区的汉语教学"的议题

国家通用语是国家宝贵的语言资源,因此要注意其在各民族人民中的分享。从这个角度,民族地区的通用语的服务,包括汉语教学等语言能力的培养等,是需要加强的。但是,既然是作为一项服务,就不应该是强制性。与此同时,考虑到母语为少数民族语言的群众学习和掌握汉语的困难,应该给予民族地区的汉语教学足够的资助和补助,积极地改善其学习的条件。这项工作完全可以与扶贫工作、民族地区的经济发展等工作结合在一起。对于"濒危语言"的保护工作不应该与汉语教学对立起来。在充分尊重民族自治、民族文化的条件下,根据广大群众的需要提供汉语教学的服务,发展"添加型"社会双语,不仅不会导致少数民族语言文化的消失,而且可带来少数民族群众社会经济地位的提高。

(九)"国家语言资源与语言信息处理"的议题

这里的"语言信息处理"是指使用机器对语言信息的处理,特别指应用现代技术对语言信息的处理。国家语言资源的开发与当代信息技术的发展是紧密相关的。特定语言的信息处理技术直接影响到该语言在虚拟空间中的流通率及相应的话语权。因此,语言资源的开发和利用要充分考虑到信息技术的发展,一方面要支持和促进语言技术的发展,另一方面,在本体规范和语用规范的建设方面要考虑到新技术所带来的新的交流信道的影响和作用。在信息技术的影响方面,要加强前瞻性的研究,争取语言规划的主导性地位。现代社会的方方面面都体现着社会契约和社会管理的理念,语言也不例外。其中,虚拟空间以及将要产生的新的交际空间中的语言也不应该例外。在这一点上,语言规划者要区分语言技术本身的问题和与语言技术相关的语言社会问题,后者才是规划工作的重点,也是国家语言资源管理的重点。

新技术的发展日新月异,国家在语言与技术的关系上,取得先导的,而不是被动的地位是问题的关键。要想做到这一点,要进行战略性研究。那么,什么是这一研究的指导性原则呢?上述八个议题中讨论的语言管理理论仍然适用。语言资源的价值基本体现在它们怎样通过其认同和沟通的功能来为国家服务，因此，在解决新媒体和新技术带来的语言问题时仍然可以采用该理论中的统筹管理、优化发展等原则。以当前提出的"网络语言是否需要规范？"的问题为例，这就是缺乏语言管理观的表现。网络语言，作为一种语言资源，国家也需要管理，但是语言管理是多方面的和多样化的，并不是一般所说的"语言规范"所能涵盖的。语言从本质上来说都有一定的"规范"的内容，但是网络语言从其服务对象、应用范围、使用目的等都与其他语言变体有很多不同，因此也不能沿用一般"语言规范"手段来管理它了。此外，网络语言所带来的问题也不仅仅是它与"规范语言"的差异的问题。对于国家来说，对于每一种资源，包括网络和非网络语言资源，以及与这些资源相连接的信息技术资源，最重要的莫过于对其的掌控、开发和管理了。因此，"网络语言"的问题包括与网络有关的许多不同的语言变体，既包括对其中某些变体的规范问题，也包括区别对待，采用不同管理手段来引导、疏导、优化发展的问题。

五　结语

"语言资源"的意义在于"语言管理"。将语言视为资源并不是对语言带来的社会问题视而不见。反之，通过对语言资源的掌握、利用和发展，可以防微杜渐，防止有关问题的产生。启用"语言管理"，可以借此消解某些已经产生的社会语言问题。坚持"语言管理"，就是在"发展观"的指导下，严密地监测、不断地调控、有计划地发展语言资源。这样，语言资源的利用、再产生和增长就会进入一个良性过程,语言带来的问题就会越来越少,而语言资源的配置也越来越适应实现国家总体目标的需要。

整个社会的语言能力和语言能力培育系统的发展和建设,是语言规划的长远目标。人类社会正逐步从自在向自为的状态发展,语言也不例外。有了深入的语言学研究,有了切实可行的语言规划理论,我们就可以逐步地建设理想化的社会语言环境。

参考文献

① De Swaan, Abram. 2001. *Words of the World*, Cambridge: Polity Press.

② Xu, Daming. 2006. Nanjing Language Survey and the Theory of Speech Community, *Journal of Asian Pacific Communication* 16:2,175—196.

③ Xu, Daming & Li Wei. 2002. Managing Multilingualism in Singapore. In: Li Wei, Jean-Marc Dewaele, Alex Housen (eds.), *Opportunities and Challenges of Bilingualism*. Berlin: Mouton de Gruyter, 275—295.

④ Xu, Daming, Chew Cheng Hai, & Chen Songcen. 2004. *A Survey of Language Use and Language Attitudes in the Singapore Chinese Community*. Nanjing: Nanjing University Press.

语言使用实态考察研究与语言规划
——发布年度语言生活状况报告的思考

王铁琨　教育部语言文字信息管理司

摘要　语言规划与语言使用实态考察研究关系十分密切。了解语言使用实态,把握语言国情,是做好语言规划的基础和前提。基于此,国家语言文字工作部门有计划地组织开展了语言使用实态考察研究工作,定期发布年度语言生活状况报告,引起了学界和社会的关注。本文从汉字、词语、网络语言、汉语作为第二语言教材、年度流行语和年度新词语等方面,介绍了已经发布的2005、2006两个年度《中国语言生活状况报告》的基本架构、主要数据,并对数据作出初步解读,提出了作者对考察研究工作的一些思考和认识。

关键词　语言规划、语言使用实态、语言资源、数据、解读、思考

一　解题

语言规划(Language planning),一般认为指国家或社会团体为了对语言进行管理而实施的各种工作的统称,包括:恰当评估现实语言生活,客观评价已有的语言规划,合理制定和有效推行标准语,科学研制并推行语言文字的各项规范标准,正确制定、稳妥实施并适时调整语言文字使用方面的政策和法规。其中有些工作属于语言的地位规划范畴,有些工作属于语言的本体规划范畴。近期也有人提出语言的功能规划问题,即规划各种语言文字及其变体在各功能层次的价值与作用,这是语言地位规划和语言功能规

划的结合和延伸。

实态,指实际状态;语言使用实态,指现实语言文字使用中呈现的实际状态,即我们平常所说的社会语言生活实际状况,包括各种语言文字(如法定官方语言文字,少数民族语言文字,各种方言,盲文、聋哑语,外语等)使用的人数、媒体、领域、地区、场合等基本情况及其变化,以及各种语言文字之间的关系,使用中出现的问题,语言政策法规和语言文字规范化、标准化工作的进展情况等。也指语言监测研究中目前所使用语言信息处理工具和技术手段的实际水平。"实态"这个汉语词我们过去很少用,第一次见到这个词是在1995年于韩国汉城(首尔)召开的"韩中日汉字使用实态国际学术研讨会"上。我觉得在这里用这个术语比较妥帖。

语言文字工作的目标是构建和谐的语言生活。了解语言使用的实际状态,客观地把握语言国情,才能正确制定和稳妥实施语言规划,从而引导社会语言生活向着健康和谐的方向发展。从这个角度说,语言规划与语言使用实态考察研究有着非常密切的关系,后者既是前者的工作内容之一(即"恰当评估现实语言生活"),又是做好语言规划的基础和前提。

近两年,中国语言学界发生了一件比较引人注目的事情,那就是由国家语言文字主管部门开始定期发布年度语言生活状况报告。这既是对语言使用实态进行考察研究的有益尝试,也是语言文字工作信息公开的一项重要举措。这对于引导民众关注语言生活,把握语言国情,冷静客观地看待和应对语言生活中的各种新变化和歧异现象,构建和谐的语言生活,具有重要的意义。采用计算机、语料库和数理统计等现代科学方法和手段,实现了语言使用实态的"大规模"动态监测,在一定程度上改变了以往对语言生活实态的了解"若明若暗"的状况。调查获取的大量数据和第一手材料,为语言学者进行深度分析解读和跟踪研究提供了鲜活、宝贵的资源,也为语言规划、语言政策的制定、调整和有效实施提供了不可或缺的参考依据(参看陈章太《语言国情调查研究的重大成果》,戴庆厦《中国语言生活状况研究的新篇章》,均见《语言文字应用》2007年第1期)。

本文围绕已经发布的2005年度、2006年度《中国语言生活状况报告》(两套书均已由商务印书馆出版)的主要数据谈起。

二 已发布的主要数据及初步解读

(一)《中国语言生活状况报告》的基本架构

年度《中国语言生活状况报告》分上下两编,由国家语言文字工作委员会发布。上编的基本内容,是"中国语言生活状况报告"课题组对年度中国语言生活若干方面的调查报告,包括工作篇(2005年度为领域篇)、专题篇、热点篇、港澳台篇和参考篇五大部分,以及介绍相关内容的附录。下编的基本内容,是国家语言资源监测与研究中心对年度报纸、广播电视、网络等媒体语言以及教育教材语言文字使用状况的统计数据,包括调查报告和数据两大部分,其中2006年度的数据(含160个图表)侧重于同2005年度数据的对比,读者从中可以形象、直观地看出两个年度语言文字使用的情况和动态变化。

(二)主要数据及对数据的初步解读

1. 汉字使用情况。这两个年度汉字的使用总体来说既相对稳定,又随着社会的发展而有些微变化,可以概括为"稳中有变"。

2005年度我们调查了7.32亿字次汉字语料,2006年度调查了9.78亿字次汉字语料,语料规模有所扩大,但是从高频字的统计数量来看,相差并不是很大,表现出稳定性强的特点。2005年度覆盖全部语料80%时是581个汉字,覆盖全部语料90%时是934个汉字,覆盖全部语料99%时是2 314个汉字;而2006年度覆盖全部语料80%、90%、99%时使用的汉字分别为591、958和2 377个,其中覆盖语料80%时用的字比2005年度多了10个,显然与语料规模的差异有一定关系。在使用频率最高的前600个汉字中,两年相比只有21个字不同,前1 000个高频字中只有34个字不同(详见《中国语言生活状况报告(2006)》下编第012页,表1-11,商务印书馆,2007年第1版。下文所引数据均见此书及《中国语言生活状况报告(2005)》下编,恕不一一注明),说明这两年汉字的使用总体上处于相对稳定状态。

我们还将调查所得汉字与以往发布的汉字规范进行了比较,发现前2 500高频字中2005年度有357个字、2006年度有331个字是"一级常用字"中所没有的,前3 500高频字中2005年度有398个字、2006年度有388个字是《现代汉语常用字表》中所没有的。说明现在实际用字已经与当年制定常用字表时情况有了很大不同。比如"驴、骡、锄、铲、犁、镰、秧、禾、秆、箩、筐、粪、浇"从2 500高频字中退出,说明传统的农业生产模式离我们渐行渐远;"绸、缎、绢、袄、袍、薯、饺、糠"从高频字中淡出,一定程度上反映了人们生活方式的某些改变;"爹、姨、婶、侄"等亲属称谓词使用率减少,则可能与中国实行计划生育政策后家庭、社会结构发生的变化有关;"鸽、蚂、龟、蜻、蜓、蛙、骆、驼"等在高频字中未出现,似乎意味着在迈向工业化、现代化的同时,人们也在远离自然;"蠢、笨、懒、愚"等带有刺激性意味的汉字使用频率明显下降,则说明当代人在尽量避免使用这类汉字,社会文明程度正在提高。

与《现代汉语通用字表》进行比较,同样发现目前社会用字的实际状况与该字表制定时的情况已经发生了明显变化。它提示我们必须根据变化了的情况和语言生活中出现的用字差异,启动相关研究课题,适时调整、修订现行汉字规范(相应的研究工作实际早已启动,详见王铁琨《关于〈规范汉字表〉的研制》,载《中国文字学报》第一辑,又《语言文字应用》2004年第2期)。

2. **词语使用情况**。这里所说的词语特指语言信息处理的"分词单位"。词汇是语言诸要素中最活跃、变化最快的部分,但是在变化过程中它的高频部分一直呈现出稳态,概括起来可以叫做"变中有稳"。

去除分词单位中的标点、符号、纯西文、纯阿拉伯数字、数字与西文混合式、网址等,2005年度的总词语数为416 090 995词次,词种数为1 651 749条,共用词种数为106 111条;2006年度的总词语数为578 019 707词次,词种数为2 022 273条,共用词种数为143 910条。对比从"海量"语料中得出的这两个年度的相关数据可以看出,动态变化的部分相当显著。从使用词种数同异的角度来看,2005年度与2006年度共用的词种数只有586 161条,分别占2005年度、2006年度词种数的35.49%和28.99%,变化部分都达到65%以上。词语中活跃、动态的部分主要是低频词,高频词则处于稳态分布,如在覆盖率达到90%的高频词中,两个年度共用的比例分别达到了86%(2006)和94%(2005),其中为数不多的变化集中体现在某些突发事件或媒体、社会关注的焦点事件上。处于相对稳态的高频词语,2005年度是11 213条词,2006年度是

12 207条词,两个年度共用的为10 564条;其中2005年度高频词语共使用汉字2 463个,这个数据对编制新的汉字规范有参考价值。

我们还在计算机自动分词的基础上尝试着进行词性调查统计。尽管目前使用的分词软件在词性标注上还有缺陷,但从实际标注统计结果中也能看出词性分布的大致轮廓:使用频次靠前的基本上都是语文词,依次为名词(专有名词单列,此处不含)、动词、助词、副词、形容词、介词、代词、数词、量词、连词,专有名词如人名、地名、时间词、机构名等居后。但是如果按照词种数量排列,则人名、机构名、地名、时间词等专有名词排在最前列,随后才是名词、动词等语文词。专有名词虽然使用频率低、使用时带有一定的偶然性,但是数量特别大,其词种数之和占到全部分词单位的94.86%,说明它是语言信息的重要负载者,往往更能够体现出社会语言生活的丰富多彩,值得专门研究。

汉语中字母词语的使用有较长的历史,近年来随着我国对外交往的日益频繁和现代科技的发展,以及人们文化素质、外语水平的不断提高,字母词语的使用频率正在逐年提高。为了了解字母词语的有关情况及其在语言运用中所占的比例,我们在大规模真实文本中专门对字母词语使用状况进行了考察。结果显示:现代使用字母词已经不是语言生活中的偶发现象,字母构成的词语已成为汉语词汇的一部分,如"VS、NBA、GDP、AC、IT、MP3、QQ、AMD、DVD、CEO"等已经进入前5 000个汉语高频词语的行列;字母构成的分词单位虽然种数较多,占全部语料分词单位种数的9%,但使用频次却很低,仅占全部语料总频次的0.8%;字母在汉语中最经常、最主要的作用是指代、排序,如"A区、B楼、CA2312

航班"等,这种带有区别性特征,起指代、排序作用的字母词,在全部字母词种数中占 73.07%,在使用频次上占字母词总频次的 48.11%。

考察发现,当前字母词语的使用存在着一些需要解决的问题:(1)词形不固定,出现大批异形字母词,使用者往往不知所从。如"MP3"和"Mp3、mp3、mP3",字母大小写不确定;"GPS"和"GPS 定位仪、GPS 定位系统、GPS 导航仪、GPS 导航系统、GPS 卫星定位系统、GPS 卫星导航系统、GPS 系统、GPS 全球定位系统"等,是否搭配汉字或搭配什么汉字不确定。对此类情况宜根据使用频度及其他一些原则,在同组字母词中选择确定一个基本词形,向社会推荐使用。(2)同形字母词大量存在,由于此类字母词大多来源于英语或汉语拼音的缩略形式,区别性不强,在语境限制不明确的情况下,往往会影响交际。如"PM",至少有下列 7 种不同的来源和含义:

①下午。(英文 Post Meridiem 的缩写)

②产品市场。(英文 Product Marketing 的缩写)

③首相;总理。(英文 Prime Minister 的缩写)

④项目管理。(英文 Project Management 的缩写)

⑤项目经理。(英文 Project Manager 的缩写)

⑥排版软件。(英文 Page Maker 的缩写)

⑦拍马(网络用语)。(汉语拼音 pāi mǎ 的缩写)

对此类现象应加强研究,区分语言环境,引导群众正确使用。

我们认为,汉语字母词语的使用近年来有增多的趋势,对发现的问题不能忽视。已经广泛使用的字母词语迫切需要整理规范,使用时宜谨慎。

3. **网络用字用语情况**。网络语言的调查语料包括网络新闻、BBS、博客,三类语料2006年度的共用字种数为7 032个,与报纸、广播电视用字情况大体相近。在前3 500个高频字中,有3 131个字出现在《现代汉语常用字表》中,在前7 000字中有6 141个字出现在《现代汉语通用字表》中。网络用字的高频部分与一般媒体差不多。但在网络语言内部,博客的字种数竟然达到了11 923个汉字,大大高于网络新闻的8 142个和BBS的8 557个,这种情况在覆盖率达到90%以上时尤其明显。对语料进行回查后发现,造成博客字种数陡然增多的原因,主要是互联网没有国界,而博客用字比较自由,一些博客作者来自中国大陆以外的国家和地区,由于文字政策和用字习惯的不同而使用了繁体字、异体字。

调查显示,随着改革开放,一些音译词大量使用,使得"尔、迪"等字进入高频。包含"尔"的前10个高频词语分别是"高尔夫、英特尔、戴尔、切尔西、奥尼尔、偶尔、罗纳尔多、布莱尔、阿尔斯通、哈尔滨"。用"迪"构成的前10个高频词在网络新闻语料中都属于音译词,如"奥迪、范甘迪、麦格雷迪、赛迪、蒙迪欧、罗迪克、麦迪、迪奥、迪斯尼、凯迪拉克"。网络语言比较多地带有口语化特点,"哦、嘻、丫、耶、咋、吾、兮"等在其他语料中并不常见的字在网络上却频繁出现,据统计,2006年度BBS中"哦"出现了25万多次。由于网络新闻、BBS和博客分别关心不同的话题,讨论不同的内容,因而在用字、用词上也体现出差别:新闻主要关注国计民生,用字用词常与国家大事有关;博客更多地关心个体问题,使用人称代词和表达意愿、情感的词语较多;BBS具有与博客相同的一些特点,有时在讨论较为专业的话题时喜欢使用相关领域的术语。在符号使用的比例上,BBS明显高于网络新闻和博客,使用汉字以外的符号所占比例达到 41.46%,远高于一般书面语中符号所占的比例(15.5%)。

4. 汉语作为第二语言教材的字、词和词语义项情况。建立不同类型的教材语料库,分步骤地开展教材语言量化考察研究,对于教材的编写、改革乃至整个语文教学改革均有意义。为配合汉语的国际传播和全球学习中文热潮的兴起,我们首先抽取了国内学者主编并在国内出版的 12 套汉语作为第二语言教材进行调查,涉及汉字、词汇和词语义项义频等方面。12 套教材的总汉字数为 680 171 字次,不重复的汉字字种为 4 041 个,其中 520 个字覆盖了全部语料的 80%,951 个字覆盖了全部语料的 90%,2 310 个字覆盖了全部语料的 99%。据此有理由认为,1 000 字大概是汉语作为第二语言教学中识字的一个基本量,而掌握 1 500 字差不多可以满足外国人学习汉语的一般要求,达到 2 300 字左右则可以较为顺畅地阅读这 12 套教材。可见根据教学对象程度和需求的不同,循序渐进地分段安排好教学汉字的数量,是提高第二语言教材编写和教学质量的一个关键。不同类型、不同程度的教材,虽然在使用汉字的数量上有差异,但是基本上体现出"字量大——字种数多——独用字种数多——难度高——学习周期长"的内在联系。拿汉语作为第二语言教材的前 100 个高频字同 2005 年度报纸、广播电视、网络新闻的前 100 个高频字进行比较,发现其中有 42 个字是"教材独现字",从中可以清楚地看出第二语言教材在用字上的语文性、口语性、生活性等特点。

字不离词,以词带字,词语教学在汉语作为第二语言教学中非常重要。12 套教材共出现 456 377 个分词单位,不重复的词种数 26 345 条,其中 2 231 条词覆盖了全部语料的 80%,5 908 条词覆盖了全部语料的90%。调查也发现,教材中实际使用的词语与现行的《对外汉语教学汉字与词汇大纲》存在着比较大的差异,从教材语料中提取出的高频词相对于大纲词来讲,具有结构稳定、凝固度高、口语化明显等特点。可见,如何处理词语的交际功能与认知功能,如何处理口语词与书面语词,在对外汉语词汇教学大纲和词表编制中都是值得重视的问题。

此次不仅调查了词,还深入考察了多义词的义项义频。调查涉及的义项种数为31 769个,其中独用义项种数为18 022个,占全部义项种数的56.7%,表明一半以上的义项只出现在一篇课文中。多义词所占比重虽然不大,但是主要出现在高频词语中,且多义词的部分义项呈高频集中的特点。对教材中的多义词尝试进行义频考察,是本次调查的方法创新之处,实际上是把现有的词汇调查从"词"的层面深入到"词义"的层面。调查结果清晰地显示出多义词各个义项的使用状态和活跃程度,这对于对外汉语教学词汇大纲的修订、教材编写和词汇教学、学习型词典的编纂等,都有参考价值。这项考察研究,也从一个侧面显示出目前计算机辅助教材词语定量考察研究有了一定的深化。

5.年度流行语和年度新词语。 自2002年开始,年度流行语已经连续发布6年,前5年主要发布的是中国主流报纸十大流行语。2006年度,国家语言资源监测与研究中心有声媒体语言分中心首次参与到年度流行语研究中来,形成平面媒体语言分中心、有声媒体语言分中心一起发布流行语的态势。2006年度流行语,分综合类、国内时政类、国际时政类、经济类、科技类、文化类、体育类、社会生活类、医疗卫生类、自然灾害类10个类别和台湾专题,配套发表的研究报告总结了过往几年的流行语发布工作,侧重于研究方法、技术路线等的细致描述和探讨。该年度还就流行语的界定等组织了小型专题研讨会,来自部分高校和研究单位的专家学者深入交流研讨,贡献学术智慧,从而使流行语的计算机自动提取和发布比往年明显提高了一个层次。

汉语年度新词语,既包含词,也包含语,还包含固有词语的新义、新用法。新词语是社会生活的晴雨表,发布年度语言生活状况报告和相关数据,不能缺少反映语言生活动态变化最快的年度新词语的内容。有计划地对汉语年度新词语进行滚动式考察记录,作为语言使用实态考察研究的组成部分,既有社会语言学价值,又有汉语词汇学意义,是一项十分重要的基础性工作。基于以上考量,我们专门设立课题组进行研究,并尝试着选发了经过大规模语料库回查验证的171条2006年度新词语词目,当然这个数字并不意味着一年所产生的汉语新词语只有这171条。我们只是想通过此种方式,帮助读者从一个侧面感知和体验汉语新词语在这一年度的"新"质特征,从而更加关注国家语言资源的动态变化。

三　语言使用实态考察研究的认识和思考

利用现代信息技术手段(计算机、语料库等)和数理统计的方法对动态、鲜活的年度语言文字使用实态进行数据处理和初步分析,是一项具有开创意义的、全新的工作。这项工作难度很大,原因在于:语言生活的领域十分广阔,各种语言问题错综复杂,语言数据的收集统计很不容易;每年发布新的年度数据,时间紧,任务重,因此决定开展这项工作本身就等于自加压力;这项工作国内过去没有人做过,国外也没有见过类似的年度报告,找不到现成的经验可以参考和借鉴。但是社会需求就是我们的责任,我们决定迎难而上,积极探索实践。从2004年6月教育部语言文字信息管理司与有关高校共建"国家语言监测与研究中心"的第一个分中心——平面媒体语言分中心算起,不过用了三年多一点儿时间,就陆续组建了平面媒体语言、有声媒体语言、网络媒体语言、教育教材语言和海外华语5个分中心,并以各分中心建立的动态流通语料库为基本的监测平台,发布了两个年度的统计数据和相关报告。但总起来看,目前这项工作还是处于起步、探索阶段。笔者有幸参与了语言使用实态考察研究以及年度报告撰写的全过程,在实践中思考,逐渐形成了一些基本认识。

第一,考察研究需要树立"珍爱国家语言资源"和"服务社会"的全新理念。语言是什么?是信息和文化的载体,是思维和交际的工具。这没有错,但语言更是一种文化资源,是同森林资源、矿产资源、水资源一样重要、不可再生的国家资源。把语言看做资源,就会珍爱它、保护它、开发它、利用它;就不会只关注语言分歧所带来的一些社会问题,而是重在建设、重在服务,科学处理语言文字主体化与多样化的关系,充分发挥语言资源在国家和平发展和走向世界中的作用,营造和谐健康、"多言多语"的生活。所以,"珍爱国家语言资源"和"服务社会"是新世纪的新理念,从这个理念出发,语言规范观不再是僵硬的教条,它的作用也不只是匡谬正俗。语言规范更重要的意义,在于正确处理语言规范与语言发展的关系,保证社会交际的畅通,利于共同语的学习、推广和普及,利于语言信息处理技术的改进,利于各种语言文字的和谐共存与健康发展。发布年度语言生活状况报告,本质上就是要把"珍爱国家语言资源"和"服务社会"的理念传递出来,努力向社会提供一种优质的语言服务。

第二,考察研究必须坚持客观、真实地反映语言生活的实态。前面说过,"实态"就是实际状态,把现实语言生活的实际状态客观地反映出来是监测研究的宗旨,也是政府信息公开的一个重要举措。在信息网络时代,人们对信息的需求越来越大,信息公平成为社会公平的要素之一,及时共享信息成为公民的必然要求。而我们开展语言使用实态考察研究,及时向社会发布语言生活状况报告,本身就是"政府与社会共享信息、满足人民语言知情权的一种尝试,也是政府引导社会语言生活、使语言生活走向和谐的一种尝试"(李宇明《发布年度新词语的思考》,《光明日报》2007年8月24日)。

为了客观、真实地反映语言生活实态,2006年度我们公布了字母词和年度新词语的部分信息。字母词是社会关注的热点之一,但过去对其整体情况的把握主要是感性的,缺乏全面、系统的了解,因此谈起涉及字母词的问题时常常讳莫如深。此次考察,在平面媒体、有声媒体、网络媒体总共1 311 749个文本文件中,提取带字母的分词单位238 019条,字母词种数139 821条。去除包括人名、地名、机构名、火车车次、航班号、车牌号、车型号、手机型号、电视型号、各种仪器和武器型号、品牌名称等非典型字母词,得到典型的字母词语共1 619条,这1 619条典型字母词虽然仅占字母词种数的1.16%,但使用频度却占到字母词使用总频次的50.51%,说明典型字母词已被社会频繁使用,成为现代汉语词汇的一部分。这是第一次在大规模真实语料中得出字母词的相关数据,使字母词研究在定性、定量相结合上迈出了一大步。

此次围绕教育部发布的171条汉语年度新词语引发了一场不

大不小的争论,毁誉参半,我们从中读出了公众对祖国语言的热爱、对语言文字工作的关心以及强烈的参与意识,令人感动!持批评意见的人主要认为公布的新词语多数没见过,感到眼生,有的误以为教育部发布的就是标准,就要在教学中推行。其实如果清楚了发布年度语言生活状况报告特别是年度新词语的意图,这些疑问自然就会解决。实际上,这171条经过层层过滤、筛选和语料库验证的汉语年度新词语,并非"妙手偶得",而是凝聚了几十位专家、学者的学术智慧,将之发布出来恰恰是为了真实、客观地反映年度语言生活的"实态",引起人们对词语新质要素的关注。至于发布年度新词语的词汇学意义和社会语言学价值,相信在随后的跟踪研究中自然会找出答案。今后我们将尝试在更大规模的语料(保持10亿字左右)中利用计算机自动提取新词语,并在发布时给出"提示性释义"和书证、例句,以便向公众提供更迅速、更优质的服务。一年一年滚动做下去,哪些词语最终保留了下来,哪些词语只是昙花一现的过客,就会年年都有一本"账",我们对汉语词汇的变化轨迹也就会看得更清楚一些。

第三,考察研究需要信息技术的支持和技术手段的不断改进。"实态"考察研究始终是在信息技术的支撑下进行的。要客观、真实地记录语言使用的实态,就必须不断吸收和改进现有技术手段,在记录语言使用实态的过程中努力体现出技术"实态"的最新进展和较高水平。两个"实态"缺一不可,前者是追求的目标,后者则体现了实现目标的手段和方法上的改进。

过去由于条件的限制,定性的语言文字应用研究多,定量的研究少,借助现代化的研究手段更少,以至于掌握的第一手材料和数据非常有限。随着科技的进步,特别是中文信息处理技术的发展,我们现在有条件运用计算机、语料库和数理统计等方法开展语言使用实态的研究,定期发布年度数据,这是非常了不起的进步!但是,技术的发展和走向成熟需要一个过程,由于多方面原因,现有的工具和手段在处理语言文字时尚有一些"瓶颈"问题没有圆满解决,也在一定程度上影响甚至阻碍着统计数据和报告质量的提升。比如自动分词和词性标注,现在采用的是"863中文信息处理与智能人机接口评测"中成绩较好的一套系统,但该软件在实际使用过程中也有一些缺陷,需要根据项目要求加以改进,而最根本、最长远的还是要根据需求建立起更加适用于我们监测研究工作的一套分词标注系统。再如,"实态"考察研究本应包括语言文字应用差错(如错别字、词语误用、使用标点符号错误和病句鉴别等)的自动查找和提取,但现有的工具和技术手段目前尚无法完成这样的任务,需要把有关技术加以改进、优化和集成,完善其自动纠错功能,促使这样的系统软件在大规模真实文本中尽早实现使用。还有,我们一直想分语种建立起几个传统通用的民族语言文字分中心,承担起相应的监测、研究与数据发布任务,实地考察后发现,目前少数民族语言文字在标准、平台和资源库建设方面条件尚不具备,因此暂时无法顺畅地开展相应的工作,而只能在《中国语言生活状况报告》的上编对民族语言文字的有关情况作出一定的反映。目前下编没有民族语言文字分语种的相关数据,实在是一个很大的缺陷,"十一五"期间我们将积极创造条件,改进这方面的工作。

综上所述,发布中国语言文字使用状况报告和相关数据,既得益于信息技术的发展,也受限于目前信息技术水平的"实态"。这是一个需要国家加大投入、信息处理界和语言学界合力攻关才能解决的问题。对需要加以研究改进而又受限于目前技术水平"实态"的一些问题,我们要有清醒的认识,既要有解决问题的紧迫感,又不能急于求成。

第四,考察研究不能只关注"动态",忽视"稳态",而要动稳兼顾。"稳中有变"和"变中有稳",分别是比较两个年度汉字和词语使用状况后得出的结论,变和不变都是相对的。相近两个年度比较,文字的使用体现稳态多一些,词语的使用体现动态多一些,但是词汇的高频核心部分还是稳态的;与以往发布的规范标准比较,动态变化的部分显然更多一些,这是"语言与社会共变"的规律使然。张普在《规范化——98汉字编码键盘输入方法新动向》一文中曾说,语言文字作为社会中流通的信息载体"具有相对稳定性和永远变化的两重性"(载《中国计算机报》1998年5月4日)。国家语言资源监测与研究中心在实践中深刻意识到:监测的兴奋点不能只停留在语言的动态变化上,也要下力量关注语言的稳态,研究稳态,因为动态和稳态都是语言生活的"实态"。

如何正确处理动态、稳态之间的关系,是语言使用实态考察研究必须面对和回答的问题。国家语言资源监测与研究中心5个分中心经过深入讨论,形成的共识是:监测研究工作要做到滚动推进,可持续发展,每年发布的项目和内容一定要动态与稳态兼顾,变与不变结合。每年抽取的语料规模必须进行整体把握,保持"量"和领域的相对稳定,以确保年度数据的可比性;每年都要保留一些稳态的、常规的项目(如字表、词语表等),这样虽然发布的是年度语言使用的共时成果(面貌),积累多了就会形成可以进行历时比较(如年度数据比较、与以往发布的规范标准的比较以及其他形式、内容的比较等)的珍贵资源;每年也都要尽可能拓展、开发一些新的调查项目,但是从数据发布的可持续发展来看,这类项目、内容不宜过多。唯其如此,才能逐步形成历时模态,监测研究工作也才能稳步向前推进。

第五,考察研究要处理好数据发布、初步解读与后续追踪研究的关系。《中国语言生活状况报告》(下编)的主要任务是公布数据,同时在随同数据发布的调查报告中作出初步解读,以帮助读者阅读和使用本书素材。由于采集语料的截止日期为每年的12月31日,第二年七八月份就要召开新闻发布会,这样留给数据处理和报告撰写的时间十分有限,加之研制人员水平所限,所以这种分析解读只能是初步的,参考性的。深入的数据比较和研究需要更多学者的参与。从某种意义讲,发布年度数据只是向社会提供了深入研究的素材和资源,有的数据本身很有意思,也很有价值,其中的内涵和规律性只有在深入发掘并进行跟踪研究后才能充分显现出来。所以我们更看重后续的追踪研究,希望有更多的研究者加入其中,充分利用这些数据资源,写出有分量的研究报告和论文来。

举例来说,公布的2005年度数据和汉字覆盖率显示:掌握581个汉字,差不多可认媒体上80%汉字;掌握934个汉字,差不多可认媒体上90%的汉字;掌握2 314个汉字,差不多可认媒体上99%个汉字。研究者初步分析解读为:这从一个侧面说明,学习汉语并不像有些人想象的那么难! 这个结论是有道理的。但这并不意味着掌握了581、934个汉字,就能读懂媒体上80%、90%的内容,因为"认识"和"读懂"是两回事。以汉语作为母语的学习和汉语作为第二语言的学习是两种不同类型的学习,学习难度不同,而语言理解、语言学习还涉及掌握词汇量的多少和文化背景等诸多因素。所以,对报告中发布的大量数据,要辩证地看,尽可能作出符合客观实际的科学解读。

此外,研究两个年度的数据,还发现一个非常有趣的现象:那就是无论报纸、广播电视还是网络、汉语作为第二语言教材,在汉字覆盖率达到80%、90%和99%时,几乎都有600字左右、1000字左右和2300字左右等几个数值。这一现象恐怕不能用"偶然"和"巧合"来解释。那么数据背后究竟隐含着统计学、认知语言学或教育统计与测量学的哪些规律?当覆盖率达到一定比率时有没有一个类似"极值点"的东西?需要相关学科的深入研究给出科学答案。

第六,考察研究对语言战略和应用语言学学科建设有重要的参考价值。《中国语言生活状况报告》(下编)属于基于数据分析的战略研究,其考察研究的对象是语言文字使用的实态,这是应用语言学的学科范畴。考察所得到的大量数据材料,虽然不能全面反映中国媒体和教育教材年度语言文字应用的面貌,但显然都是有价值的,既有统计学的依据,更有语言学的价值。考察中所依据的一些理论、方法、手段,考察所涉及的一些基本术语,如语言资源、语言使用实态、语言规划、语言政策、语言战略、语言服务、语言文字规范标准、语言文字应用、汉语作为第二语言教材、汉语的国际传播、语言文字信息处理等,以及更下位的总字符数、字符种数、总汉字数、字种数、分词单位、总词语数、词种数、共用字种数、独用词种数、覆盖率、频序比值等用于汇总统计的专门术语,考察实践所形成的一些思考认识以及对数据所作的初步分析解读等,都在一定程度上补充甚至丰富了语言规划、语言战略研究的某些理论,对应用语言学学科建设也有重要的参考价值。

《中国语言生活状况报告》(下编)虽然以"国家语言文字工作

委员会"的名义发布,但是我们仍然把主要数据定位为"学术性"成果。这是因为计算机、语料库和数理统计等方法虽然使我们对年度语言文字使用实态的考察研究成为可能,所得的数据对于制定和实施国家语言规划有重要的参考价值,但是任何先进、科学的方法、手段都是相对的,也都有其局限性。由于主客观多种因素的影响和制约,目前调查报告和数据本身都还存在这样那样一些问题、缺憾。在工具、手段并不是很成熟、很完善的条件下,在专业研究队伍特别是兼通语言学和计算机科学的"两栖型"研究人员比较缺乏的情况下,尽管目前整个团队付出了艰苦的努力,调查统计本身有些缺陷、数据有些许误差依然在所难免。因此特别期待听到读者和各位方家的意见、建议,帮助我们不断提高年度语言生活状况报告的质量。

参考文献

① 赵沁平《加强语言文字应用研究 构建和谐的语言生活》,《语言文字应用》2007年第1期。

② 陈章太《语言规划研究》,商务印书馆2005年版。

③ 国家语言资源监测与研究中心《中国语言生活状况报告》2005(下编),商务印书馆2006年版。

④ 国家语言资源监测与研究中心《中国语言生活状况报告》2006(下编),商务印书馆2007年版。

⑤ 中国社会科学院民族研究所"少数民族语言政策比较研究"课题组、国家语言文字工作委员会政策法规室编《国外语言政策与语言规划进程》,语文出版社2001年版。

⑥《语言文字规范手册》,语文出版社1997年版。

⑦ 李宇明《关于〈中国语言生活绿皮书〉》,《语言文字应用》2007年第1

期。

⑧ 王铁琨《计算机统计数据与年度语言生活状况报告》,《长江学术》2007年第1期。

⑨ 教育部语言文字信息管理司、北京语言大学编《2007国家语言资源与应用语言学高峰论坛论文集》,2007年,北京。

⑩ 中国应用语言学会(筹)、教育部语言文字应用研究所《第五届全国语言文字应用学术研讨会论文提要》,2007年,沈阳。

语言资源整合与对比研究
——以两岸词汇对比研究为例

黄居仁

中研院语言学研究所，北京大学计算语言学研究所

香港理工大学中文与双语学系

摘要 语言资源建设的基础稳固后，必须考虑如何开拓新研究方向，突破单一种类资源的研究瓶颈。本文就如何整合多重语言资源，并在多重资源的整合的前提下，可以进行的对比研究，提出一些实例与建议。本文的主轴在整合词网，Gigaword Corpus 巨量语料库，与语言知识。并利用 Chinese Sketch Engine 的共现关系抽取与其他自然语言处理技术，半自动抽取并验证两岸对比词汇与对比音译词。

关键词 互通性（interoperability）、共享性（sharability）、词网、全球词网（Global WordNet）、两岸词汇对比

一 引言

本文最重要的着眼点是语言资源建设的基础稳固后所必须考虑的，如何开拓与发展新方向，以突破单一种类资源的研究瓶颈与经济效应。这个着眼点建立在以下两项考虑的基础上：

（一）语言资源必须在规划指导原则下建立。因此其功用也受到规划目标的限制。语言资源的建设，由其设计准则（design criteria）指导。愈能具体实践其设计准则的（如语料收集文本种类正确，词性标记完整），资源质量愈高，也才能实现其资源建构的目

标。但是,设计准则其实也限制了语言资源的功用。比如说,儿童语言习得语料库,就不能应用于信息检索。而一般所谓的平衡语料库,用于专业领域很难有好的成绩。当今语言处理的重要议题,有相当多跨语言及跨领域知识的成分。这些方向要求的语言资源,相对的庞杂,建设成本又高。如何在有限与现有的语言资源中,整合出适合跨语言与跨领域的语言资源,将是语言资源发展的机会与挑战。

(二)跨语言,跨领域的语言资源,是新一代知识工程必备的基础架构。但建设此类资源所需用的经费与人力十分巨大,产生了可行性与效益的争议。换句话说,当从头建设这些所需的投入远超过截至目前为止的其他资源,我们难免要对这个资源是否能创造预期的效益,持更审慎评估的态度。

如何兼顾拓展新方向的着眼点,并解决以上的顾虑呢?我们提出关键的着手处。语言资源整合的着手处是以整合现有资源取代全新资源的开发,以知识整合的对比研究创造新议题与新价值。有效的整合使旧有资源相得益彰(creation of synergy),也可以使旧资源在整合的环境中,突破原有功能的限制,例如抽取几个平衡语料库中专业的领域部分,建立专业次语料库。跨语言,跨领域语言资源架构建设必须由单一语言与单一领域的基础出发,在共同的知识表达架构下整合,才能发挥一加一大于二的功能。这样的着手处,把旧有资源再利用,不但增加其效益,更为语言资源的永续经营建立可能模式。相对的,这个着手处,降低了跨语言与跨领域资源建设的门坎,有助于提升语言资源研究在国际学术界与知识经济界的竞争力。

二　多种语言资源的宏观架构

单一语言资源的建设由设计准则的制订开始，而多重语言资源的整合，必须有宏观的架构作指导。每个单一语言资源各有其搜集的语言面向与描述现象，因而各有不同的取材与标记标准。把不同的语言资源做内部数据与标记同质化（homogenize）是吃力不讨好、几乎不可能的工作。更何况多种语言资源整合工作的最重要动机之一，就是要能保存原来资源的特性与价值。解决这个问题的方法，是提供一个可以串连所有资源的宏观架构。

宏观架构必须建立在不同资源间共享的信息架构上，并且需要能提出在此信息架构上更强而有力的表达理论，以便能提取单一语言资源所不能提供的、相得益彰的知识（synergy）。这个共享信息架构，可能是不同语言资源间的必定共有的底层架构，如汉字内部组成，或语料库的词性标注系统等；也可能是外部的高层次抽象知识，如知识本体构（ontology），或词汇语意关系（lexical semantic relation）的网络等。

2.1　汉字出发的思路

当不同语言资源间使用共同的基本文字或其他表达单位时，我们可利用这个底层基本单位，进行多种语言资源的整合。两岸的语料库，都是以汉字表达，虽然有繁简之分与若干词汇差异，但是文字有系统对应性。因此在作两岸语料的整合与对比，甚至如信息检索的应用时，先把文本在汉字系统对应的基础上，进行繁简转换，已是整合两岸语言资源。整合的基本步骤，以宾州大学LDC发行的14亿字Chinese Gigaword Corpus为例，内部包括了大陆与台湾的语料。但是要进行整个语料库的一致性词类标记（如 Ma and Huang 2006）或建立一个可以对两岸语料做比对研究的平台时，如中文词汇速描（Chinese Word Sketch，Huang et al. 2006），把文字转换成共同系统，不管是繁转简，或简转繁，都是必要的步骤。

2.1.1 汉字出发的思路——中日异同汉字词比对

这个由基本文字单位元出发的整合，甚至可以用到跨语言的资源整合上。跨语言资源整合与对比研究的挑战之一，是如何建立不同语言间词汇的对等关系。Huang et al.(2008)提出利用汉字共同的表意功能，建立并比较中文与日文间词汇对比关系的研究。不但越过了跨语言词汇对应的困难，更因汉字有基本表意的功能，可以由汉字的基本意义来推断两个语言间词汇使用差异的来源。

这个研究整合的语言资源包括了英日对应的 EDR 辞典，英文词网，包括英文对应同义词数据的中文词网，以及日中汉字对应表。研究的整合方式主要是比对中日文相同汉字词，再利用依据词网与确认比对的词对真正同义。在比对过程中，许多汉字书写系统的特性都列入考虑。比如不同汉字系统中有异体字的出现，如"俞"（中文）与"兪"（日文）unicode 编码不同，但是表达相同的意义对象，我们利用中日汉字对应表，找出内码不同的汉字词对应。另外，在汉字词演变的过程中，会发生同一个词中的字序改变，或只代换一个字的现象。因此我们的比对包括了多字同序、多字不同序、与部分字相同的词，再利用英文词网作为意义是否相同的检查机制。比如多字不同序如"言语"（日文）和"语言"（中文）是相对应的词。

中日异同汉字词比对预期成果包括产生新语言资源,如中日对应汉字词比较词汇库。这个词汇不但可提供中日相同的汉字词,并可分辨跨语言同义与近义假同源(faux amis)。立即可想到的加值应用包括多语词网,以及跨语言信息检索等。我们预期这个跨语言资源整合研究,可以开启有汉字表达基础的区域性跨语言研究方法。

2.1.2 以两岸对比音译词的发掘——字不同而意同的挑战：结合对比语料库与共现度测量工具

第二个利用汉字为基本单位的整合研究,实际上是建立在不同汉字可表达相同的外文音译这个语言现象上的。Huang et al.(2007)的研究命题是在命名实体(Named Entity)跨语言翻译时会产生不一致的多重形式。但因为中文文字表表意不表英,命名实体的变体,无法用音近比对自动检出。本研究建立在两岸同时发表的语料库中,同一个外国命名实体出现的语境应该近似,再利用同一词中相同位置对应汉字的字音比对,来自动侦测两个表面上不同的字符串是否表达同一个命名实体。

这个研究整合的语言资源包括有两岸语料的 Gigaword 巨量语料库、中研院词性标注系统、中文词汇特性速描(Chinese WordSketch)与已知两岸音译不同的小词表。

表1 两岸不同音译词分布对比,以 Clinton 为例

语料库	Example(Clinton)	Frequency
XIN(大陆)	克林顿	24382
CNA(台湾)	克林顿	150
XIN(大陆)	柯林顿	0
CNA(台湾)	柯林顿	120842

我们可以由表1中观察到音译对比词分布的典型现象。当一

个语言在两个不同环境中使用不同音译词时,一定会有分布上的明显对比。如大陆语料使用「克林顿」,台湾语料使用「柯林顿」;但同时在不同环境中,也可能有少数混用的状况,如台湾语料中「克林顿」也出现了 150 次,虽比起「柯林顿」的 12 万余次微不足道,却也说明了出现/不出现的对比,不足以做音译对比的绝对证据。更麻烦的是同一个命名实体可能有多种音译。如 Lewinsky 在台湾的语料中,至少以 8 种不同音译形式出现:吕茵斯基,吕文丝基,吕茵斯,陆文斯基,吕茵斯基,露文斯基,李文斯基,李雯斯基。

我们的研究方法是首先输入已知音译对比,利用中文词汇特性速描比较其共现语境与词语。在特定语境中(如并列结构)找出所有"克林顿"或"柯林顿"特有的共现词,分成两组对比音译词候选词。自动比对其语音,从两组中找出语音最接近的词对为对比音译词组。最后用李文斯坦运算法(Levenstein algorithm)算出两组对应词中,哪两个的音最接近。对应比对时,将每个字的声母和韵母拆开来比对,如 gao 拆成 g + ao,er 拆成'[零声母] + er。当然,某些音位在中文里被视为较接近,这些音韵学的规律,也纳入考虑。最后,再将新产生的对比音译词组结果重新投入系统,寻找新对比音译词。

黄居仁等人的第一次实验中,将 11 组已知两岸对比音义词作为种子输入,经过 505 次反复自动抽取的程序,直到没有新对应产生为止,结果共找到 484 组与原来不同的音译对比。经过人工校定后,确认 445 组为正确对应。也就是说,每组音译种子对,产生 4.045% 的新对比音义词。

这个整合资源后进行的两岸对比音译词的发掘,最重要的成绩之一是产生新语言资源——两岸对比音译词词汇库。这是以往在语言资源未整合前,无法自动产生,而几乎只能是手动或凭直觉印象的资源。这样的资源经过人工分析后,产生的加值可应用于信息检索,两岸社会与文化比较研究等等。

以下根据"克林顿/柯林顿"对比与分布所产生结果为例:

表2 大陆/台湾语料对比,以 Clinton 的共现词为例

克林顿的共现词(大陆语料)			柯林顿的共现词(台湾语料)	
叶利钦 (88) 54.6	Yeltin	叶尔勤	(3)
布什 (65) 49.7	Bush	布什	(4)
莱温斯基 (10) 41.3	Lewinsky	吕茵斯基/吕女	(1)
戈尔 (20) 39.4	Gore	高尔	(2)

表2中显示,虽然台湾与大陆语料,一如预料,在共现词的分布上有相当大的雷同,但是仔细看这些共现词的分布显著性差异,我们可看出,台湾语料对于八卦花边新闻的重视(如"吕茵斯基"在显著性上排"柯林顿"共现词中的第一位)。当然,政治上大陆比台湾与俄罗斯亲近多了,可以解释"叶利钦"为最显著共现词的事实。换句话说,我们整合资源的结果,可以产生许多衍生的社会与政治观察的解释。

2.2 词网出发的思路

上一节中讨论中日汉字对应词数据库时,我们已用到了词汇网络(以下简称词网)的数据。词网由著名心理学家 George Miller 首倡,由他与著名计算语言学家 Christiane Fellbaum 在普林斯顿大学共同完成(Fellbaum 1998)。词网的架构主要建在意义与词义关系两个基本元素上,而这两个基本元素,在不同语言间可以有相同的解释,发挥共同的作用。词网在语意处理上,与跨语言的计算语言学研究上,都成了重要的标准。主要是因为词网提供的架构,可以整合来自不同语言间的语言资源与语言知识。词

网在跨语言研究的应用已相当多,如中研院与意大利国家科学院的中意对比研究(Bertagna et al. 2008),以及即将在2008展开的欧盟与日台合作的多语言知识整合研究(Vossen et al. 2008)等。本文介绍的,是一种尚未尝试过的思路,就是以词网为基础架构,进行两岸语言的对比研究。

2.2.1 语言资源简介与研究动机

以词网为架构进行两岸词汇比较研究的基础,是两岸分别建立的两个词网。在大陆是由北京大学计算语言学研究所建立的CCD(中文概念词书,俞士汶,于江生 2002)。在台湾则由中研院先建立英中对译知识本体词网(Sinica BOW,Huang et al. 2004)后,再建立完全由中文语意结构出发的中文词网(CWN,Chinese WordNet)。

这个结合英文词网,CCD与CWN研究,由北大计算语言学研究所与中研院语言学研究所,利用与远见科技公司共同开发的数据库,合作研究。研究结果最先在 Hong,Huang,and Liu(2006)的论文[①]中报告,并在洪与黄(2008)的论文[②]中有较深入的描述。本研究的构想,主要在利用英文为中介语,并以 synset 作为对应词汇确实有同样意义的验证,以建立跨语言检索两岸对比词汇的基本资源,并协助提升CCD与CWN的质与量。

2.2.2 两岸词汇对比研究的研究方法

这个对比研究在词网的大架构下进行,整合方式与步骤如下:

[①] Jia-fei Hong,Chu-Ren Huang,and Yang Liu,. 2006. WordNet Based Comparison of Language Variation: A study based on CCD and CWN. Proceedings of the Third International WordNet Conference. pp. 61—68. Jeju,Korea. Januaray 22—25.

[②] 洪嘉馡、黄居仁《语料库为本的两岸对应词汇发掘》,Language and Linguistics. Volume 9,No 2:221—238. 2008。

(一)由中介语—英语词网的同义词集出发,比对 CCD/CWN 对同一英文词义的对译词之异同,找出可能的共享、混用、对比对译。(二)比较三种词汇关系对在两岸语料使用上的分布异同。(三)将这个比较的结果,放在有巨量两岸语料的词汇特性速描系统中直接观察。(四)以语料库出现频率统计做验证。

2.2.3 按词性分析 CCD 与 CWN 对译异同

有了基本比对的资料后,我们可以对两岸使用与英语对译词汇进行分析,看出在将近 10 万个同义词集中,只有不到 3 万个是两岸使用完全相同的词来对译的。如以词性分析,又发现以名词的不一致性最高,如表 3。

表 3 相同对译的词性观察

	形容词	副词	名词	动词	总数
英语同义词集总数	17915	3575	66025	12127	99642
完全相同对译同义词集数	5023	1055	17265	4031	27374
	28.03%	29.51%	26.15%	33.23%	27.47%

在两岸不同的词汇中,如形容词 off(not performing or scheduled for duties),CCD 对译为"离岗",而 CWN 对译为"休假的";如副词 aggressively(in an aggressive manner),CCD 对译为"尖利",而 CWN 对译为"严厉地";而名词 masterstroke(an achievement demonstrating great skill or mastery),CCD 对译为"妙举",而 CWN:对译为"神技";如动词 lay off(dismiss, usually for economic reasons),CCD 对译为"下岗",而 CWN 对译为"解雇"。

2.2.4 由对比语料库为基础的两岸词汇对比研究

以上完全根据词网的对比研究有些盲点,包括受到翻译者个别差异的影响,以及不能涵盖中文但无相对英语词汇等。因此我们尝试加入由对比语料库出发的研究,希望能由大量语料中自动发掘新的词汇差异。我们预期这个方法可以同时取出在语法与语义上的对比。可以延续的研究议题包括:共现词汇与句型,独用或特殊用法的词汇,差异的对比与分布情形等。

研究的方法如下:(一)以约11亿字的Chinese GigaWord Corpus为主要语料来源,可以提供两岸词汇差异的大量词汇证据。(二)以中文词汇速描(Word Sketch)为搜寻语料工具,可以呈现同一概念而使用不同词汇的实际状况与分布,以及同一语义词汇在两岸所呈现的相同点与差异性。这个部分,主要利用中文词汇速描中词汇速描差异(word sketch difference)的功能来探究两词汇的使用状况与分布。

词汇速描对比用于观察两岸词汇对比可以验证熟知的对比词汇。比如"出租车"在台湾语料中只出现109笔,而在大陆语料中出现1 199笔。这个词汇为大陆惯用词汇的观察得到支持。但是我们同时也看到两岸词汇交流的现象。比如说,"出租车"虽然在台湾少用,但是还是找得到例子。而本来应该是台湾独有的"出租车",则现在两岸的使用分布,已相当接近。

我们更可以用词汇速描来进一步观察对比词汇在两岸使用与出现语境的异同。如"警察/公安"的对比在表4到表6中呈现。

表4 "警察/公安"皆可搭配的相关共现词汇

	"警察"较常搭配	两词汇皆常搭配	"公安"较常搭配
measure	名、位	个、次、处、家	项
modifier	部队、大队、学校	人员、分局	机关、边防、支队
subject_of and/or possession	执勤、取缔、封锁 军队、军人、部队 形象	执法、严密、盘问 司法、地方、驻军	保卫、拘押、拘捕 武警、官兵、边防

续表

	"警察"较常搭配	两词汇皆常搭配	"公安"较常搭配
n_modifier	辖区、便衣、模范	基层、新、结合	中共、级、上级
a_modifier	优秀、消防		老、原
object_of	成立、协助、树立	遭到、会同、加强、受到	
possessor	制服	地、工作、城市	

表5 只与"公安"搭配的共现词汇

	"公安"only patterns
modifier	干警、干警、厅副、战线、民警……
and/or	指战员、城管、邮电……
n_modifier	内地、管城、深圳、福建省、河南省……
subject_of	英烈、留置、信访、处乘、抄家……
object_of	修订、献身、砸、评、海淀……
a_modifier	迅速、联合
possession	牌子

表6 只与"警察"搭配的共现词汇

	"警察"only patterns
measure	批、届、队、群、周……
subject_of	广播、受伤、开枪、临检、巡逻……
possession	友会、角色、职责、素质、风纪……
and/or	宪兵、义消、义警、检察官、调查员……
modifier	人事权、同仁、总监、总长、特考……
a_modifier	镇暴、绩优、专业、特种、高速……
n_modifier	保七、秘密、刑事、司法、警政署……
object_of	保育、设置、假扮、攻击、杀害……
possessor	勤务、治安、勤务、防弹衣、冲锋枪……

2.2.5 结合词网与对比语料库的两岸词汇对比研究

由以上两个研究中看出两岸词汇的使用同中有异,异中有同。由词网出发与由对比语料库出发,各有盲点。词网不反映实际用法,受个别翻译者与领域等因素影响;对比语料库自动抽出对比词,无法分开不同语意的同形词,在对此词汇两岸都用时容易混淆。因此我们结合词网与对比语料库的两岸词汇对比研究。主要的方法是根据词网抽出可能对比词汇后,将可能对比词汇在两岸语料库中个别的使用频率抽出,最后根据频率对比分析结果,判定对比词汇在两岸使用的异同与趋势。

对比词汇语料库统计研究的基本模式如下:

(一)两岸翻译完全相同

1. 如果一个词汇在两岸的使用情况接近,其两者词频比例应该没有太大差距。

2. 倘若差距过大,则表示该翻译词汇为偏向某一方之强势用词,或该词语在某岸产生新用法,表示两岸用法有分化的趋势。特别是对岸用法比预期中强则表示两岸之词汇有着相互渗透、影响的状况。

(二)两岸有不同翻译

1. 如果两个对比词汇在个别使用语料库中的使用情况接近,其两者词频比例应该没有太大差距。表示这两个的确是相对应,用法相同的翻译。

2. 倘若某个词汇的两岸语料库差距不明显,表示该词汇可能已开始被对岸采用。

表7是这个研究初步成果之一:

表7　两岸对比词汇使用分布考察初步结果

词汇		频次				两岸使用
CCD	CWN	CCD大陆收词汇		CWN台湾收词		
		XIN 大陆语料	CNA 台湾语料	CNA 台湾语料	XIN 大陆语料	
风帽	头罩	10 (0.0779μ)	2 (0.0098μ)	101 (0.4963μ)	37 (0.2882μ)	对比明确
双休日	周末	1383 (10.7736μ)	25 (0.1228μ)	17194 (84.4908μ)	6105 (47.558μ)	台湾对比 较不明确
屏幕 CRT屏幕	映射管	3086 (24.04μ)	118 (0.5798μ)	427 (2.0983μ)	1 (0.0078μ)	对比明确

三　结语

语言资源的研究方兴未艾,从国际观点看来,正是技术成熟,可以对科技民生产生重大影响的阶段。这个可由国际标准组织ISO,现在正在拟定语言的资源管理的标准,得到验证,包括语料库怎么标志,语料库怎么交换,都已拟出了国际标准的草案。从亚洲观点,亚洲语言的多样性,加上亚洲新兴经济的兴起,使得亚洲语言资源的开发与研究,成为国际学界中目前最有活力,能创新议题的研究方向之一(Huang et al. 2006)。在这个大环境中,语言资源整合研究,将扮演关键的角色;能够提出最有效整合架构者,将可以主导并影响国际学术研究。

参考文献

① Wei-yun Ma, and Chu-Ren Huang. 2006. Uniform and Effective

Tagging of a Heterogeneous Giga-word Corpus. Proceedings of the 5th International Conference on Language Resources and Evaluation (LREC2006). Genoa, Italy. 24—28 May.

② Huang, Chu-Ren, Adam Kilgarriff, Yiching Wu, Chih-Min Chiu, Simon Smith, Pavel Rychly, Ming-Hong Bai, and Keh-jiann Chen. 2005. Chinese Sketch Engine and the Extraction of Collocations. Proceedings of the Fourth SigHan Workshop on Chinese Language Processing. Jeju, Korea. October 14—15.

③ Huang, Chu-Ren Chiyo Hotani, Tzu- Yi Kuo, I-Li Su, Shu-Kai Hsieh. 2008. WordNet-anchored Comparison of Chinese-Japanese kanji Words. Proceedings of the 2008 Global Wordnet Conference. Szeged, Hungary. Januanary 22—25.

④ Chu-Ren Huang, Petr Simon, and Shu-Kai Hsieh. 2007. Automatic Discovery of Named Entity Variants. Proceedings of the Association of Computational Linguistics Annual Meeting, Prague-Czech. June 25—28. (亦見於 Petr Simon et al., IJPOL vol. 21. no. 2, 2008 年 6 月)

⑤ Fellbaum, Christiane. 1998. Ed. WordNet. Cambridge: MIT Press. LIVAC(Linguistic Variation in Chinese Speech Communities)共时语料库, 香港城市大学语言信息科学中心, http://www.livac.org/.

⑥ Bertagna, Francesca, Monica Monachini, Claudia Soria, Nicoletta Calzolari, Chu-Ren Huang, Shu-Kai Hsieh, Andrea Marchetti, and Maurizio Tesconi. 2007. Fostering Intercultural Collaboration: A Web Service Architecture for Cross-fertilization of Distributed Wordnets. In: Ishida, T., Fussell, S. R., Vossen, P. T. J. M. Eds.: Intercultural Collaboration I. Lecture Notes in Computer Science, State-of-the-Art Survey. Springer-Verlag.

⑦ Vossen, P., E. Agirre, N. Calzolari, C. Fellbaum, Shu-Kai Hsieh, Chu-Ren Huang, H. Isahara, K. Kanzaki, A. Marchetti, M. Monachini, F. Neri, R. Raffaelli, G. Rigau, M. Tesconi, J. VanGent. 2008. Kyoto: A System for Mining, Structuring, and Distributing Knowledge Across Languages and Cultures, Proceedings of the 4th Global WordNet Conference. Szeged, Hungary. January 22—25.

⑧ 俞士汶、于江生《中文概念辞典的结构》,《中文信息学报》2002 年第

16卷第4期。

⑨ Huang, Chu-Ren, Chang, Ru-Yng, Lee, Shiang-Bin. 2004. Sinica BOW (Bilingual Ontological Wordnet): Integration of Bilingual WordNet and SUMO. Proceedings of the 4th International Conference on Language Resources and Evaluation (LREC2004). Lisbon, Portugal. 26—28 May, 2004.

⑩ "中央研究院"双语知识词网,Sinica BOW,http://bow.sinica.edu.tw

⑪ 中文词汇网络,CWN. http://cwn.ling.sinica.edu.tw/.

⑫ Huang, Chu-Ren, Takenobu Tokunaga, and Sophia Y. M. Lee. 2006. Guest Editors. Asian Language Processing: State-of-the-Art Resources and Processing. Language Resources and Evaluation. 40.3—4.

⑬ 俞士汶、段慧明、朱学锋、张化瑞《综合型语言知识库的建设与利用》,《中文信息学报》2004年第18卷第5期,1—10。

⑭ Ya-Min Chou, Chu-Ren Huang, and Shu-Kai Hsieh. 2007. Hanzi Grid: Toward a Knowledge Infrastructure for Chinese Character-based Cultures, In: Ishida, T., Fussell, S. R., Vossen, P. T. J. M. Eds.: Intercultural Collaboration I. Lecture Notes in Computer Science, State-of-the-Art Survey. Springer-Verlag.

⑮ 俞士汶、段慧明、朱学锋、孙斌、常宝宝《北大语料库加工规范:切分·词性标注·注音[J]》,《汉语语言与计算学报》,Vol.13(No.2):121—158。

⑯ 黄居仁、张化瑞、俞士汶《基本词汇的预测与验证:由分布均匀度激发的研究构想》,何大安、曾志朗编辑《永远的POLA——王士元先生七秩寿庆论文集》,台湾中研院语言学研究所,2005年12月。

国家语言资源建设和现代汉语规范化及汉语教学

胡明扬　中国人民大学

国家语言资源建设和监测以及相关的工作是一项极其重要和功德无量的基础研究工作,是怎么强调也不会过分的重要的基础性研究工作。但是对于这项工作的重要性语言学界的意见未必一致,而对于如何开发、利用这项工作提供的资源恐怕看法更加分歧。国家语言资源监测与研究中心已经成立好几年了,该中心也举行过好几次"流行语"(也许用"高频词语"更恰当些)的发布会,但是总的来看,语言学界对这样一项重要工作似乎还不够重视和关心,这是令人感到很遗憾的。

语言学是社会科学中最接近精密科学的一门科学,处处要根据事实说话,不能凭个人的主观感受下结论,随意发挥,因此客观的语言资料是唯一的依据,而国家语言资源的监测和研究就是语言科学的基础,不论对民族语言规范化,还是对第二语言教学的重要性都是无可否认的。现有的工作虽然已经做出了不少成绩,但是也还有不少直接跟规范化和语言教学有关的工作还需要开拓和加强。

语言是不断发展演变的,文字也是不断发展变化的,因此语言规范和文字规范也要与时俱进,不能一劳永逸。我们现在使用的常用字表、通用字表,常用词表、通用词表都已经过了好多年了,而且这些字表和词表当时制定的时候并没有参考大规模的语料,有的则是根据一定范围(如中小学教材)的有限语料制定的,现在国家语言资源监测与研究中心涉及的语料范围比较广,规模更大,筛选统计的手段更为先进,在此基础上重新制定新的常用、通用字表和词表,并与时俱进,不断更新,那样,对语言教学的贡献是难以估量的。另外,现在全社会的语文水平下滑,几乎已经到了无错不成书,无错不成文的地步,报刊和电视屏幕上的错别字更让人触目惊心,国家语言资源监测与研究中心可以研发特种软件来监控常见错别字的出现频度,制成常见错别字表和词表,供有关单位和人员参考,这样做肯定会对避免文字讹误,加强文字规范化,起到一定的积极作用。

新词语的监测比较容易,但是为了有助于规范化,希望同时提供实际使用频度、使用人群的社会属性、使用的文体环境等方面的数据,以便国家语言文字规范主管机构作出客观、恰当的选择,真正贯彻罗常培、吕叔湘两位先生1955年在全国现代汉语规范问题学术会议上提出的"因势利导,约定俗成"的规范方针。

词语的运用错误一时恐怕难以用计算机自动监测,那就不得不改用人工监测了。如果能把一定时期常见的错误公布出来,引起公众、教师和专业人员的注意,尽可能避免这些错误,那样对于推动语言文字规范化也能起到很好的作用。最后,一定时期把收集到的语料编成语料库,在网上公开让大家免费自由使用,这对于推动语言研究会起到极大的作用,不清楚为什么我们不能这样做?

现在监测的对象仅限于书面语,这不能不说是一大不足,因为当前汉语规范化的重点还在推广普通话,也就是重点在口语方面。当然,监测口语的动态要复杂一些,目前仅局限于电台和电视台的播音资料。要开展这方面的工作还取决于国家有关领导机构,加大投入,增加编制,没有什么事情是办不到的,就看想办还是不想办了。

现代汉语的研究直接影响汉语规范化和汉语作为母语和第二语言教学的质量和效果,而现代汉语研究决不是差不多了,而是离社会的客观需要差太多太多了。原因之一是个人要搜集大量语言资料实在太难了,而我国现在已经建成的语料库基本上都不公开,普通人无法享用,而有的语料库想公开出版也非常不容易,所以研究者缺乏研究的基础资源,没有发现很多该研究的问题,或者想研究某个方面的问题,可是个人搜集的资料十分有限,以偏概全,当然得不出可靠的结论。

有了足够规模的语料,还要有一个比较好使的检索软件,才能发挥作用。这方面已经有人作出了努力,可以集思广益,吸收社会人士的成果,也不难解决。

总之,国家语言资源建设的工作已经有了很好的基础,取得了一定成就,但是不应该满足于现在的成就,应该不断进取,作出更多更大的贡献,所以现在是应该结合社会需要,整合社会力量来考虑怎么充分发挥这项资源的作用的时候了。

2007 年 8 月 29 日

作为第二语言教学的汉语教学必须重视书面语教学

陆俭明　北京大学汉语语言学研究中心/中文系

一　从语言的功用看书面语的地位

从语言的功用来说,大家都把语言看作是人类最重要的交际工具。人之所以能生存,就因为彼此能和衷共济,也就是能合作,抵御自然的和人为的灾害,不断创造幸福、美好的生存环境;而人们彼此之所以能合作,就因为有语言这个交际工具,人们就是靠它来互通信息,互相协调。其次,可以把语言看作是人类认知活动的重要组成部分,是人赖以思维的工具。人的种种想法,种种认识,种种思想,都是人脑进行思维的结果;而人进行思维,思考问题,都必须依赖某种语言。不存在脱离语言的思维,所以语言学界、心理学界都认为,语言是思维的物质外壳。最后,可以把语言看作是人类保存认识成果的工具。人类文化的传承可以有各种方式和手段,可以通过绘画、雕塑、建筑、音乐等等,但是最主要的是通过语言,包括口头的传说,书面的记载。所以,人对客观世界的认识也好,对自我认识也好,其成果主要都是通过语言加以保存的。

口语在为人类交际服务时,要受到空间和时间上的限制,为克服这种限制,人便创造了用来记录语言的文字。文字的发明创造,使人类社会向文明社会大大跨越了一步,所以文字可以说是人类进入文明社会的一个最为重要的标志。有了文字,人们利用文字不仅可以突破空间的限制,把自己的思想、看法、感情等传给远方的亲朋好友,而且也可以突破时间的限制,把自己的思想、看法、感情等传给后人。显然,文字的使用使语言增添了一种表现形式,那就是书面语形式,并扩大了语言的交际作用,使地球上各个地方的人都有可能彼此进行交际,而且也更为人类社会保存了可贵的文化遗产,包括在生产斗争和一切实践活动中所得到的经验和教训,使人类能在前人业绩的基础上不断地把人类社会推向前进。

关于书面语,我们绝对不能把它简单地理解为"我手写我口"所得的一种语言表达成果。"我手写我口",在一定范围里、在一定条件下,这说法是可取的,但是不能用这句话来理解书面语。必须认识,书面语是在口语的基础上加以提炼、加工的一种语言表达形式。大家知道,当面说话,一般都可能会说得很啰唆,说得没有条理,说得不清楚,甚至说得前言不搭后语,可这没关系,听话人不明白可以当场问,可以反复问,直到双方达到满意的交际目的(即彼此都了解了对方所说的意思)为止。书面上可不能这样。如果书面上只是照录口里说的话,不仅用来记录口语的物质性材料,如最古老的甲骨,再后的竹简、木简,再后的纸张等,需要浪费很多,更主要的是,如果书面上出现条理不清、意思不明、前言不搭后语的语句,那么远方的读者、后代的读者,就没法读懂了,这就起不到利用文字进行交际的目的了。用书面记录语言时必须是在口语的基础上进行提炼、加工。因此,凡有文字的语言,不仅都存在口语和书面语两种形式,而且都存在着口语和书面语的差异。

书面语能克服口语在时空上的限制,又是在口语的基础上经过提炼加工的语言,这一性能决定了它成为保存人类认识成果、传承人类文明和科技文化知识的主要方式和手段。对于书面语的这一价值,我们必须有充分的认识,这直接关系到我们的语言教学,包括汉语的语文教学和汉语作为第二语言的教学的发展方向问题。

二 让学生掌握书面语是语文教育的主要目的

我们为什么要让孩子上学,接受母语教学,即我们所说的语文教学?就是为了能让孩子识字,学文化,掌握书面语。这是语文教学最主要的目的、任务。一个人只有较好地掌握了书面语,他才能不断读书,接受高素质的教育,包括科技教育、文化教育、品德教育,才能用娴熟的书面语来表达自己的意见。这里需要明白,学习母语是个"习得"和"学得"兼而有之并彼此相互交融、相互促进的过程。在没有进入学校之前,孩子通过习得(听说),对母语已初步掌握了一定的词汇和语法规则,并已初步形成了自己对母语的语感。但是,会说汉语不等于就能自然而然地掌握汉语书面语。要知道"汉语的口语和书面语之间有很大的差异"。(冯胜利2006)送孩子进学校主要是学书面语,当然也会反过来规范和提高学生的口语听说能力。而书面语的掌握主要不是靠习得,而是靠学得,因此,整个中小学的语文教学,必须突出"帮助学生学习、掌握好书面语"这一基础性的任务。而语文教育的培养目标就是培养学生"全面综合的语文能力"。必须看到,在当今社会,由于我们已经处于一个信息时代,一个知识经济时代,一个世界经济一体化的时代,语言,对个人来说,对集团来说,都已经逐渐成为一种无形的非物质资源。一个人所具备的全面综合的语文能力,在当今社会已经成为他的一种资源和财富,只是这种资源是无形的,非物质的。在母语的语文教学中努力培养学生的全面综合的语文能力,既是任务,也是责任。

上面是就母语的语文教学来说的。那么汉语作为第二语言教学,是不是也该重视书面语教学,是不是也该这样要求呢?

三 汉语教学也需重视书面语教学

汉语作为第二语言教学,是不是也该重视书面语教学,是不是也该像母语教学一样,要加强汉语书面语教学,要突出"帮助学生学习、掌握好书面语"这一基础性任务?这不能简单地用"是"或"不"来作出回答,需要从下面两个层面来思考这个问题。

一个层面是,需要从第二语言教学跟母语教学的区别来思考。对本族学生来说,母语的口语主要是通过习得获得的,母语的书面语主要是通过学得获得的,语文教学主要让孩子学得书面语。对外国学生来说,无论是学习汉语的口语或书面语,虽然我们平时习惯用"习得"这个词儿,实际上都主要是通过学得来获得。他们学习汉语,首先得学汉语口语,只有这样,才可以跟中国人交谈;但同时得学书面语。不学口语,日后可能成为会看、会写中文的哑巴;不学汉字,不学书面语,将来可能就成为会听会说的文盲。(赵金铭 2004)

另一个层面是,需要从学习者的不同学习目的与要求上来思考。必须看到,学习汉语的人,从总体上来说,可以分为三类:一类是研究教学型的,一类是非研究教学型的,一类是中小学生。研究教学型的,学汉语的目的比较明确,就是为了日后或能直接从事汉语言文化的教学研究工作,或能从事对中国的某一个领域,诸如政治、经济、文学、艺术、法律或医学(主要是中医)等方面的研究。非研究教学型的,这是一个学习汉语的庞大的群体,目的、要求各异,有的甚至自己都不清楚为什么要学,但有一点是共同的,只要求学了汉语以后,能听一点儿,能看一点儿,能说一点儿,不期望能写,更不期望能写得怎么好。对于中小学生来说,他们选学汉语,更大成分上是教学计划的规定或需要,也有的是出于自己的兴趣或好奇。学了汉语日后干什么?学生自己是并不很明确的。

对不同层面的外国的中文学习者,显然不能采取一个教学模式,一个教学标准。就上述非研究教学型的外国中文学习者来说,一般说来,可以不必看重甚至完全不必进行汉语书面语教学,可以根据不同的需要进行不同程度的汉语教学,有的甚至只教他一些最简单的诸如"你好!""我叫……。""我是……。""谢谢!""再见!"等日常会话最用得着的句子。对于其他两类人,都需要有意识地对他们进行必要的汉语书面语教学。为什么对于其他两类人都需要有意识地对他们进行必要的汉语书面语教学呢?

第一,前面说了,如果外国孩子、外国学生只学"说的汉语"、"听的汉语",不学汉字,不学习掌握一定程度的书面语,那日后只能成为会说汉语的"文盲"。对于研究教学型的外国中文学习者来说,我们不希望他们日后成为会说汉语的"文盲",他们自己也不希望自己日后成为会说汉语的"文盲"。对这部分中文学习者必须进行汉语书面语教学。对于中小学生中的中文学习者来说,虽然他们日后的走向未定,但就我们来说,希望其中有相当一部分学生日后能进入学中文的研究教学型队伍,所以对中小学生的中文学习者也应适当地对他们进行汉语书面语教学。

第二,前面说了,"汉语的口语和书面语之间有很大的差异"。一个外国人,会说汉语了,即使也认了一些汉字,并不就能掌握汉语书面语。而如果他真要想了解、认识、学习中国文化,真要了解中国经济、科技的发展,要研究中国的文化、经济、科技等,甚至要在中国工作,在中国做生意并希望获利,要回去当中文教员,就不能不学书面语。因为有关中国的文化、经济、科技等主要都以汉语书面语为载体。

第三,虽然联合国确定汉语为联合国的工作语言之一,可是实际上在国际上基本没有汉语的话语权。据英国《金融时报》2006年1月23日文章《全球兴起中文热》所说,现在互联网上85%是英语,联合国各种场合使用的语言95%是英语,汉语的使用率只占百分之几。(《参考消息》2006年1月24日15版《欧美兴起"汉字纹身热"》)要取得汉语在国际上的话语权,就得让越来越多的外国人,不仅学习掌握好汉语口语,而且学习掌握好汉语书面语。也就是说,要设法让越来越多的外国人,不仅能说汉语,还能阅读写作,具备书面语的能力。而这只有通过书面语教学才能达到。

四 考量外国学生书面语能力的三个方面

考量一个外国学生的书面语能力,除了知识水平和识字认字多少外,从语言的角度说,我想主要体现在以下三个方面:

一是体现在语言理解方面。从语言理解方面说,具备从书写文本获取信息和知识的能力,具体说,首先能基本看懂;再进一步,能一下子抓住书写文本表达的主要内容;再进一步,要成为一个真正的汉学家,得具有品鉴书写文本,好,好在哪里,不好,不好在哪里的能力。

二是体现在语言表达方面。从语言表达方面说,具备运用汉语汉字完成一定工作和学习范围内传递信息、表述自己思想情感的能力,具体说,首先能做到文从字顺,条理清楚,标点基本正确,没有错别字;这是起码的要求;再进一步,要求在语言表达上做到得体,到位,具体说,能懂得在什么场合、什么情景,当表达什么意思时,需要选用什么样的文体框架,什么样的词语,什么样的句式。这实际也为从语言上确定学生的写作"水平"或文章的"等级"提供了依据。

三是体现在实际的语文纠错能力方面。从实际的语文纠错改错方面说,具有一定的语文纠错改错的能力,具体说,无论是看别人的或是自己的文字,能初步判断整篇文字的框架格式、一个句子的正误与好坏,一个词语、一种句式使用上的恰当与否,并能有改正的能力。

外国学生有了这三方面的能力,他们就真正具备了汉语书面语的能力。他们才能真正学习、了解、欣赏、研究中国的语言、文化、艺术、政治、经济、医学和其他科学技术。我们只有培养越来越多的这样的汉语学习者,才能逐步建筑起世界各国通向中国的友谊之桥"汉语桥",才能真正使汉语在国际上逐步有话语权。

五 书面语教学要抓好三个环节

汉语书面语与口语的差异集中表现在以下三方面:一是词语,二是句式,三是文体格式。因此,进行书面语教学,当然最基础的是选好课文,编好教材;而在具体教学中,就要抓好三个环节。

一是书面语词语教学。

除了教会学生一定的口语词汇外,一定还得教会他们一定数量的书面语词汇。众所周知,书面语与口语在词汇上是有差异的。例如:

	书面语	口语
美	－	＋
美丽	＋	－
漂亮	＋	＋
骂	＋	＋
谩骂	＋	－
写	＋	＋
书写	＋	－
优异	＋	－
特棒	－	＋
特别好	＋	＋
因为	＋	＋
由于	＋	－
于是	＋	－
因此	＋	－
从而	＋	－
况且	＋	－
再说[连词]	－	＋

更值得注意的是,汉语口语词语趋向于双音节化,而书面语词语趋向于沿用古汉语里为词而今只是在书面上为词的单音节词。例如,在较

为正式、较为客气的书信上,一开头常常会这样写:"来函敬悉",其中除了"来"在现代汉语口语、书面语里都常用外,"函、敬、悉"三个词,特别是"函"和"悉",都只在一定范围里的书面语上使用。

进行书面语词语教学,要注意三点:

第一点,要注意做到"四对号":

(a) 字形对号;

(b) 语音对号;

(c) 意义对号;

(d) 用法对号。

比如一个外国留学生听到"优异"一词的发音,能否就想到"优"和"异"这两个汉字,能否就知道"优异"的意思;或者看了"优异"这两个汉字,能否就想到"优异"这个词,能否就读出来,能否就知道"优异"的意思,能否就想到"优异"的用法。如果学生能够在形、音、义和用法这四个方面都能对上号,就证明他真正学到了"优异"这个词,掌握了"优异"这个词。缺一个方面,他在使用这个词时就会出现这样那样的问题。而在这四个方面中,我觉得重要的是意义和用法。总之,在词语教学中,不仅要教形和音,更重要的是要教义和用法。

第二点,要注意韵律词(冯胜利 2005)教学。如"购书、植树、植皮、我校……"等,要让学生注意到下面这样的情况:

购书　? 购买书 购买书籍　? 买书籍

植树　? 种植树 种植树木　? 植树木

植皮　? 移植皮 移植皮肤　? 移植皮

我校　? 我们校 我们学校　? 我学校

第三点,给外国学生讲授词语,不能光阐释意义,更要讲清楚用法。

譬如说,有一本中级汉语课本,对"优异"一词译注了英语 excellent,outstanding;又给出了汉语注释:特别好,特别出色。可是,留学生按照这样的注解,有的在练习中造出了不符合汉语说法的偏误句:

(1)a ＊约翰的发音优异。

（约翰的发音特别好）

b ＊丽莎在《雷雨》中演四凤演得很优异。

（丽莎在《雷雨》中演四凤演得很出色。）

c ＊我以为他的办法优异。

（我以为他的办法特别好。）

再如:"优美",这是个书面语词。辞书或教科书上一般都只是这样注释:

美好。(《现代汉语词典》、《新华词典》)

美妙;好看。(《两岸现代汉语常用词典》)

优雅而美丽;美好。(《现代汉语规范词典》)

有的留学生就会根据这些注释,说出或写出这样的偏误句来:

(2)a ＊现在中国人的生活越来越优美了。

（现在中国人的生活越来越美好了）

b ＊我相信你会实现你优美的理想。

（我相信你会实现你美好的理想。）

原因就在于我们没有把这些词的用法告诉学生,没有把这些词使用的语义背景告诉学生。

二是书面语句式教学。

除了教会学生一定的口语句式外,一定还得教会他们一定数量的书面语句式。书面语和口语在句法上也是有很多差异的。

	书面语	口语
对……来说	+	+
对于……来说	−	+
就……而言	+	−
VOV 的	−	+
是……造成的	+	+
因……而	+	−
因为……所以……	+	−

在目前白话文的书面语中,有四种性质的句式:

一类是纯白话书面语句式,如"是由……决定的"(最终的质变是由内因决定的)、"本着……原则"(本着节约归己的原则)。

一类是纯口语句式,如"VOV 的"(睡觉睡的)、"别 NN 的"(别经理经理的)。

一类是口语、书面语通用句式,如"把"字句、"对"字句等。

一类是文言句式,其中或是文言遗留下来的句式,如"(不)A 于"(艺术高于生活/语言的障碍不次于山川的阻隔);或是古文献里的某句话沿用至今成为一种凝固的说法,如"是可忍孰不可忍";或是作者个人仿文言说法而形成的句式,如"此盖……之故"(此盖入不敷出之故)。

对一个外国学生来说,他如果不只满足于口头上能说几句"你好!""再见。"这样简短的话语,上述句式都得学,而最需要先学习掌握的是纯白话书面语句式。

三是不同文体的格式框架教学。

不同的文体,在用词上,在句式选择上,在写作框架上,在写法上,都有所不同。有的,如散文、诗歌、小说等,不必教;我们实在没有培养外国中文作家的任务。但有的,诸如求职信、请假条、请示报告、推荐信、通知、布告、总结报告、产品介绍或说明、招聘广告、学术论文等,则需要告诉他们该怎么写才最合适。我们不教,他们很难无师自通。

结束语

最后我还想强调,汉语作为第二语言教学是一门科学,对待科学来不得半点虚夸和浮躁。必须以科学的态度,用科学发展观来对待它,特别是今天我们面对大好的汉语教学发展形势,我们更需要以冷静的、科学的思考,来对待汉语作为第二语言教学的方方面面的工作。必须认识到,汉语教学走出国门,汉语走向世界,其目的是为世界各国建造通向中国的友谊之桥——汉语桥;也是为了让悠久、灿烂而又深邃的中华文化更好地融入国际多元文化的大家庭中,为建设真正建立在世界多元文化基础上的和谐的国际社会贡献我们的力量。而要实现这一目的,必须重视并切实进行汉语书面语教学。

参考文献

①冯胜利《汉语韵律语法研究》,北京大学出版社2005年版。
②冯胜利《汉语书面用语初编》,北京语言大学出版社2006年版。
③赵金铭《"说的汉语"与"看的汉语"》,赵金铭主编《汉语口语与书面语教学——2002年国际汉语教学学术研讨会论文集》,北京大学出版社2004年版。

喀卓人的双语关系
——兼论双语关系在语言国情研究中的地位

戴庆厦　蒋颖　邱月　常俊之　赵燕珍

中央民族大学中国少数民族语言文学学院

摘要　本文以喀卓语为个案,分析喀卓人语言生活中母语(喀卓语)和兼用语(汉语)的关系。认为:喀卓人的双语互补是语言生活的主流;喀卓人的双语竞争是语言生活的客观存在;青少年母语能力出现不同程度的下降是语言生活中的新问题。

关键词　喀卓语、双语关系、互补、竞争、下降

一　引言

语言关系,是指不同语言由于相互接触、影响、兼用而产生的关系。语言关系研究的重要性已为人们所认识。不同国家、不同地区的语言,其双语关系存在不同的特点,而双语关系的特点又影响一个国家或地区的语言国情。本文主要分析云南蒙古族喀卓人的双语关系,并兼论双语关系研究在语言国情研究中的地位。材料主要来自作者参加的"云南蒙古族喀卓人语言使用现状及其演变"课题组 2007 年 7 月的实地调查材料。该课题是中央民族大学 985 工程创新基地"语言国情系列"研究项目之一。

二 喀卓人及其语言使用情况

云南蒙古族是元朝从北方大草原南下征战、后在云南通海落籍的蒙古族官兵后裔。他们是蒙古族的一个特殊群体,自称"喀卓"。① 主要分布在兴蒙蒙古族乡,在河西镇、秀山镇、者湾、七街、龚杨、碧溪、九龙、三义等村也有零星分布。据2006年统计,兴蒙蒙古族乡共有5 620人,其中蒙古族喀卓人5 424人,占总人口的96.5%,是个蒙古族高度聚居的民族乡。除了蒙古族外,还有少量的汉、彝、哈尼、回、白、瑶、拉祜等民族。②

兴蒙蒙古族乡的形成有着久远而独特的历史。南宋淳祐十二年(1252),忽必烈率十万大军进兵云南,攻占大理,迅速击灭大理政权。南宋宝祐二年(1254),忽必烈班师,留兵镇守云南。1256年蒙古军攻破阿僰国(今通海、石屏、建水等地)。至此,蒙古族进入杞麓湖畔。蒙军进入杞麓坝后,在各地皆派兵屯驻。依山傍水,水陆交通便利的要道口——杞麓山,由完颜卜花、完者卜花二位将领率300名蒙古军镇守。从此,这部分元军将士和家眷便扎根定居于杞麓山下,其中还包括一些其他民族的成员。

此后,云南蒙古族的经济形态和身份有过几次重大的变化。到元至正(1341)年间,驻守在杞麓山的元军后勤军户,已逐步解甲

---

① 兴蒙蒙古族自称"kha^{33} tso^{31}",汉文曾有"嘎卓、卡卓、喀卓"等不同的译法,我们征得当地各界喀卓人的同意,统一译为"喀卓"。
② 通海县兴蒙蒙古族乡统计站《通海县兴蒙蒙古族乡2006年统计年鉴》(内部资料)。

归农。他们捕鱼捞虾,在杞麓湖沼泽滩上围田种稻,同当地各族人民共同开发杞麓湖,并将驻地三营也更名为上村、中村、下村。因三村蒙古族以捕鱼为主,外族人称之为"三渔村"。

明代中期开始,杞麓湖水不断下降,杞麓山东南部露出一片片沼泽滩,于是三渔村蒙古族又把主要精力放在开发杞麓湖边的滩地上,把一片片稀泥烂滩开发成盛产水稻的良田。这时,以渔业为主的蒙古人的身份又由渔民变为以农业为主的农民。

清代以后,聚居于杞麓山下的蒙古族村寨已基本定型。元代以大本营下村古城为主的三营(村),除上(渔)村居民多为汉族外,其余的村寨基本保留,并逐步发展为中村、白阁、下村、交椅湾、桃家嘴等五个自然村。

新中国建立后,喀卓人被正式确认为蒙古族。1951年经云南省人民政府批准,将原下渔村更名为"新蒙蒙古族自治乡"。1988年1月7日,经云南省人民政府批准,建立"通海县兴蒙蒙古族乡"。

我们在调查中分别从不同村民小组、不同年龄段、不同场合等方面,对喀卓语使用情况进行全方位、多角度、立体式的考察。从中获知,兴蒙乡的喀卓人不分年龄、性别,不问职业、文化程度,都会说喀卓语。不管是在家庭、集市,还是在学校、乡政府,喀卓语处处使用。得出的结论是:云南喀卓人全民稳定使用自己的母语——喀卓语,喀卓语是喀卓人日常生活中最重要的交际工具之一。

我们对兴蒙乡的六个村民小组的喀卓语使用情况进行了穷尽性的调查。调查对象是6岁以上(含6岁)、有正常语言能力(智障、聋哑人排除在外)的村民。调查结果统计见表1:

表1

村民小组	调查人口（人）	熟练人口（人）	熟练比例（%）	略懂人口（人）	略懂比例（%）	不会人口（人）	不会比例（%）
兴蒙一组（中村）	1 149	1 147	99.8	1	0.10	1	0.10
兴蒙二组（白阁）	1 016	1 016	100	0	0	0	0
兴蒙三组（下村）	758	757	99.9	1	0.10	0	0
兴蒙四组（下村）	409	408	99.8	0	0	1	0.20
兴蒙五组（交椅湾）	387	387	100	0	0	0	0
兴蒙六组（桃家嘴）	1 266	1 266	100	0	0	0	0
合计	4 985	4 981	99.9	2	0.05	2	0.05

表1的数据显示，兴蒙乡六个村民小组喀卓语的使用情况基本一致。其中，有三个村民小组（白阁、交椅湾、桃家嘴）的喀卓语熟练使用率是100%，其他三个村民小组的熟练率也达到99.8%。

喀卓人不仅保持自己的母语，而且还全民兼用汉语。早在上个世纪80年代，喀卓人除了一些学龄前儿童和个别高龄老人外，都已普遍是双语人。改革开放二十多年来，随着经济的发展，文化教育水平的提高，喀卓人不仅完好地保留了母语喀卓语的活力，而且他们的汉语水平也有了很大的提高。汉语在兴蒙乡喀卓人的社会生活、家庭生活诸方面都起着越来越重要的作用。喀卓人能够实现全民双语，主要是因为他们认识到喀卓人如果不学会汉语，就会妨碍他们的进步和发展。所以,他们迫切要求自己的子女能够尽快地掌握汉语。此外,汉语广泛使用的语言环境,以及每天都离不开的媒体传播,都为喀卓人掌握汉语提供了绝佳的条件。特别是六年、九年义务教育体制的贯彻实施,为喀卓人掌握汉语提供了基本保证。喀卓儿童进小学不到三年,就能基本掌握普通话的日常用语,为以后进一步提高汉语能力打下了基础。

喀卓人的双语制是他们语言生活的重要组成部分,对他们的文化教育水平的提高、经济的发展繁荣、与外族的和谐共处,都起到重要作用。

三 喀卓人的双语互补是语言生活的主流

喀卓人的双语,构成了一个不可分割的、互补的语言关系系统。这种互补可从以下三方面来描述:

3.1 在喀卓人的语言生活中,两种语言功能互补,各就各位,互不代替

在不同的场合内,在不同的人之间,使用什么语言是有一定规则的,其功能分配有序。喀卓语,主要在家庭内和村寨内使用。绝大多数族内婚姻家庭,以喀卓语为唯一的交际工具。喀卓人的家庭,90%以上的都是族内婚,其成员之间(长辈之间、长辈与晚辈之间、晚辈之间)的饮食起居,一般都是用喀卓语交流。无论是简单的日常交际,还是比较深入的思想交流,都使用喀卓语。族际婚姻家庭,有些使用喀卓语,有些则使用"喀卓语——汉语"双语。在村寨内部,同族人在一起都使用喀卓语。他们说:"一出家门,不说喀卓语,会害羞的。"所以村寨内部是使用、学习喀卓语的广阔场所。

一些青少年在家里,他们的父母和他们讲汉语,他们的喀卓语是在村寨里和玩伴学会的。

在生产中,如种植烤烟、蔬菜、水果等田间劳动,喀卓人在一起也都是说喀卓语。若有外族人在场,就转用汉语。

在教育系统,主要使用汉语。但不同单位的情况略有不同。学前教育(幼儿园、学前班)阶段,1986年以前出生的喀卓孩子,在进幼儿园之前还不怎么会说汉语,因而小班老师上课时,先用喀卓语讲述,再用汉语复述。中班老师的课堂用语仍以喀卓语为主,汉语比例有所增大。在大班,老师上课则以汉语为主,使用喀卓语做适当的提示与解释,帮助理解。无论是小班、中班,还是大班,下了课,孩子们在一起玩耍时,说的都是喀卓语。1986年以后,学龄前儿童的语言使用情况发生了很大的变化。大多数家长从孩子一出生起,就有意识地教孩子说汉语。孩子在3—4岁进入幼儿园之前,大多在家庭内部已经学会说汉语。他们出去和村子里年纪稍大点的本民族小朋友一起玩耍,又渐渐自然习得了一些喀卓语。孩子从4岁开始进入兴蒙乡中心幼儿园学习,此时幼儿园老师的课堂用语都是汉语普通话,但在课下,老师处理孩子的纠纷时,说的则是喀卓语。幼儿园各年级的孩子们在课间玩耍时,有的说汉语,有的说喀卓语,不怎么会说喀卓语的孩子通过游戏玩耍,也渐渐地学会了喀卓语。

在小学阶段,1986年以前,喀卓儿童只是懂得一些简单的汉语日常会话,进入兴蒙乡中心小学后,还不能一下子完全接受纯汉语的教学,因此在低年级的课堂教学中,都适当使用一些喀卓语来辅助教学。1986年以后,喀卓儿童基本上都能做到"喀卓语——汉语"双语并用。所以进入兴蒙乡中心小学后,老师都是用汉语普通话来给他们授课。无论是哪个时期,小学校园的课间时间里,这些喀卓孩子大多更倾向于使用自己的母语喀卓语与本民族的同学交流。当然,如果有汉族同学在场,他们也会说汉语。

中学阶段,课堂用语都是汉语普通话,老师们之间以及师生之间在课外也是以说汉语为主。但在课后,喀卓学生们在一起一般都说喀卓语。

在集市贸易中,与本族人使用喀卓语,与外族人使用汉语。常来兴蒙乡的外族商人,也多少能听懂一些简单的喀卓语句子。

在兴蒙乡的公务活动中,日常用语为汉语。但喀卓公务员之间在非正式场合还是用喀卓语。在工作会议上,念上级文件时用汉语,讨论时有的说喀卓语,有的说汉语。喀卓人来乡政府办事时,本族工作人员大多用喀卓语与他们交流。

兴蒙乡的广播站,除了用汉语广播新闻、天气预报外,一些当日的重要公务通知,大多使用喀卓语进行广播。

在节日的盛会上,乡亲们用自己的母语喀卓语尽情地歌唱,抒发自己的喜悦心情。在婚礼上,他们都使用喀卓语。丧礼要吟唱喀卓语的"入棺经"。

综上所述,喀卓语的双语互补是语言生活的主流,两种语言都得到了全民性的稳定使用,都发挥了表情达意、沟通思想的重要作用。

3.2 大多数喀卓人的大脑中存在三种语言机制

一种是用来表达母语喀卓人的,一种是用来表达普通话的,还有一种是用来表达当地方言通海话的。这三种机制可以根据实际需要随时切换,调出使用。在每天的语言生活中,他们都在不断地调换使用这三种机制。如:一家之主在与长辈交谈时,使用喀卓语;若与子女交谈,有的则改换使用汉语。在家说喀卓语,忽然有外族客人进来,就马上转说汉语。晚上家人看电视,看的是汉语节目,但议论节目内容时,又使用喀卓语。开村民会时,念文件用汉语,解说和讨论则使用喀卓语。青少年在一起聊天,当喀卓语不能充分表达自己的意思时,马上就会转为汉语。遇到本地人说当地方言,遇到北方来的人则说普通话。在小学,喀卓老师在课堂上说普通话,但课间与喀卓学生交谈时则说喀卓话。这些自然的转换,谁都习以为常,都认为是顺理成章的事。三种语言机制的交替运行,已经成为喀卓人语言生活中的一种重要使用法则。

这三种语言机制各有自己的语音、词汇、语法系统。以语音为例,喀卓人的语音机制存储了三套语音系统:一套是拼读喀卓语的,一套是拼读普通话的,还有一套是拼读当地汉语方言通海话的。① 声韵调对应如下:

声母:

喀卓人说喀卓语(24个):

p、ph、m、f、v、t、th、n、l、ts、tsh、s、z、

tɕ、tɕh、ȵ、ɕ、ʑ、k、kh、ŋ、x、ɣ、w

喀卓人说普通话(18个):

p、ph、m、f、t、th、n、l、k、kh、x、

tɕ、tɕh、ɕ、ts、tsh、s、z

喀卓人说通海话(19个):

p、ph、m、f、v、t、th、n、l、ts、tsh、

---

① 除这三套外,还有一套是用来拼读喀卓语中的汉语借词的。这套系统与喀卓语的语音系统区别不大。

s、z、k、kh、x、tɕ、tɕh、ɕ

韵母：

喀卓人说喀卓语(17个)：

ʔ、i、ɛ、a、o、u、ɤ、ɯ、iɛ、ia、io、au、

ui、uɛ、uɤ、ua、iau

喀卓人说普通话(27个)：

i、a、o、u、ɤ、y、iɛ、ia、ai、au、ɛi、ua、yɛ、

iau、iou、uɛi、uei、iŋ、ɛŋ、aŋ、oŋ、uɛŋ、

yɛŋ、iɛŋ、iaŋ、ioŋ、uaŋ

喀卓人说通海话(17个)：

ʔ、i、ɛ、a、o、u、ɤ、ia、iɛ、io、

au、ai、ui、uɛ、ua、uɤ、iau

声调：

喀卓人说喀卓语(8个)：

高平55、次高平44、中平33、高升35、

中升24、降升323、高降53、低降31。

喀卓人说普通话(4个)：

阴平55、阳平35、上声214、去声51

喀卓人说通海话(4个)：

阴平44、阳平31、上声53、去声323

喀卓人能自由地、熟练地根据不同的场合、不同的对象，转换使用不同的语言机制来传递信息、表情达意。试想，如果缺少了其中的任何一个机制，都将使喀卓人的社会语言生活难以正常运行。

3.3 语言结构的互补，主要是喀卓语广泛受到汉语的影响

社会的进步、发展，必然会引起语言的变化，而语言由于接触

发生语言变化则是语言适应社会变化的必然法则。长期以来,喀卓语接受汉语的全面影响,吸收了汉语的大量成分来丰富自己。

汉语对喀卓语语言本体的影响,主要体现在语音、词汇和语法三个方面。其中,尤以词汇受汉语影响最深。长期以来,特别是新中国成立以来,大量汉语借词进入了喀卓语词汇系统,使喀卓语的词汇系统与时俱进,始终能够满足不同时期的交际需要。喀卓语词汇受汉语影响的主要特点有:

3.3.1 借词的义类范围具有广泛性、全方位性

在我们所收集的 2 343 个基本词汇中,汉语借词有 820 个,占统计总数的 35%(其中包括少部分汉语借词和本语词结合而成的借词)。有许多核心词已被汉语借词所替代。① 例如:

tɕi³³ tsɿ³¹	金子	tho³²³	铜	ni³¹	土
nau³¹ sui³¹	脑髓	fɛ²⁴	肺	ka³³	肝
khu³¹ ta³¹	苦胆	kɯ³¹	给	sɛ²⁴	涩
pa³³	搬	tsha²⁴	唱	lui³⁵	累
sua³⁵	算	thɛ³¹	抬		

汉语借词广泛分布于喀卓语的各个义类中,涵盖了喀卓人生活的各个领域。上述 35% 的统计数字是就喀卓人在生活中经常使用的基本词汇而言的。实际上,在现代化进程中,由于新事物、新概念层出不穷,喀卓语陆续从汉语中借入了大量的新词术语,分布在不同人群、不同语境中,是无法做出完全统计的。上述 35% 的借词比例只是从基本词汇统计而来的一个基数,未能全面地反

---

① 这些词在彝缅语支语言里,都有自己的本语词,而且不同语言的本语词之间大多具有同源关系。由此可以证明,喀卓语已经不用固有词,而是使用汉语借词。

映喀卓语汉语借词的实际比例。

3.3.2 汉语借词有机地融入了喀卓语的词汇系统

主要有：

1) 借词和本语词在语义上有所分工，各就各位，形成互补分布。例如：

"主人"——tsu^{31} zɛ^{31}（汉语借词：用于第三者向别人介绍主人）；xɯ^{33} pɛ^{33} kua^{55} la^{24} ʐo^{35}（本语词：管家庭的人，用于主人自称）。

2) 借词借用汉语近义词、同义词，丰富喀卓语的词义结构。例如：

"胃"—— ui^{35}（胃）；tu^{31} tsı̩^{33}（肚子）。

"欠（钱）"——tɕhɛ^{35}（欠）；tsha^{33}（差）。

3) 汉语借词与本语词一起构成有活力的新词。例如：

la^{53} ŋ^{35} tsı̩^{24}	手指	tshı̩^{31} ka^{33} phi^{53}	屁股
手指（本）指（汉）		屁股（本）屁（汉）	
ti^{35} fɤ^{33}	旱地	tho^{33} sɤ^{24}	黄铜
地（汉）干（本）		铜（汉）黄（本）	
la^{53} m^{55} tsı̩^{55} kuɛ^{31} kuɛ^{33}	肘	m^{31} to^{24} tsı̩^{31}	驮子
肘（本）拐拐（汉）		马（本）驮子（汉）	
me^{31} ta^{53}	发霉	phi$^{53/44}$ tɕhɛ^{24}	剖开
霉（汉）上（本）		劈（汉）开（本）	

4) 汉语借词有两种融入喀卓语的方式：一是分析重构型。使用者能够分析汉语借词的语素，按照本语的结构规则重新排序，使之与固有词一样，符合本语的句法结构要求。例如：

| tɕhɛ^{33} tu^{31} | 赌博 | tsha^{35} ko^{33} tsha^{35} | 唱歌 |
| 钱 赌 | | 歌 唱 | |

二是整体借用型。整体借用又可分成两种类型,一类是在不违背本语构词规则的情况下,整体借入汉语借词,不用已有的本语语素替换其中的语素。例如"衣""碗"在喀卓语中分别有本语词,但仍然整体借入了"衣柜""碗柜"等汉语借词:

$z_1^{33}tshu^{323}$　衣柜　　$wa^{31}kui^{35}$　碗柜

衣　橱　　　　　　碗　柜

另一类是在违背本语构词规则的情况下,仍然整体借入汉语借词,即同时借入汉语语素及汉语构词结构。例如:

$fa^{35}ɕo^{323}$　放学　　$ta^{31}tu^{31}$　　打赌

放　学　　　　　　打　赌

一些汉语离合词如"放假""开学"等,也被作为整体借入了喀卓语,不改变原有的词序规则。例如:

$fa^{35}tɕa^{35}$　放假　　$khɛ^{33}ɕo^{24}$　　开学

放　假　　　　　　开　学

但也有些离合词在意义被理解之后可以改变词序,变成符合喀卓语句法规则的宾动式。两种并存的语序,说明它们正处于由整体借用向理解分析过渡的状态。例如:

$xui^{35}khɛ^{33};khɛ^{33}xui^{35}$　开会　　$ta^{31}fɛ^{33};fɛ^{33}ta^{31}$　打分

会　开　开　会　　　　　　打　分　分　打

量词借用中也有这个现象。喀卓语数量名短语的正常语序为"名+数+量",但汉语借词的进入使得这个语序规则被打破,直接使用了汉语的"数+量+名"语序。但这种情况目前还比较少,而且不稳定。两种语序因人、因语境而异,还影响使用本语词还是使用借词。例如,喀卓语"一代人",目前就有两种形式和两种语序同时并存:

93

tɛ³¹　　tɛ³⁵　　zɛ³¹　　一代人
一（本）代（汉）人（汉）
tsho³³　　tɛ³¹　　tɛ³⁵　　一代人
人（本）　一（本）代（汉）

总之,汉语借词的融入,不仅没有削弱喀卓语的使用活力,而且还对丰富发展喀卓语的表达能力起到积极的促进作用。

5) 汉语借词融入后产生新的义项。

汉语借词进入喀卓语词汇体系之后,产生新的义项。例如:汉语借词 ʑo³³ "用",借入后增加了义项,在句中具有"得""要"的意思。

ʑi³²³　ma³¹ ʑo³³.　　　　　不用去。
去　不　用

ʑi³³ ʑi³²³ ʑo³³　　ʑa³³.　　他得去。
他　去　用（得）（助）

a³³ tsʅ³⁵ ʑo³³　　ʑa³³!　　要安静!
安静　用（要）（助）

大量吸收汉语成分,使得这两种语言的表达能力加强了,能够与时俱进地适应社会发展的需要,保持其独立性。而且,由于母语成分中有大量的汉语成分,减少了喀卓人学习汉语的难度。总之,语言接触和语言影响对双语制的建立是有利的。

四　喀卓人的双语竞争是语言生活的客观存在

不同的语言共存于一个社会中,由于存在差异就会出现矛盾,有矛盾就会出现竞争。喀卓语与汉语长期密切接触,相互影响,因而除了互补外,还存在竞争的一面。喀卓语与汉语的竞争,包括语言功能竞争和语言结构系统竞争两个方面。二者性质不同,相互有联系。

4.1 语言功能竞争

喀卓人使用的喀卓语和汉语,各有不同的功能。功能的竞争,包括语言使用的场合、范围、频率等存在差异和竞争。具体表现为:

4.1.1 对语言能力的期望值存在差异

对子女的母语能力,喀卓人的要求是不高的,只要能够适应一般的交际就满足了;而对汉语能力的期望值则很高,希望子女们一定要学好汉语,水平越高越好。家长们不会因为子女不会自己的母语而过多忧虑,但为子女如何学好汉语则煞费心思。二者期望值的差异,使得语言能力存在差异。

4.1.2 习得途径存在差异

喀卓语是通过自然习得获得的,而汉语是有组织的课堂教学习得的。自然习得没有明确的目的要求,孩子们和玩伴在一起说喀卓语,自然而然就会了;而课堂教学是有目的、有组织、有具体要求的,必须达到既定的目标。习得的方式不同,效果也不相同。

在入户访谈中,我们发现家长们从来不担心孩子不会讲喀卓话。问及孩子的喀卓语是否需要专门教授时,家长们大都回答:"不消教嘛,不教他自己也会的。"当问到孩子是如何学会喀卓语的问题时,父母与孩子本人的回答都比较一致:"出去玩的时候跟小伴儿(朋友)学的。"孩子们是在一种轻松的环境中自然而然地学会了喀卓语。而汉语是在父母刻意给他们创造出的汉语环境中习得的,习得环境是人为创造的,是"非自然"的。

4.1.3 母语习得迁就汉语习得

喀卓人的双语习得有时会出现矛盾,比如在孩子学话的时期,是先学母语好呢,还是先学汉语好;家长是多给孩子说母语,还是多说汉语;学前班、小学一二年级儿童的课堂教学,是要母语辅助,还是直接教汉语,等等。喀卓人的父母及教师在处理这些矛盾时,往往是优先考虑汉语,甚至自愿让母语迁就汉语。汉语的课时增加了,一般不会引起争议,而课堂里多说母语,许多家长就会提出异议。

语言功能的这种竞争,反映了喀卓人对双语的语言观念。这种语言观念是对汉语习得的重视,是喀卓人积极向上、勇于接受外界事物的表现。这是应该肯定的。但也不能不看到母语和兼用语的这种不适当的倾斜,会带来母语功能的衰退,应该适时予以调整。

4.2 语言结构系统的竞争

不同的语言由于结构系统存在差异,当发生接触相互影响时,固有成分和借用成分除了相辅相成、和谐发展外,也还会存在竞争的一面。喀卓语的语言系统内存在大量的汉语借用成分,固有成分和借用成分存在以下几种关系:

4.2.1 部分汉语借用成分使用频率高于固有成分

这在青少年的口语中表现得较为突出。如:青少年的汉语借词的使用频率通常高于固有词。有的固有词,他们虽然也懂,但交际时则使用汉语借词。出现频率较低的一些固有词,部分青少年已经听不懂。汉语借词在青少年语言竞争中具有明显的优势地位。中老年人为了便于与本族青少年交际,往往也愿意直接使用汉语借词。汉语借词使用频率高于固有词的如:

表 2

汉 义	汉语借词	本语词
心脏	si^{33} tsa^{323}	ŋ^{35} ma^{33}
弟弟	ti^{35} ti^{35}	niɛ^{323}
士兵	piɛ^{33}、pi^{33}（自由变读）	tsho^{24} kha^{31} la^{24} ʐo^{35}
尼姑	ni^{323} ku^{33}	a^{31} sɿ^{55} ma^{33}
仇人	tshɛ^{31} zɛ^{31}	tɕhi^{31} tso^{24} la^{24} ʐo^{35}
监牢	tɕɛ^{33} lau^{323}	tsho^{33} tɕha^{55} tɕa^{24} la^{24} n̥a^{53}
棚子	pho^{24} tsɿ^{31}	fu^{24} xɤ^{33}
烟（吸的烟）	zɛ^{33}	m^{35} khu^{31}
锥子	tsui^{33} tsɿ^{31}	lɛ^{53} la^{24}

使用频率占优势的汉语借词,通常是日常生活中不太常用或者较少能够亲眼见到的事物。如"心脏""监牢"等。

4.2.2 少数固有成分使用频率高于汉语借用成分

在词汇上,少数固有词的使用频率高于汉语借词。从语义分布上看,这类固有词通常是与喀卓人日常生活联系密切、长期频繁使用的词语。因此,即使借入了同义汉语借词,这批固有词仍然占据优势地位。例如：

表 3

汉 义	本语词	汉语借词
蚕豆	no^{53}	tsha$^{53/55}$ tɛ^{35}
猫头鹰	pɛ^{55} ɣɯ^{53}	mau^{33} thɛ^{31} zɛ^{33}
筛子	wa^{24} tsɿ^{53}	sɛ^{33} lo^{33}
生日	sɛ^{33} ŋ^{33} xa^{53} mɛ^{44}	sɛ^{33} zɿ^{323}
年纪	kho^{53} tha^{31}	n̥ɛ^{323} tsɿ^{35}
缝	sa^{33}	fɛ^{33}
捞	vu^{323}	lau^{33}
敲	ka^{24}	khau^{33}

97

4.2.3 汉语的影响成分在喀卓语里已经有了萌芽

如新语序与固有语序并存共用。喀卓语数量词的语序通常放在名词之后,但由于受到汉语的影响,当数词超过"10"时,偶尔也有人使用"数+量+名"语序。例如:

ŋ^{31} sʅ^{323} o^{31} kɤ^{24} 十五头牛　　sʅ^{323} o^{31} kɤ^{24} ŋ^{31}　十五头牛
牛 十五 头　　　　　　　十五　头　牛

又如,喀卓语的"SOV"语序,在汉语借词的结构中,出现"VO"语序。

fa^{35} ɕo^{323}　　放学　　　fa^{35} tɕa^{35}　　　放假
放 学　　　　　　　　放 假

又如,语言接触给喀卓语带来了新的使动格式,丰富了喀卓语表示使动的语义类型。下例 ku^{33} 是本语的使动标记,是表达使动的原始形式。

po^{33} liɛ^{323} phi^{323} phi$^{323/33}$ mɛ^{44}　ni^{31} ,ʑi^{33}　kɛ^{33} ku^{33} kɤ^{53} wa^{33}.
玻璃　　杯子　　　（量）（助）他（助）弄 碎 （助）
玻璃杯被他打碎了。

但受汉语的影响,现在喀卓语多不采用使动标记 ku^{33},而是用隐性的词汇形式表示使动。说成:

po^{33} liɛ^{323} phi^{323} phi$^{323/33}$ mɛ^{44}　ni^{31} ,ʑi^{33}　kɛ^{33} to^{31}　kɤ^{53} wa^{33}.
玻璃　　杯子　　　（量）（助）他　（助）打 碎 （助）

上例的 ku^{33} kɤ^{53} "弄碎"用 to^{31} kɤ^{53} "打碎"表示,"碎"是"使碎"义,是隐性的使动格式。这种使动自动合一的格式,是受汉语的影响产生的。

五 青少年母语能力出现不同程度的下降是语言生活中的新问题

青少年是语言社团中反映语言变化最为敏感、最为迅速的年龄段。语言的一些变化,往往是在青少年中先出现的。所以,从青少年的语言状况研究语言的走向,是一条便捷的路。在调查中我们发现,喀卓人青少年一代的母语能力明显地出现不同程度的下降,这是一个值得重视的问题。

5.1 测试结果显示,青少年的喀卓语能力已不及中老年人

为了获取不同年龄段的语言能力差异,我们从喀卓语四五千个词中挑选了最基本、最常用的四百个词,编成《喀卓语四百基本词测试表》,用以测试喀卓人的母语能力。我们从不同年龄段中随机选取了 40 多人进行测试。测试的水平定为四级:A 级表示对该词能熟练说出;B 级表示想后才能说出;C 级表示提示后方能懂;D 级表示完全不懂。

这四百个基本词对中老年来说,都是轻而易举的。测试结果是:A、B 两级高达 95% 以上。但青少年的测试情况则明显不同,年龄越小,A、B 级的比例越小。具体情况如下:

6—9 岁年龄段:A、B 两级只占 65%。他们连一些较基本的词汇如"星星、云、火烟、河、喉咙、根、大蒜、(花)开"等,都不会说,只会使用汉语借词。一些常用词也只达到 C 级或 D 级。如"腋、中指、骨节、心脏、脓、汉族(人)、孙子、侄子、老鹰、乌鸦、虱、虮子、藤子、甘蔗、糯米、种子、穗、小麦、荞麦、麻、姜、黄豆、瘦肉、漏勺、磨(石磨)、月、去年、十一、拃(一拃)、编(编辫子)、放牧、分发

（东西）、麻木"等。

10—14岁年龄段：A、B两级占80%，比上个年龄段增加15%。一些基本的常用词也都是用汉语借词，不会用本语词。如："太阳、星星、火烟、蒸汽、肩膀、背、腰、脚踝、骨节、肺、肠子、痰、儿子、媳妇、公牛、毛、翅膀、鹿、松鼠、老鹰、蝌蚪、蝙蝠、乌鸦、蜜蜂、蜻蜓、糯米、蒜、姜、帽子、盖子、锥子、影子、年、十一、百、千、拃、补（衣）、分发、放牧、喜欢、摇头、摘（花）、（公鸡）叫、链接、染、挑选、贴、钻、也"等。D级的词汇大大减少，只有"脚踝、蝙蝠、蝌蚪、虱、虮子、蜻蜓、藤子、穗、荞麦、牛圈、木筏、筛子、簸箕、拃（一拃）、分发（东西）、染、筛（筛米）"等。

15—19岁年龄段：A、B两级占85%，比上个年龄段增加5%。属于C和D级的词，是生活中不常见的或不常用的词。如："麻子、老鹰、乌鸦、虱、虮子、蜻蜓、藤子、穗、荞麦、麻、拃（一拃）"等。

喀卓人青少年母语能力的下降，主要表现为：本族语的基本词汇掌握得较少，看得见的会说的多，如"眼睛、鼻子、嘴、手、脚"等，看不见的会说的就少。如"肺、胆、肾、骨髓"等。数词，有的儿童只能数到"五"，"五"以后就使用汉语的数词。至于表达本族传统文化的一些词，他们懂的就更少了。短句子会说，长句子不会说。

5.2 儿童中汉语是第一语言的，比例不断增大

第一语言是与第二语言相对的一个概念，是从习得顺序的角度对双语人所使用的语言作出的界定，而母语是指一个民族自己的语言，是与兼用语相对的。在一般情况下，儿童的第一语言是母语。如果第一语言不是母语，而是另一种语言，就是"错位"。

调查材料显示，在上世纪80年代，兴蒙乡青少年的第一语言多为自己的母语。直到80年代中后期，大部分四五岁以下的儿童

还基本听不懂汉语,更不会用汉语进行表达。他们在幼儿园阶段,老师都需要用双语教学,经过两三年的学习,才能基本听懂汉语,但仍不能熟练自如地用汉语表达。直到小学低年级,有时仍需要老师用喀卓语辅助教学。20年后的今天,我们发现喀卓儿童与外族人交谈时,即便是三四岁的儿童都能用汉语交谈。一些年龄较小的儿童,汉语水平明显高于喀卓语。我们还了解到,近20年来许多家长为了让孩子将来能有更好的发展前途,自孩子学话起就教他们汉语,儿童的第一语言往往不是母语而是汉语。显然,在儿童习得语言的"关键期",第一语言与母语出现了"错位"。

经调查统计,兴蒙乡从1988—2001年出生(6—19岁)的1 349个青少年中,第一语言为汉语的有938人,占青少年总人口的69.5%。而90年代以后出生的985人中,有755人的第一语言为汉语,占90年代后出生人口的80.5%。我们在村寨中看到,一些第一语言为汉语的学龄前儿童,可以熟练地用汉语交流,但喀卓语却说得不好,或者会听不会说,母语水平明显低于第一语言汉语的水平。喀卓儿童在语言习得的关键期未能充分习得母语,出现了母语习得的"空档";这种"空档"只能等到后来得到"补足"。

喀卓儿童在语言习得过程中第一语言与母语发生的这种"错位",产生了一些新的认识问题。如:第一语言是母语的概念要不要修改?习得顺序的改变给喀卓人的母语传承带来什么影响?两种语言在青少年语言能力形成的过程中是如何互补与和谐的?

应当怎样认识喀卓儿童母语水平下降呢?我们认为,应当从两个方面来看。汉语习得在一定程度上冲击母语习得,反映了喀卓人迫切要求上进的热情。一个人口少的民族或群体,如果不掌握国家的通用语,在一个多语社会里要生存下去是有许多困难的。学习汉语的强烈愿望,是他们发自内心的自觉要求。但在另一方面也应当看到,母语能力的下降对民族语言的保存是不利的。特别是年青一代的语言状况,在某些方面能够反映一种语言的演变趋势。所以对少年儿童母语水平的下降,应当引起重视,还应采取必要的措施予以解决。

六 喀卓人双语关系的启示

喀卓人的双语关系,是我国双语关系的一种类型。从喀卓语反映出的特点和规律中,我们能够看到这一类型双语关系的基本特点和演变规律。从喀卓语的个案分析中,我们能得到以下几个启示:

6.1 一个民族的双语关系既有互补的一面,又有竞争的一面

这两面性,构成了一个统一体,缺一不可。所以,对待双语关系,既要看到互补的一面,又要看到竞争的一面,只看到一面是片面的,不利于我们对客观事物的科学认识,也不利于我们正确解决语言生活中存在的问题。只有理性地认识我国双语关系中的互补和竞争,才能透过现象看到双语关系的本质,也才有可能摆脱主观感情的束缚,提出符合客观实际的科学对策。

6.2 双语互补有其历史、国情的缘由

一个民族双语关系的互补,是在长期历史发展过程中形成的,而且是由我国以汉族为主体的多民族统一国家的国情决定的。各民族要共同繁荣发展,双语关系就应当互补、和谐。双语互补有其深刻的内容,包括功能互补和结构互补的方方面面。对这一领域,目前我们认识得还很不够,今后还应当进行深入探讨。

6.3 一个民族双语关系的竞争是客观存在、不能回避的

因为母语和兼用语之间存在差异,矛盾和竞争也必然存在。

问题在于,我们应该承认矛盾的存在,认清矛盾的性质和表现,进而提出解决矛盾的对策。我们实地调查的材料显示,喀卓青少年的确存在母语能力下降的新问题,不能视而不见。在经济全球化、信息一体化的进程不断加快的今天,强势语言和弱势语言的竞争会时而加剧、时而凸显,如果不正视这个客观事实,就不利于民族问题的解决。如果对它有了认识,并且能够正确加以引导,就会化矛盾为和谐,这对民族的发展繁荣是有利的。我国实行的是民族平等、语言平等政策,各民族和睦相处,取长补短,总体上已形成一个和谐的多民族社会,因而,双语关系中存在的矛盾和竞争,有可能通过国家的政策、措施予以调节,构建一个和谐的多语社会。

6.4 由于我国不同民族存在不同特点,双语关系也存在不同的类型

构建和谐的双语关系,应根据不同类型的特点制定不同的对策,而不能"一刀切"。本文所分析的喀卓语的双语关系,仅是我国双语关系类型中的一种,在南方民族中有着一定的代表性。至于北方一些人口较多、文字历史较长的民族,其双语关系则有着不同的特点,当属另一类型,应另当别论。

参考文献

① 戴庆厦主编《双语学研究》(第二辑),民族出版社2004年版。
② 戴庆厦、刘菊黄、傅爱兰《云南嘎卓语研究》,《语言研究》1987年第1期。
③ 戴庆厦、刘菊黄、傅爱兰《新蒙乡双语调查报告》,《西南民族学院学报》1988年第2期。

论汉语方言的资源及其开发利用

李如龙　厦门大学

一　汉语方言是国家语言资源之一,还将长期存在

我国的语言资源中,就书面语说,最大规模的是古代和现代的汉语通语;就口头语说,有少数民族语言、汉语方言和普通话。据 2004 年 12 月 26 日公布的"中国语言文字使用情况调查",全国能用普通话进行交际的人口比例是 53%,能用汉语方言进行交际的人口比例为 86.38%。(占全国人口 70% 以上的官话,包括北京话,也都是方言)在一些大都市和小城镇,确有一些青少年儿童已经只会说普通话,但这样的人口在总人口中显然还只是少数。在广大城乡,本地人在一起还是用方言沟通才觉得自然;各种地方曲艺、戏曲还活跃在各方言地区;新世纪以来,不少地方电视台增开了方言节目,有些报纸增设了方言栏目,这说明方言进入媒体是受群众欢迎的,汉语方言在今日中国依然是不可忽视的普遍存在。

本来,中国就是一个汉语方言的大国。由于幅员广阔、人口众多、历史悠久,旧时代战乱频仍、灾荒不断,由此造成的社会分裂、移民迁徙,加以地理阻隔、民族融合、不同语言的接触,汉语方言在历史上多次分化,形成了品种繁多、差异巨大的局面。然而,在经

常状况下,中国还是统一的,用汉字书写的书面语一直是全社会的沟通工具。这种表意汉字超乎时空,使官方维护的书面通语的高度统一和平民百姓中通行的方言口语的纷繁复杂,形成巧妙的组合。统一的文言书面语和歧异的方言口语长期和谐共处,各自发展。

当明清官话成了近代共通语,现代白话文逐渐成型,近代汉语登上了社会生活舞台。它标志着古代汉语向现代汉语的转变,也标志着古代社会向现代社会的发展。然而在旧中国,落后的农村和贫困的文盲,大多还是用方音识字读书,白话文只是略知一二,方言口语则一直十分活跃,这是半个世纪之前中国农村的普遍情形。

新中国建立以来,随着政治的统一、经济的发展,文化建设提高了人民的素质,也促进了共通语的规范和普及。尤其是改革开放近三十年来,持续的经济增长加快了都市化、城镇化的速度,商品化、现代化、信息化的浪潮不断推动着教育的发展,全民文化素质大幅度提高。这不但使现代通语迅速普及,外语学习也逐渐升温,新时代的潮流使书面语和口语渐趋接近了,汉语方言受到了越来越严重的冲击,在有些地方出现了明显萎缩的势头,这的确是前所未有的巨大变化。然而语言毕竟是世代交替和雅俗沟通的需要,不可能在短期内消亡。汪平曾对110个8—18岁的父母都是苏州人的学生做过调查,这些学生与父母主要说方言的占56%,与祖父母主要说方言的占67%,与本地人主要说方言的占73%,可见他们在本地和家庭主要还是使用方言;能熟练使用方言年少的多,喜欢本地方言的年长的多,他的结论是:"随着年龄的不断增长,只要他们仍住在苏州,对苏州社会的接触一定会继续增加,苏州话使用的机会也会增多,普通话和苏州话使用的比例可能会有所逆转。因此,苏州话可能还不至于在可预见的将来就退出交际领域。"①

苏州话保存的情况应属于中间状态,比它强势的有上海话、广州话。上海因为人多势大,数十年来在吴语区的影响早已超过苏州话,广州话则是东南方言中头号强势方言,说得出就写得来,至今还在给通语输送新词语。然而比起一些方言区边界上的小方言点和通行不广、使用人口不多的小片方言或受别方言包围的方言岛来,它又明显地属于强势方言,至今还是说得开,唱得来。拿苏州话这种中间状态作为代表说明汉语方言不可能在短时间里消亡,应该是有说服力的。

二 汉语方言普遍处于剧变之中,急需监测

然而由于普通话的普及,方言正在发生剧烈的变化,这是不争的事实,也是当代中国语言发展的主要趋势。方言的急剧变化有两种基本形态,一是萎缩,一是蜕变。

所谓萎缩,是方言的使用范围在不断缩小。据徐睿渊、侯小英2003年在厦门对224个幼儿园到高中的学生所做的调查,他们的父母都会厦门话,但学生中只有172人会听会说厦门话,在幼儿园,只会听不会说的达80.56%。她们的结论是:那些懂本地话的厦门人,他们使用方言"更多是在家庭中,在亲人、朋友或同学之

---

① 汪平《普通话和苏州话在苏州的消长研究》,《语言教学与研究》2003年第1期。

间,在涉及日常生活的交谈中使用";"闽南话在厦门青少年当中已不是必不可少的交际工具"。[1] 闽南话是东南方言中的强势方言。这个中等城市,少年儿童中竟然也出现了流失的现象,有些小学、幼儿园的小朋友已经说不来,甚至听不懂本地话。汉语方言的萎缩之势从此可见一斑。至于那些穷乡僻壤的小方言的流失就更是不可避免的了。

如果说"萎缩"是语言"外部"的变迁的话,方言的"蜕变"便是语言"内部"的演化,即方言结构系统的变动,包括语音系统、语法系统的调整,词汇的更替。总的说来,现代社会里方言蜕变的基本特征是:固有的方言特征逐渐淡化、减少乃至消失,越来越多地接受通语或周边强势语言的影响。钱乃荣的《上海方言发展史》为我们提供了一个急剧变化的典型。[2]该书拿1853年英国传教士James Summers所编的上海方言词典和现代新派上海口音作比较,说明160年来上海方音所发生的变化。就音系说,声母从30个减为28个,韵母从63个合并为32个,声调则由8个合为5个;就字音说,文白异读大为压缩,多数是保留白读音,放弃文读音。词汇方面则许多单音词演化为双音词,特征词也发生了变化,还有新词语大量涌现。语法方面主要是动词的体貌有较多变化,其他原有的许多助词则略去不用(如表关联的"咾"、"末");有些则是受通语的影响(如"吃仔饭→吃了饭","看我勿起→看勿起我")。上海话变化较大,是因为人口的急速膨胀和密集聚居使多方杂处的方言在竞争中碰撞,略异存同;都

---

[1] 徐睿渊、侯小英《关于厦门市学生、幼儿说闽南话情况的调查》,《台湾及东南亚华文话语研究》,香港蔼明出版社2004年版。

[2] 钱乃荣《上海方言发展史》,上海人民出版社2003年版。

市化使生活节奏加快,生活内容频繁更新。和上海话相比,苏州话100年间的变化则要小得多。据丁邦新《一百年前的苏州话》①就陆基的《苏州同音常用字汇》与1998年出版的《苏州方言志》所作比较,一百年间苏州话的音类系统的差异只有三种:ε、uɛ→E、uE,→ʔ,uo、uoʔ、uɑʔ→o、oʔ、uaʔ;音值的差异也只有四项:iE→iɿ,üo、üoŋ、üoʔ、uã→io、ioŋ、ioʔ、iã,un、ün→uən、yən,u→u、əu。苏州历史悠久、人口变动相对较小,又有许多"苏白"的唱词和文本有过记录和流传,方言变动较小是在情理之中。

在闽方言区,福州话、厦门话变得慢。福州话的音类300年间的明显变化只是两个韵母发生合并:uoi、ui→ui,ieu、iu→iu,声母、声调一如既往;②厦门话的语音系统百余年间只发生两个明显变化:入母混入柳母、参韵混入公韵,而这两点变化牵涉到的字很少;但是我们曾调查过的闽东宁德市碗窑村的闽南方言岛,根据三位发音人(分别为75、44、19岁)的发音,声母和声调并无区别,但韵母中新派把老派的29个韵母合并为11个韵。③

可见,由于历史和现实的条件不同,方言萎缩的速度或蜕变的进度都有差异,萎缩的起点何在,蜕变的重点是什么,都需要进行全面深入的调查和比较分析。为了使这一考察和监测更有成效,必须按照方言的分区和分布特点以及社会文化的特征区分不同的类型,设计调查点,文化古城、新兴工业城、方言区中心区代表点和新老方言岛、多民族杂居乡镇等都应设点,按不同类

---

① 丁邦新《一百年前的苏州话》,上海教育出版社2003年版。
② 李如龙、梁玉璋、陈天泉《福州话语音演变概说》,《中国语文》1979年第2期。
③ 李如龙、陈章太、游文良《宁德碗窑闽南方言岛二百多年间的变化》,《中国语文》1982年第5期。

型制定调查表格(包括反映语言使用状况和方言本体特征的内容),用统一的方法和要求开展调查。

三 汉语方言资源有理论开发意义,应以此为动力,改造汉语方言的研究

中国现代语言学兴起于20世纪30年代,当时的第一代语言学家把音韵学研究和方言调查结合起来,用方言事实证明古音流变,才使中国语言学走上了科学道路。数十年来汉语方言的调查研究又为汉语语音史、词汇史乃至语法史的研究提供了大量可贵的证据。近二十年间,上古音的研究更与汉藏系诸语言的研究联手,相互论证,取得了重大的进展。今后,汉语方言资源的开发还可以为汉语语言学的理论建设做出更多贡献。这里试谈谈若干较为迫切的工作。

第一,为濒危方言作抢救性调查。

尽管不是普遍现象,汉语方言中还是存在着一些萎缩、蜕变中的方言点。《中国语言生活绿皮书》(2006)就提到:闽浙边界一带的畲话,两广、湘、琼的水上人家所说的疍家话,两广、闽、琼不少地方所分布的"军话、正话、儋州话、迈话、伶话"等方言岛。闽北山区及湘桂边界的一些小片方言,使用人口很少,受通语影响很深,如不及时记录,也可能很快失传。抢救、发掘这些方言,就是保护非物质文化的遗产。应该说,在这方面,多年来我们的认识和工作上都有明显的进展。有关领导人许嘉璐、李宇明、杨光等在许多会议上强调过,为了维护语言的多样性,保持语言生活的和谐发展,应该抢救、保存濒危的语言。中国社会科学院、

文化部、教育部、国家社科基金为此建立了专门的研究项目,为调查和出版有关专著提供资金、组织力量,并且已经初步收到了成效。

第二,整理和研究近代方言的民间文献和传教士所编的方言读物。

明清以来,由于方言口语和书面通语日益悬殊,一些方言都编过韵书和其他杂字、小词典,有的记录了本地山歌、童谣、唱本,撰写过反映本地风物的小说、笔记。这些语料有的整理过,但多半未引起重视和研究。这些民间文献保存着不少方言语音、词汇和俗字资料,是我们研究方言史及近代汉语的宝贵资源。

与此同时,还有外国传教士来华所编的各种方言词典、课本、描写语法以及用方言翻译的圣经和其他读物。据游汝杰调查,仅就东南方言材料统计,自1828年起,语音、词典、课本、语法类材料就有251部,其中粤语较多,达90部;方言翻译的圣经(含汉字本、罗马字本)则达1 200种,其中以闽语最多,有474种。[①] 他认为:"这些文献记录描写并研究了当时各地汉语方言口语,在广度、深度和科学性方面远远超过清儒的方言学著作,也是同时代的其他文献,比如地方志和方言文学作品所望尘莫及的。它们对于研究近代中西学术交流、中国基督教史、汉语方言学和方言学史都有相当高的价值。"利用这些文献,至少可以十分完整地归纳出十几种方言的19世纪的语音系统,整理和研

[①] 游汝杰《西洋传教士汉语方言著作书目考述》,黑龙江教育出版社2002年版。

究其词汇和语法,考察一百多年来的历史演变。近十年来,一些学者初步发表的研究报告证明,游汝杰的说法是正确的。

第三,加强方言词汇和语法的研究,并关注语音的结构与词汇、语法的关系。

方言本来就是语音、词汇和语法相关联的系统,许多词汇、语法现象是透过语音的结构和变化表现出来的。以往的方言研究多侧重于语音系统的描写和音韵比较,不重视词汇、语法的研究,对于词汇、语法和语音之间的关联也未加深究。80年代以来,方言词汇研究受到重视,编了不少方言词典,但是大规模的穷尽式的调查还做得很少,一般只调查了数千条。此外,关于词汇的结构系统、语义系统、语用系统的研究,词汇中基本词与一般词的替换迁移,通语词(尤其是书面语词汇)对方言词汇的影响,不同方言在造词方法上的异同,方言中固有词汇与借用词汇之间的竞争和更替,都还缺乏深入探讨。至于方言有没有自己的语法结构系统(例如虚词的系统)和语法化演变过程和规律,在学者之中还可能有不同看法。为了提高汉语方言的整体研究水平,这些研究应该加强。

第四,大力提倡和加强方言的比较研究。

汉语方言的研究,只有广泛、深入地进行纵横两方面的比较,拿单区内部各点或多区之间的方言事实作比较,拿现实的方言与古代和现代汉语的通语作比较,乃至和汉藏语系诸语言作比较,才能认识方言之间的异同,了解方言与通语之间的亲疏关系,理清方言与古代通语或古方言之间的演变关系和层次关系,才能探知远古汉语与汉藏系诸语言的渊源关系和接触关系。总之,只有经过比较,才能真正地建立科学的汉语方言学,并使方言研究更好地为汉语史的研究、汉藏语言学的研究做出更大的贡献。比较对方言研究来说是方法问题,也是方向问题,是汉语方言研究寻求理论提升的根本出路。

四 汉语方言资源的应用开发大有可为,更需大力推进

开发汉语方言的资源在应用开发方面,还远没有引起关注。事实上,这是大有可为的,有三件事亟待大力推动。

第一,应用于语言教育。

语言教育是一个庞大的工程,包括五个方面:母语教育、外语教育、对外汉语教育、民族地区的双语教育以及社会语文教育。利用汉语方言资源与此都有或大或小的关系。

关系最大的是母语教育——语文教育。现今的青少年大多是在方言母语的环境中长大的。即使方言母语不熟练,所学的普通话总带着方言腔调。语言习得先入为主,对于入学后接受语文教育不可能没有影响。教他们学语文,不能只教普通话,不顾方言母语的影响,只有正视它、研究它,找出本地人学好普通话(包括标准音、规范词和正确句型)的难点,有针对性地进行训练才是正路。20 世纪 50 年代的方言普查提出,要为"推广普通话服务"。编写了学习普通话手册,现代汉语教科书也增加了"方音辨正"。但是因为教材没编好,要么太深,用许多语言学术语来分析方言;要么抓不到要害,只比较人所共知的词汇(日头——太阳,月光——月亮),没有好效果。事实上,方言普查的成果不能直接搬到课堂上,语文教学中的方言和通语的比较需要另辟蹊径。

民族地区的学生往往也有某种汉语方言的母语基础。例如,

云贵川的学生先学到的汉语是西南官话,他们在学习全国通用语时也会和方言区学生遇到同样的问题。实行双语教育需要对比的包括民族母语、国家通用语和背景方言,情况更加复杂,需要更多的对比和教学研究。

方言区的学生学习外语往往也有不同的难点。为了提高外语教学水平,也应该研究方言和外国语的差异。

至于对外汉语教学也并非与汉语方言无关。近些年来有些外国学生提出了学习某种汉语方言的要求。广州话、上海话和厦门话的教学班已经陆续有人开设,但是如何编写适用于外国学生的教材,采取合适的教学方法,还没有专门的研究。

在社会语文教育方面,为了营造普通话的氛围,提高普通话测试的质量,培训第三行业从业人员的普通话,也需要针对本地方言特点加强有效的训练。

可见,把汉语方言的资源应用于多种语言教育,还有待于方言学者和语言教师联手研究,编好教材,做好教学设计、试验和总结。

第二,应用于语言规划的制定和贯彻。

改革开放以来,尤其是新世纪以来,我国的语言生活发生了许多新的变化,正如《中国语言生活状况报告》(2006)所指出,"语言生活朝着主体化和多样性发展","新的语言现象大量涌现","普通话和方言互动加快,强势方言对弱势方言形成了一定的冲击"。(见该书第2—3页)在新的形势下,关于"方言进入媒体、方言教学进入课堂",要不要坚持"语言规范化"等问题,学术界还有些不同看法。在对待方言的政策上,也有"保护方言"、"保卫方言"的不同提法。要制定好语言规划和语言政策,首先应该在理论上统一认识。

联合国科教文组织 2001 年《文化多样性宣言》指出:"捍卫文化的多样性与尊重人的尊严是密切不可分的。每个人都有权利自己选择语言,特别是用自己的母语表达思想。"我国的语言政策历来强调,普及普通话不是要消灭方言,而是要使公民在说方言的同时,学会使用国家通用语言。基本精神与此是相符的。语言是一种习惯,也是一种生活能力的需求,习惯根据需求而变化。语言生活中还有更重要的方面:全社会需要一种通用的语言。这是国家建设、社会进步的需要,也是个人在社会上生存和发展的需要。应该说,体现社会主体性的通语和体现语言多样性的方言本来就是相互依存的。尽管二者有着不同的消长过程,也是可以和谐统一的。

当前,方言播音要不要进入广播电视?已经进入的,要不要限制播送时间?报刊和文艺作品可否使用方言?小学课堂要不要教学方言儿歌和童谣?如何对待失控了的网络语言?都可以按照"习惯"和"需要"的原则,根据不同方言地区的实际情况,先放放手,进行一番调查研究,考察实际效果和群众反应再做权衡。既不要轻易指责为"方言回潮",也不必为之鸣锣开道,使星火燎原起来。习惯可以改变,需要可以调整,决定语言生活取向不是靠上方的政令,而是亿万群众在语言生活中经过长期选择、磨合而逐渐确定下来的。

至于语言规范问题,近些年来学界的认识大体是一致的。20 世纪 50 年代提出"规范化"的要求并非无理,在书面语与口头语迥异、文言和白话并行、通语和方言尚难划界的年代,提倡和强调规范是必要的。后来在工作中理解有些片面,划界生硬,对不同文体没有加以区别,因而有些消极影响。然而也不能认为"今是而昨非",不该再提倡语言规范了。规范是社会的需要,也是在实践中约定俗成的。在人多语杂的时代和地区,完全没有规范是行不通的。在维护规范时,如果增加些弹性和宽容,对于汉字的字形和读音的规范与词汇语法的应用采取不同尺度,就会得到更多人的支持。

第三,在文化艺术的传承上发挥作用。

中国学者调查方言是从1918年北京大学的歌谣研究会调查民间歌谣开始的。歌谣包括儿歌、情歌、童谣等,都是能念能唱的,此外还有能说的(民间传说、故事、谚语),配合着唱腔、舞蹈和器乐演奏的还有各方言区都有的戏曲和曲艺。这些千百年来用方言记录下来的民间文学,既是民族文化、地域文化的创造和传承,也是世代交替中规范着社会生活准则的道德信条,培育下一代的口头教科书。这是蕴藏着许多生活经验和艺术创造的宝库,是极其珍贵的非物质的民族文化遗产。在现代社会,共同语不断普及,方言作品和艺术演唱,逐渐不适应紧张繁忙的生活了,许多新的形式(电影、电视、VCD、卡拉OK等)掀起了时尚的新潮,方言文艺式微了。近些年来,保护和发掘非物质文化遗产引起了关注,各级政府采取很多措施,取得不少成果。但是方言文艺、地方戏曲的研究,语言学家介入的还不太多,缺乏深入的探讨。八九十年代文化部领导的全国地方谚语、歌谣、故事的"三集成"的编纂,本来很有意义,但没有方言学家参加,把许多生动活泼的方言词语都转换为普通话,失去了原汁原味,降低了这项工作的意义。关于方言与文学艺术的关系,在政策处理上目前也存在一些争议。例如,方言小品和连续剧要不要放手发展?影视中的某些角色要不要容许方言对白?地方戏曲要不要维护传统正音?在这些方面也不妨先放宽些,再总结经验。

为了做好汉语方言资源的应用开发,特提出以下建议：

1. 建立汉语方言资源监测研究中心,可隶属于"国家语言资源监测与研究中心",以立项招标方式,组织全国各地专家开展汉语方言的监测研究。

2. 除了全国汉语方言学会之外,有些省也有方言学会,高校有方言研究中心,建议由教育部有关部门领头联络这些团体,设计有关方言资源监测研究的课题,成立全国汉语方言动态调查工作站,分期分批对各种类型的方言演变状况进行调查和考察。

3. 进一步摸清濒危方言的分布,按照其萎缩蜕变的程度落实这些方言点的抢救性调查计划,及时将调查材料整理成音档、光碟和文本加以保存。

4. 由教育部组织专家研究中小学语文教育中如何针对方言区的实际进行教学改革,编写有关教材或教参,进行教学试验,获取经验后大力推广。

5. 经过调查举行专题研讨会,讨论有关汉语方言的各种语言规划和语言政策问题,向国家语委提供制定政策的参考。

两岸四地语言文字使用现状与汉语国际推广

陈荣岚　厦门大学

提要 本文列举两岸四地语言文字使用上的一些主要差异,并就其间出现互动交融的语言现象进行分析,探讨两岸四地语言文字使用的发展态势及其对海外华人社区语言和海外华语教学的影响,阐述建立"大华语"理念对汉语国际推广的深远意义。

一 两岸四地语言文字使用的现状

1.1 两岸四地语言文字差异的客观原因

由于历史的原因,中国的大陆、台湾、香港、澳门四地曾一度长久相隔。随着语言的发展变化,加上各自实行的语文政策不同,两岸四地的语言文字存在着不少差异,尤其在词汇方面的差异较大。

香港、澳门通行粤方言,汉语共同语的推广使用深受粤方言的影响。大陆、台湾推行的虽然都是现代汉语的共同语,但由于台湾的"国语"既受到本土社会生活和外来文化的深刻影响,又受到民间通行的闽南方言的诸多影响,它与大陆的"普通话"存在着某些差异。两岸四地在文字上的差异,主要表现在简化字和繁体字上。大陆在现代语文生活中,规定使用简化汉字,而台湾、香港、澳门都在使用繁体字。大陆采用《汉语拼音方案》给汉字注音和拼写普通话,台湾则采用注音字母来拼写。

两岸四地语言文字使用上存在的这些差异有其客观性和必然性。语言是随着社会生活的发展而不断变化的,两岸四地语言文字使用上的差异是各自区域社会生活现实的反映。虽然伴随着经济、文化等各方面的接触和交流日益频繁,两岸四地语言文字出现了一些互动和相融的现象,但在目前的条件下,要一下子完全消除彼此间语言文字使用上的所有差异是不现实的。虽然在语音上两岸四地可以做到不断向普通话标准语靠拢,在文字上可以逐步实现以简化汉字为统一规范,在语法上也可以做到有统一的规则,但是在词汇方面,我们难于强求统一规范而要求完全放弃各自地区拥有的反映当地社会生活风貌的特殊词语,尤其是那些不断涌现的反映各地新事物、新现象的新词语,因为这些新词语如果没有经过彼此间的互动交流过程,则一时很难有个统一规范的标准。

1.2 两岸四地语言文字使用上的主要差异

大陆半个多世纪以来,尤其是实行改革开放以来,政治、经济、外交、文化教育等领域发生了翻天覆地的变化。社会生活的巨大变迁必然反映到语言上,内地的新词新语如雨后春笋般地涌现就是这种巨大变化的折射。与此同时,台、港、澳地区也出现了一大批反映各自地区现代社会生活风貌的新词语。

鉴于两岸四地的社会生活、意识形态上存在的差异,在词汇层面上难免表现出一些比较明显的"词语差",形成各自的"社区词语";又由于各自的语文政策有所不同以及受到社区通行的汉语方言的影响等,两岸四地语言在语音、语法以及文字使用等层面上,也都有一些差异。

例如大陆和台湾在文字和读音方面的差异,从台湾的《常用国字标准字体表》和大陆的《现代汉语通用字表》的比较中,我们可以看到台湾更多地因袭了传统的规范,简体字数量很少,保留了很多旧字形的笔画特点,在笔画数目、笔形、部件上与大陆规范字有一些差异,更有些是选用不同字形作为正体字。如"乃(迺)、笋(筍)、匹(疋)"等。据统计,两岸有差距的字形达到60%左右,其中大部分是简体字与繁体字的区别。有人用《新华字典》和台湾的《国语辞典》的注音比较,发现在《现代汉语常用字表》的3 500字中,海峡两岸注音相同的有2 711字,占77%;注音不同的有789字,占23%。

以下是读音上有差异的一些例子(两个注音,前一个为大陆读音,后一个为台湾读音。音节后的数字表示声调):

成绩 cheng2ji4|cheng1ji1　　危险 wei1xian3|wei2xian2
星期 xing1qi1|xing1qi2　　研究 yan2jiu1|yan2jiu4
傍晚 bang4wan3|bang1wan3　病菌 bing4jun1|bing4jun4
传播 chuan2bo1|chuan2bo4　建筑 jian4zhu4|jian4zhu1
垃圾 la1ji1|le4se4　　　　微笑 wei1xiao4|wei2xiao4

在多音字的读音方面,台湾保留了较多的破读和又读。例如,"叶公好龙"的"叶"读 she4,"朋比为奸"的"比"读 bi4,"甲鱼"的"甲"读 jia4,"漆黑"的"漆"读 qi4,"讽"读 feng4 或 feng3,"伐"读 fa2 或 fa1,"拥"读 yong1 或 yong3 等。此外,在读音上台湾多受闽南方音的影响,港澳多受粤语语音的影响。

海峡两岸在词汇方面的差异最为明显,以下是词汇上差异的一些例子(前者为台湾的说法,后者为大陆的说法):"捷运(快运)、便当(饭盒)、捐血(献血)、公车(公共汽车)、菜蔬(蔬菜)、私隐(隐私)、残障(残疾)、同僚(同事)、彩视(彩电)、超音波(超声波)、三温暖(桑拿浴)、查体(体检)、俗卖(大甩卖)、跳电(跳闸)、空中大学(电视大学)、夜间部(夜校)"等;台湾流通的一些与选举有关的词汇,是普通话和其他华语区所没有的。如"泛蓝军、泛绿军、扫街(以"一条街一条街地清扫"来比喻拉票)、冻蒜(与闽南语"当选"谐音)"等;还有一些词语,大陆与台湾的词形相同,但词义内涵并不一致。例如"停滞",大陆指"由于受到阻碍而不能顺利发展",如"生产停滞""停滞不前"等,台湾则指"吃东西不消化";又如"对光",大陆主要指照相时调整焦距、光圈,台湾指"对质"义;"黑店"大陆指没有营业执照非法经营的商店,在台湾校园则被喻为富有浪漫色彩的咖啡厅;有些词语的引申义也体现了两岸的词汇差异,如"紧张",大陆有"供应不足,难于对付"义(粮食紧张、电力紧张),台湾则没有这一引申义。此外,由于受到闽南方言的影响,某些词语有其特殊的组合方式,如"香贡贡、吃够够、黑暗暗、看透透"等。

香港与大陆在语言文字使用上也存在着不少差距。1997年7月1日香港回归祖国后,语言文字政策有了明显的更动。在1990年公布的《中华人民共和国香港特别行政区基本法》第一章总则第九条中明文规定:"香港特别行政区的行政机关、立法机关和司法机关,除使用中文外,还可使用英文,英文也是正式语文",这就明确了中文在香港的法定地位,同时也承认历史和现实,还保留英文正式语文的地位。在此基础上,首任行政长官董建华先生在历年施政报告中均提出"两文三语"的语言文字政策,即在香港推行"中文、英文,普通话、粤方言、英语"这样的"两文三语"政策,以体现香港作为国际大都会的地位,增进香港的竞争力。在"两文三语"的语言文字政策下,特区政府还将推广普通话提到了议事日程,进一步提高了中文和普通话在香港的地位。不过,粤方言目前仍旧是香港人日常生活交际的用语,并对书面语产生很大的影响。目前香港的报刊杂志还有用粤方言写作的杂文副刊,粤方言在电视台、电台等媒体中也仍占有重要的地位,并有众多的受众者。

纵观香港语言生活的种种变化,折射出现代汉语词汇在香港社会应用的特点。香港的音译词和普通话规范写法有不少不一致的地方。如"朱古力(巧克力)、梳化(沙发)、唛头(商标)、沙律(沙拉)、荷里活(好莱坞)"等;香港在音译人名、地名时的不同写法,有时会引起误会。如:美国前总统里根,香港译为"列根";前总统布什,香港译为"布殊";国名新加坡、新西兰、老挝,香港译为"星加坡、纽西兰、寮国"等。

当然,由于香港与内地社会生活的差异,香港有一些外来词是普通话所没有的。例如:"波(球)、士多啤梨(草莓)、车厘子(樱桃)、茄喱啡(配角)、士多(杂货店)、汰(领带)、柯打(定单)"等。有些词语是香港本地特有的外来词与普通话词语同时并用,例如"柯打"和"订单"、"燕梳"和"保险"都可以说;香港还有一些普通话所没有的、体现香港社会形态特征的词语。例如"丁屋、木屋、寮屋、公屋、居屋"等,在香港都是有特定含义的;还有些词语,如"廉政公署、太平绅士、咖啡妹(指的是检查违规停车的女交通警察,以她们穿的一身咖啡色套裙来借代)、饮咖啡(指的是香港廉政公署请人去谈话)、大闸蟹(小股民)、手袋党(对香港司署以上女高官的谑称)、夹心阶层(中等收入结层)、苦瓜干(愁眉苦脸)、摸门钉(吃闭门羹)、老鼠货(赃物)"等,都是香港特有的社区词语。

台湾的一些社区词语不仅进入了大陆,而且也成了香港通行的社区词语,如"物业、草根阶层(相当于香港的"升斗小民")、作秀、同志(同性恋)、企划、空手道"等。香港的一些社区词语,如"发烧友、炒楼花、水货、四大天王"等也传入大陆和台湾。

澳门在回归祖国之前,受葡萄牙殖民统治长达四百多年。由于长期受到葡萄牙语和英语的深刻影响,以及社会生活中粤方言和普通话的并行流通,形成了澳门特殊的多语现象。澳门比邻香港,很多社区词是两地相互流通的,但澳门也有自己的社区词,如"蓝禀(市民向政府机构投递信件用的蓝色信纸)、饮可乐(指警员违规受处分)、行为纸(指刑事记录证明书)、人情纸(政府机构批准申请的文件)"等。澳门还流通一些与赌博有关的词汇,如"荷官、牌官、泥码、码仔"等,大陆、香港和台湾都没有这样的词汇。

1.3 促进两岸四地语言文字规范统一的必要性

我们既要看到两岸四地语言文字差异的客观性,又要看到克服和消除这种差异的必要性。两岸四地在汉语言文字使用上所形成的一些差异,不仅给彼此间的沟通交流带来某些不便,而且也给全世界的汉语学习者增添了许多不必要的负担,不利于汉语在世界的传播和推广。

鉴于历史与地缘的关系,两岸四地语言文字上的差异也直接影响到东南亚华人的社区语言以及东南亚的华语教学。因此,积极促进两岸四地语言文字的规范统一,不仅是两岸四地经济、文化、教育交流发展的需要,也是世界"汉语热"和汉语国际推广的需要。

目前,在两岸四地的语言互动交流过程中,讲规范、求统一的社会需求日益迫切。为顺应这一历史潮流,两岸四地有必要成立专门的研究机构,共同探讨彼此都能理解和接受的统一的语言文字规范标准,并由此推及海外华语的规范化问题。我们相信,随着汉语的国际推广和海外华文教育的发展,也将进一步促进两岸四地语言文字的互动相融和规范统一。

1.4 两岸四地语言文字使用上的互动相融趋势

随着祖国大陆和台湾及港澳地区之间经贸、文化、教育、旅游往来的日益频繁密切,两岸四地在语言文字使用上互动相融的趋势也越来越显著。

在汉语华文加快走向世界的今天,普通话作为"强势语言"的地位正在迅速上升。如果说改革开放之初,主要还是外部华语社区语言进入大陆普通话,那么现在大陆普通话则更多地被外部华语社区语言大量吸收使用。尤其是在汉语拼音和简化汉字的使用上,各华语区的趋同化日益明显。早在1982年8月,国际标准化组织发出的ISO-7098国际标准文件,就规定了将《汉语拼音方案》作为世界文献工作中拼写有关中国的专门名称和词语的国际标准。新加坡、马来西亚两国先后决定采用汉语拼音作为拼写华文的标准,并正式列入学校的课程。香港、澳门回归祖国后,也把汉语拼音列入学校课程。

两岸四地在词汇方面也表现出互动相融的趋势,许多原先只是在台、港、澳地区使用的特殊词语,纷纷进入内地,并在社会中广泛传开。尤其随着香港、澳门的回归以及台湾国、亲、新三党领导人先后访问祖国大陆,大陆人民对这些新词新语的认同感也迅速上升。如"愿景、考量、造势、福祉、祈求、整合、解读、作秀、掌控"等一些词语,不仅已经在社会上使用开来,而且有的还作为新词语被收入《现代汉语词典》里。而一些反映内地社会生活和新事物、新概念的词语,如"黄金周、希望工程、豆腐渣工程、菜篮子工程、红眼病、下海、跳槽、小金库、保护伞、待业、下岗、黄牌、红牌、英特网、伊妹儿、软件、硬件、光盘"等,也逐渐被台湾、香港、澳门所接受,并在社会上广泛通行。

这些新词新语蕴涵着浓厚的当代中国的社会文化色彩,无论出自大陆还是台湾、香港、澳门,都使汉语变得更加丰富起来。两岸四地社区词语的这种互动相融,也促进了海外各华语社区语言的趋同化。

二 两岸四地语言文字的差异对海外华语的影响

2.1 海外华语社区语言的特点

海外华人使用的华语与中国大陆、台湾、香港、澳门四地所使用华语都是同源同种的。由于处于多元文化背景下,海外华人的社区语言深受所在国民族语言、社会上广泛应用的英语、华人母语方言的多重影响,富有地方色彩并深受各地华人认同的华语变体自然产生。

以东南亚地区的华语使用为例,在中国改革开放之前,没有或者很少受到中国大陆普通话的直接影响。各地区都在本社区交际需要的基础上,发展自己的华语。由于各华语区的文化背景以及华人的主要母语方言各不相同,且各华语区又没有经历过像中国社会所经历的那些变化,因此不仅各地区的华语和普通话之间存在着一些差距,而且各地区的华语之间也有各自的一些特点。这些差距,既表现在词汇上,也表现在语音和语法上。

2.2 两岸四地语言文字差异对海外华语的影响

两岸四地语言使用上的某些差异,随着各华语区之间的接触和交流而逐渐扩散到东南亚华人社区的语言里,特别是在词汇方面表现得更为明显。

在词汇方面,由于语言中的词汇受社会生活和文化的影响最为直接、最为敏感,东南亚华语词语表现得更加纷繁多样,形成了东南亚不同国家独有或共有的华语社区词语。例如"康乐(娱乐)、业产(产业)、文案(文书档案)、礼数(礼节)、华府(华盛顿)、启市(开始营业)、司库(经管财务的人)、祝仪(贺礼)、公亲(调解人)、巴刹(市场)、巴仙(百分比)、坐厕(抽水马桶)、学话(学舌)、同居(同一个单元的邻居)、搭客(乘客)"等。这样一些词语,有些是各华语社区创造出来的,有些是从台湾和港澳的社区词语吸收来的。比如,当新加坡华语需要表达本地区存在的特有事物或新出现的事物时,普通话里却没有现成的对应词汇,因此就不得不创造出一些新词,如"红毛丹、奎笼、嘉年华、固本、组屋、拥车证、财路、度岁金、资政"等。东南亚其他华语区的情况也是如此。当某华语区特有的新事物也在其他地区出现时,就使得这些华语社区词语得到扩散传播的机会,从而使得区域性的词语成为华语的共同用语。但是像新加坡华语中"组屋、固本、拥车证"等这样一些社区特有词语,如果其他华语地区没有出现这些新事物,就没有机会扩散,也就只能作为社区的特有词语。

在语音方面,如印尼语、马来语里没有声调,也没有送气与不送气音的区别,但有清音与浊音的区别。当地民族语言的这些特点在某种程度上也影响了东南亚社区华语的准确发音,形成了所谓的"南洋腔";东南亚华语区通行的闽粤方言与普通话语音上的差异也会影响到东南亚华语的发音。例如,把"男子"说成"篮子","人口"说成"路口","找到"说成"早到","废话"说成"会话","渔民"说成"移民"等。

在语法方面,东南亚华语的某些表达方式也与普通话语法有异。如数量词的用法,南洋华人总把"一百五"说成"百五","一万二"说成"万二","一家公司"说成"间公司",就是受到闽粤方言的影响,而把"一万"说成"十千",把"在校门口集合"说成"集合在校门口",则是受到当地民族语言的影响。其他如"你走前头、你吃多一些、我高过他、进去店铺、很大粒、越大个"等说法,也是受华人母语方言影响所造成的。

近年来,东南亚华文教育出现了蓬勃发展的势头,但由于教学媒介不统一,简化汉字与繁体汉字并用,汉语普通话与方言并用,汉语拼音和注音符号并用,未能很好地与现代汉语标准语和世界汉语教学接轨,加上各华语社区语言使用上存在着的差异,这些都在很大程度上影响到东南亚华语教学的效果。华语社区都有的一些新事物,各地区的取名却可能不相同。这些名异实同的社区词语,对华语区之间的交际以及外国人学习汉语都可能造成不必要的负担。

2.3 海外华语与两岸四地语言的互动交融

随着华语区之间的频繁交流,也会使这些名异实同的词语逐渐扩散并进而趋同。如新加坡的"手提电话",香港的"大哥大",逐渐被大陆的"手机"所替代;华语区的"电脑"显然有更强的生命力,逐渐取代了大陆的"计算机"。新加坡的"乐龄"显然比"老龄"文雅,近年来大陆的一些刊物也出现了以"乐龄"来命名有关的事物的现象,如"乐龄村、乐龄俱乐部、乐龄周"等等。大陆说的"弱智"或"智残",台湾以及东南亚华语区说"智障",从人文关怀的角度看,用"弱智"或"智残"显然不如用"智障",也正在被后者所取代。

华语区之间的频繁交流,不但促使了各社区语言之间的互相影响和吸收,也使得普通话对各地华语的影响越来越大。中国大陆改革开放之后,和海外华语世界的接触越来越频繁,普通话与海外华语彼此之间的互动相融,使得普通话和其他各地区华语之间的差距正在逐渐拉近。2005年出版的《现代汉语词典》就收录了"峰会、双赢、垃圾虫、垃圾股、垃圾邮件"等华语社区词语,这些词语进入普通话,就是地区性华语词语向普通话扩散的例子。各华语区的一些特有词语进入了普通话,新的表达方式逐渐出现在大陆的书面语中,不仅使普通话出现了新的面貌,也使得两岸四地之间的语言差异不断地缩小。

三 关于确立"大华语"理念的思考

3.1 海外华语区的语言差异与语言规范化

目前,无论是海外华语与普通话之间,还是海外各华人社区语言之间,以及中国两岸四地之间,在语言文字的使用上都存在着一些差异。汉字的繁与简、汉语拼音与注音字母、不同译音词、方言与共同语以及名异实同或名同实异等现象,影响了华文华语在世界范围的推广,这些都说明了全球华文华语自身整合协调的必要性。

如何正确看待语言的规范化和华语区内部的语言差异呢?我们认为,语言的规范化并不是语言发展的最高境界,语言规范之目的是为了更好地运用语言这个交际工具进行交流。语言总是随着社会的不断发展而日益丰富起来的,语言不但要规范,更要不断丰富和发展,才能有生命力。因此,对华文华语的整合,一方面不能因强调规范而忽视海外华人生活语言的丰富多样性,不能因强求统一而使得语言变得十分贫乏;另一方面为了达到顺畅交流的目的,海外华语又必须维持相对的稳定和规范,以保留其共同的核心。例如,对待海外华语的一些特殊词语,我们不能因规范化而完全舍弃其富有地域社会生活特色的词汇。且不说其中有些词语并没有与之完全对等的普通话词汇,即使普通话有与其对等的词汇,但它们在词语的色彩上也会有所不同的。

3.2 确立"大华语"理念,促进汉语国际推广

北京大学陆俭明教授(2005)认为:汉语要走向世界,有一个问题需要解决好,那就是汉语教学的标准问题。作为第二语言的汉语教学要在世界范围内推行,从理论上说当然要以普通话为标准,但从事实上看要不折不扣地完全按照普通话标准来要求又是难以实现的。考虑到这些情况,为了使汉语走向世界,有必要提出和建立"大华语"概念。他认为"大华语"可以定义为"以普通话为基础而在语音、词汇、语法上可以有一定宽容度的汉民族共同语",或者还可称之为"以普通话为核心但又带有某些地域特色的全世界华人共同语"。

当然,这里所说的一定宽容度还是要以适应汉语作为国际间交往的工具为前提。例如,汉语拼音比注音字母更方便外国人学习汉语已是不争的事实,简体汉字也已成为汉语国际推广的主流。因此,海外华语教学还是要以汉语拼音和简体汉字作为趋同和规范的标准。总而言之,对华文华语需要进行整合与协调,使之有个共同的核心与标准,同时又能满足不同地域语言交际的实际需要。因此,应该将语言的规范化与语言的丰富与发展两个方面结合起来考虑。

新加坡南洋理工大学周清海教授(2006)认为,海外华语的应用和发展,既要强调尽量向普通话的规范标准靠拢,以保留华语的

共同核心,也要强调各华语区之间的相互交流与自然融合。中国改革开放以来,因为交流的需要,与海外华语接触频繁,普通话的影响越来越大,海外华语与普通话的差距正在逐渐拉近。同时,各华语区的新词新语大量涌入普通话中,新的表达方式也逐渐出现在大陆的书面语中,从而使普通话出现了新的面貌。但是,语言自身的变异和地域变异又是不可避免的。我们在语文教育方面,包括语文教科书、师资培训以及大众传媒等方面,应强调尽量向普通话靠拢,以使华语保留与普通话共同的核心。海外华语要趋同化,就必须先知道差异在哪里,因此应加强对海外华语的研究。中国语文词典过去偏重于强调规范性,相当程度地忽略了词典的描写性与实用性的需要。辞书编纂者的目光集中在普通话上,缺乏对中国境外华语的关注,思维局限在"小汉语"上,而不是"大汉语",这对汉语的发展是不利的。周清海教授建议在规范性的《现代汉语词典》之外,还应该编《全球华语词典》,广泛收入各华语区相对稳定的社区词语。这对促进全球华语区之间的交流,促进华语向共同的核心靠拢具有积极重要的作用。

因此,我们需要深入研究探讨如何处理好全球华语的规范化与多样化的关系、华语内部的源与流的关系。从全球华人之间顺畅交流的需要看,汉语在全球范围内的规范肯定是必要的、可行的。但是这种规范又必须是相对的,在汉语主流规范的前提下,应该也必须允许不同华语地区语言差异的存在,这也是文化多元性在语言上的多样化反映。确立"大华语"理念,取长补短,求同存异,异中求通,有助于增进世界华人的凝聚力和认同感,也有助于推进海外华文教育和世界范围的汉语教学。

我们应该加强对各国的语言、教育政策以及华语在该地区传播和使用过程中的主要困难和问题,对各国华语的分布、形成、特点以及学习和使用者的语言态度等进行深入的调查研究;同时,加强与各国华人社区语文工作者的沟通,建立相关的语料库,对海外华语的使用情况进行动态的追踪研究。

认识和了解海外华语社区语言的形成及特点,研究两岸四地与海外华语区的语言差异和互动相融现象,通过与普通话的比较,归纳其不同类型和特点,这对于现代汉语的丰富和规范化以及海外华语教学,无疑都具有重要的现实意义和理论价值。当前,全世界华人社区的特有词语借助网络媒体,以前所未有的速度在全球汉字文化圈内传播、流通,必将极大地促进全球华语的互动相融和规范统一,促进汉语在全世界的广泛传播和使用。

参考文献

① 周嘉彦《汉语与华人社会》第238—240页,复旦大学出版社2001年版。

② 李如龙《略论东南亚华人语言的研究》,载李如龙主编《东南亚华人语言研究》第1—8页,北京语言大学出版社2000年版。

③ 陆俭明《关于建立"大华语"概念的建议》,载李晓琪主编《汉语教学学刊》第一辑第1—4页,北京大学出版社2005年版。

④ 周清海《新加坡华语和普通话的差异与处理差异的对策》,载新加坡《联合早报》2006年11月26日。

新加坡双语教育政策的挑战与新机遇

吴英成　南洋理工大学国立教育学院（新加坡）

摘要　本论文分为八节：第一节从历史背景与社会语言情境角度，综述新加坡语言景观与双语教育政策；第二节从官方语言、行政语言、族群语言着眼，分析华语与英语在新加坡的社会语言地位；第三节从第一语言与第二语言/外语教学、"母语"的界定、教学媒介语的选择、语言教育课程的设计等相关领域，分析华语与英语在新加坡的语言教育地位；第四节从官方人口普查数字、教育部华族小一新生家庭常用语统计数字，探讨变动中的华族社会：从"脱方入华"至"脱华入英"；第五节从推广的目标、层面、目标群等，阐述"讲华语运动"的成果与未来的走向；第六节回顾过去三次重大的华语教学改革——1992年王鼎昌领导的华文教学检讨委员会、1999年李显龙领导的华文教学检讨委员会、2004年黄庆新领导的华文课程与教学法检讨委员会，并对现行的特选中学、华语B课程进行反思；第七节从新加坡教育部推行的双语并用华语教学实验计划、双文化课程，探索新加坡华语教学的新方向；第八节从全球语言视角导入，诠释华语在新加坡的新机遇。

关键词　语言政策、双语教育、教学媒介语、全球语言

一　新加坡语言景观与双语教育政策

新加坡由华族、马来族、印度族三大种族组成多元语言、多元文化的国家，各族人口比例为（Leow 2001：viii）：华族最大(76.8%)，马来族其次(13.9%)，印度族居末(7.9%)。英语虽然与代表三大种族的华语、马来语、淡米尔语皆为官方语言（official languages），但是由于新加坡曾经历英国长期殖民统治，在政治、

经济、法律等迄今仍沿袭大英帝国体制,因此英语依然是一枝独秀,作为官方的主导语言(master language)。可见,多元族群和政体特征对新加坡的语言政策产生了决定性的影响。

由于华语、马来语、淡米尔语与英语并列为新加坡四大官方语言,国家领导人在许多重要的庆典都会以英语和三大族群的个别共同语发表演讲。国会议员也可以在国会以个别族群的共同语发言,但毕竟仍属于少数,大多以英语为交流、辩论的主导语言。总之,华语、马来语及淡米尔语的社会语言地位并不高,既不是政府部门的行政工作语言,也非政经活动的主要交际语言。这三大族群的个别共同语的主要功能是传承族群文化和维系族群内部的沟通,社经地位远低于英语。

自新加坡1965年独立建国以来,双语教育即成为主流教育体系的基石。所有新加坡学生除以英语为主要教学语言外,还必须修读所属族群的"母语"(ethnic "mother tongue")课程。新加坡推行以英语为主、族群"母语"为辅的双语教育政策是人民行动党政府基于国家发展和族群团结所作出的必然选择。但是,经过四十多年的推动后,英语不但已成为本地强势主导工作语言、跨族群语言、"国家语言"(national language),未来还可能取代族群"母语",成为新加坡学生第一习得语言(first acquisition language)。

在新加坡的华族社群里,华族学生必须接受"英文为主,华文为辅"的双语教育体制,在基础教育阶段学习十到十二年的华语课程。但相对于英语应用能力,华语在新加坡的教育体系只是单科,教学时间有限,本地学生"听说能力"还行,"读写能力"却不断弱化。

新加坡原本期望在双语教育制度下,能培养华族学生成为华英双语同等优异的双语人才,但从过去四十多年社会语言环境的变迁,教育当局已意识到双语教育制度是有局限的。因此,新加坡政府曾三次进行大规模的华语教学改革,除了修订更接近现实的有效性教学目标,同时为了栽培应付中国崛起后所需的大量华语人才,也在指定的特选中学开设"双文化课程"。

与其他海外华族学生相比,新加坡学生正规学习华语的时间是最长的,整体水平也比较高。由于新加坡拥有相对优势的英语和华语应用环境,新加坡华文教师也累积独特的华语教学经验,在全球化的浪潮中,新加坡教育工作者如果能善加利用自身的中英双语优势,仍然大有可为。

二　华语与英语的社会语言地位

2.1　华语

新加坡各族群本身并不具有同质性的语言整体,例如马来族内部有马来语、爪哇语、波亚语等;印度族内部有淡米尔语、马拉亚里、旁遮普语、锡克语、孟加拉语等;华族的情况更加复杂,除华语外,还有南方汉语方言,俗称福建话、潮州话、广东话、客家话、福州话、海南话等。因此,族群内还需要有一个共同语,扮演联系族群、传播本族文化的角色。在三大族群的个别共同语中,马来语受认同的程度最高,淡米尔语因为在印度族的语言威望并不高,以致受认同的程度最低。华语作为华族共同语,其地位的确立也经历漫长的演变过程。

在新加坡立国初期,华人多以祖籍汉语方言为主要家庭用语。后因华语被官方界定为华族唯一的族群"母语",加上"讲华语运动"的成功推行,如今汉语方言在新加坡已几近灭绝。

华语在各地的名称与意涵不一。在中国大陆,华语称为"汉语",强调其为汉民族的共同语,以区别于其他少数民族的语言,汉语又称"普通话",强调此语言的普及通用特质。在台湾,为强调国家认同,而将华语称为"国语"。在香港,所谓"中文"乃指当地通用的"粤语",而华语则跟随内地称之为"普通话"。而在多元种族的新加坡社会,因华人以"华族"作为族群的身份表征,与他族(马来族、印度族)形成对照,自然把华人的共同语称为"华语",以强调海外华人的共同认同。

近年来,中国随着综合国力的急升,逐渐从世界的工厂转型为世界的市场,华语也因此跻身成为仅次于英语的全球第二强势语言,越来越多外籍人士都以学习华语作为提升自我竞争力的条件。华语在新加坡的主要功能除了传承华族文化外,也开始显现其经济价值,间接地增加本地学生及工作人士学习华语的兴趣。

华语学习热正在全球蔓延,据统计,近年来到中国学习的外国留学生人数每年都以20%左右的速度增长,同时目前世界各地已有2 300多所大学开设华语课程,学习华语的人数已近3 000万。中国政府也加快向外推广华语的脚步。从2004年起,中国开始与外国高校合作成立"孔子学院",在短短三年里,世界各地的"孔子学院"已迅速增加到132所。新加坡的华语教学机构也计划搭上这班全球华语热顺风车,针对各地华语市场的需求,发展出独特的华语作为第二语言教学策略。

2.2 英语

新加坡四大官方语言之一的英语,一直是本地政治、经济、法律、教育、科技、行政等公共领域的高阶语言(high language)与主导语言。无论在私人企业或者行政机构等正式情境,英语都被视为主导的行政语言与工作语言。英语在新加坡具有最高的经济价值,人们要想提高自己的社会地位,非掌握英语不可。因此,英语也被称为成功人士的语言。

除此之外,与其他三大种族族群"母语"相比,英语又是一种"中立性"的语言,并为各族群所接受。因此,也自然成为跨族群的共同语。

英语迄今依然一枝独秀成为官方的强势语言(dominant language)并不是偶然的,其中既有早期大英殖民帝国遗留的历史背景,又有国家独立后因现实发展和族群和谐共处的考量,成为新加坡政府语言政策的必然选择。

英语挟着18世纪大英帝国与20世纪美国国势的壮大不断向全球延伸,如今已成为全球化时代最强势的国际语言。在学术、教育、信息、商业、媒体、娱乐、旅游、科技等领域,英语都发挥着莫大的影响力。以英语为主要传播媒介的好莱坞电影、网络游戏正以前所未有的速度影响着新一代的年轻人。随着新媒体互联网时代的到来,英语流利的新加坡年轻一辈接受英美主流文化的速度更是快得惊人。

三 华语与英语的语言教育地位

3.1 华语

华语在新加坡目前正处在转变的关键期。华族社群以英语为家庭常用语的学生比例已超越以华语为家庭常用语的学生人数,华族家庭常用语"脱华入英"的趋势已无法扭转。

在新加坡的教育体系中,主要科目都用英语讲授。华语在学校的使用功能受限,学生的华文程度因而逐年下降。虽然政府一再强调双语的重要性,但在政策上总是以英语为主,以致华语的社会价值无法得到体现,只能成为文化传承的工具。

从新加坡年轻华人的语言技能着眼,首先表现在读写能力逐渐丧失,许多人已经无法阅读华文报纸;其次是华语口语表达的流利度下降,华英语码混杂的情况日趋严重。未来最严重的情况是华语渐渐从他们的日常生活中消失,最终沦为通过课堂学习的外语。

华族学生华语能力下降的迹象已经引起政府的高度重视,自1999年起,政府开始通过各种新政策,希望遏制华文程度下滑的趋势。同时政府在四所特选中学开设"双文化课程",栽培"双语双文化人才",以期保留拥有英汉双语的人才优势。这一系列教育政策的调整,无疑对提升本地学生的华语能力有一定的促进作用。

目前华文科的主要功能是传播华族传统文化和价值观。华文人才的主要出路是担任华文教师或在少数的政府部门工作。有限的就业渠道实在很难吸引学生学好华语。因此当务之急是如何提升华语的社经地位,让华语成为能让新加坡学生增值的谋生工具。

学校教育对华文的推动作用毕竟是有限的。如果没有家庭、社会和国家政策的有力配合,华文教学要取得成功几乎是不可能的。新加坡政府应该在就业、职务晋升,甚至政府决策等方面赋予华文更多的实用功能,才有可能减缓华文式微的进程。

3.2 英语

英语在新加坡教育体制中占有不可动摇的主导地位。英语不仅是所有新加坡学生必修的第一语言,也是数理、人文等其他科目的教学媒介语。同时也是学校正式活动的主导语言。英语成绩好,对学习其他科目帮助很大,因此备受教师和学生的重视。

英语的教育地位高于华语的主要原因是:在求职就业时,英语的实用价值高,英语已经成为新加坡人工作领域不可缺少的工具。在可预见的将来,英语独尊的局面很难改变。

四 变动中的华族社会:从"脱方入华"至"脱华入英"

从新加坡官方的人口普查数字(Leow 2001)可清楚地看出:新加坡华族家庭常用语言近二十年来处于迅速易位的阶段。

新加坡的早期华人移民多来自中国南方,彼此间只能以各自的祖籍方言沟通。新加坡政府为打破华族方言族群的藩篱,自1979年起大力推行"多讲华语,少讲方言"的"讲华语运动"。这个成功的全国性运动最终导致以祖籍方言作为主要家庭用语的华族人口,由1980年的81.4%急剧下降至1990年的50.6%与2000年的30.7%。与此同时,以华语为主要家庭用语的华族人口则迅速增长,从1980年的10.2%骤升至1990年的29.8%与2000年的45.1%。这种转变清楚显示:华族家庭用语"脱方入华"的局面已然形成,华人祖籍方言已失去最保守语言堡垒(家庭域)的主导地位,华语"名副其实"地成为新加坡华族的共同语。

然而,华语在华族社群处于主导地位的优势近年开始面临英语的挑战。自1965年独立建国后,因各级学校施行以英语为主要教学媒介,族群"母语"仅为一门必修科的非平行双语教育。再加上政府通过行政手段,使英语成为在政治、经济、法律、教育、科技、行政等领域的高阶与强势语言。无论是在工作场合或行政机构等正式场所,英语都被普遍地应用为主导语言。因此,使用英语的华人呈现稳定增长,从1980年的7.9%倍增至1990年的19.2%,到2000年已达23.9%。

教育部华族小一新生家庭常用语的统计数字(Ministry of Education, Singapore 2004a)则清楚显示,未来华族家庭用语正在"脱华入英"。在家讲华语的华族小一学生,从1980年的25.9%增至1990年的最高峰67.9%,随后便开始逐年递减,2000年为45.4%,2004年为43.6%。反观在家讲英语的华族小一新生人数却不断向上攀升,从1980年的9.3%增至1990年的26.3%,到2000年升至40.3%,更于2004年以47.3%首度超越华语,处于主导地位。

另外,2000年人口普查(Leow 2001:30)也显示,年龄介于5至14岁的华族少年,35.8%在家讲英语,而年龄介于15至24岁的华族青年,只有21.5%以英语为家庭常用语。我们据此可推断:新加坡华族家庭常用语"脱华入英"的时刻指日可待。

这种"脱华入英"的趋势,在相差10岁的年轻族群间,以超过10个百分点的速度推进,虽然目前在新加坡以英语为家庭常用语的华族人口还未超过以华语为主要家庭语言的华人人数,但如果没有其他变数影响,快则10年、慢则20年,英语将成为新加坡华族最主要的"母语",而华语则将变成通过课堂学习而来的外语。

五 "讲华语运动"

5.1 两阶段的目标

从官方为每年的"讲华语运动"所提出的口号内涵,我们可以看出二十多年"讲华语运动"主轴的差异,大致可分为前十年与后十多年两大阶段。

前十年"讲华语运动"的目标,主要偏重在以华语取代方言作为华族的共同语。在未提倡"讲华语运动"以前,新加坡华族社群在非正式场合(例如:家庭、小贩中心等)大多讲祖籍方言,包括福建话、潮州话、广东话、客家话、福州话、海南话等。这些祖籍方言分别隶属于中国南方方言的闽方言(福建话、潮州话、海南话、福州话)、粤方言(广东话)、客家方言(客家话)。这三大汉语方言群,彼此之间音韵差距颇大,无法进行口头交际。华语作为华族的共同语,自然成为族群内部沟通的唯一工具。

为了打破华族方言藩篱,新加坡政府选择以世界华人地区使用最普遍的华语作为本地华族社群的共同语,"多讲华语,少讲方言"成为"讲华语运动"的宣传主轴。另外,推广华语运动也有助于双语教育的施行。新加坡教育部指定华族学生必修的族群"母语"为华语,而非大多数本地华人在家庭所讲的祖籍方言。普及华语,有助于营造出华族学生更容易学习华语的语言环境。

不过,这些南方方言在音韵特质上与隶属北方官话的北京话及其语言变体差异颇大。正因如此,无可避免造成只会讲华语或英语族群的年轻人与讲祖籍方言族群的中老年人产生语言代沟。另一方面,新加坡本土华语在语法、词汇、语音方面,都还是无法避免受南方汉语方言群的影响,例如:新加坡华人在学习华语时经常平舌音与卷舌音不分,舌尖鼻音韵尾与舌根鼻音韵尾相混,尤以潮州人误读频率最高。加上南方方言都存有短促的入声调,经常把古入声字读成短促下降调,有时也带有喉塞韵尾,这些差异造就了新加坡华语的本土特色。

在前十年的"讲华语运动"中,政府利用各种大众传播媒介,包括报章、广播电台和电视台大力宣传,鼓励新加坡华人多讲华语,营造有利于使用华语的社会环境。为此,政府还采取一系列措施,如逐步淘汰祖籍方言电台、电视节目,加快制作本地华语电视剧等。当局也鼓励在招牌上以汉语拼音与汉字书写食物名称,在为新公司、新生婴儿取名,以及为新街道和住宅区命名时,都以汉语拼音来取代方言拼音。这种种抑制贬低祖籍方言社会地位等做法,让原来习惯讲祖籍方言的中老年华人被迫失去祖籍方言娱乐节目或熟悉的讲祖籍方言生活环境,这对他们而言,在情感上是一个痛苦的"失语"过程。

从语言计划的成效而言,"讲华语运动"无疑是成功的。然而,华语在华族社群处于主导地位的优势近年却面临英语的挑战。为抑制以英语为主流的西方政治文化在本地影响力继续扩大,从而避免本地华人丧失自身文化特性,在上世纪90年代以后的十多年里,"讲华语运动"的目标也进行调整,宣传主轴开始从"少讲方言"转移至"认识文化",推广华语委员会主席也改由英校背景者出任,并以英语作为主要宣传媒介,希望协助接受"以英语为主,华语为辅"双语教育的新一代华人有效地学习基本华语会话。

因此,前十年的"讲华语运动"偏重在日常生活交际的话题;但后十多年的"讲华语运动"则转向以认识中华文化为主轴,例如介绍华人的节日风俗,引进华语电影、华语戏剧相声等文化性节目。主题则沿用"讲华语,好处多"的口号,海报宣传也不断强调华语是优美的、酷的语言,传承着丰富的文化、宝贵的传统。

5.2 未来运动方向的改变

从推广对象和语言使用场合来看,两个阶段的对象并不一致,前十年偏重在居住于政府组屋区的讲祖籍方言社群的宣导,宣传地点主要是讲祖籍方言为主的场合(例如:巴刹、小贩中心、巴士转换站等);后十多年则转移至对以英语为主要用语的行政人员的宣导,宣传地点转移至讲英语为主的场合(例如:办公室、政府部门等),这可以看出运动的目标与对象已经开始有所不同。

在"讲华语运动"后期阶段,新加坡出现了经过多年国民型双语教育后的年轻一代,他们的年龄多半在35岁以下,是独立建国以后才出生的新加坡华人(Singapore-Born Chinese,简称SBC),他们的华语能力较类似于华裔美国人(American-Born Chinese,简称 ABC),跟在中国大陆或台湾等地单纯在汉语环境中成长的华人差异极大。

如果将以往分别接受华校及英校教育的华人以黑白两色作比喻,接受双语教育后的年轻一辈,现在的华语能力比以前的英校生强,英语比以前的华校生流利,然而整体的华英双语能力表现却都不突出,这批介于中间地带的双语华人,我们可称之为"灰色阴阳人"。

这一代年轻的"灰色阴阳人"能流利地以华语进行人际沟通,而且他们不像老一辈华人总是带着无法摆脱的祖籍方言口音。无论在新加坡或到中国去,这些年轻人要与中国人进行日常生活交流并不成问题,即使他们所讲的华语称不上是字正腔圆的京片子,但他们所发出的标准语音,可能比福建省闽南人的华语还容易让人听懂。换句话说,新加坡新一代华人的华语在讲的层次已达到中上水平。

然而,华文互联网的崛起却让新加坡华人面临全新挑战。由于互联网基本上是书面语的电子媒体,能听能说但读写技能低的新加坡人,恐怕将沦为华文互联网世界的文盲。

不少本地年轻人已在互联网上架设高素质的英文网站,讨论政治、社会、经济、文化等各种议题,在大学内部的网上交流,也多以英文为主。相对而言,虽然本地出版的华文版联合早报网上读者众多,但有能力进入电子论坛发表意见的网友几乎全是中国大陆、香港或台湾的华人,能进入其间以华文交锋的新加坡年轻华人屈指可数。

因此,未来新加坡华人必须在目前的华语口语基础上,更上一层楼。"讲华语运动"也应该易名为"提升华文运动",新加坡华人不能再满足于简单的"讲华语"能力,在未来的日子里应该尽力提高阅读及书写华文的能力。

六 三次华语教学改革及反思

从人民行动党执政后,新加坡的华语教学改革始终没有停止过。1979年,时任副总理吴庆瑞领导的"教育研究小组"全面检讨华文教学,提出"分流制度",奠定了新加坡华文教学的基本框架。在1992年到2004年的短短十二年里,新加坡先后进行了三次重大的华文教学检讨和改革。检讨委员会所提出的建议对后来的华文教学皆产生非常深远的影响。

6.1 1992年王鼎昌领导的华文教学检讨委员会

1992年,时任副总理王鼎昌领导的检讨委员会,开始全面检讨新加坡过去的华文教学政策。委员会向教育部提出一系列的华文教学改革建议,核心内容有:

(1) 将华文作为第二语文课程改为"华文",将华文作为第一语文课程改称为"高级华文",以消除家长和学生因"第二语文"名称而造成的不舒服心理。

（2）修订旧的华文课程大纲,强调均衡的教学重点,即培养语言能力和灌输华族文化与传统价值观并列。

（3）小学高年级增加授课时间,同时将公民和道德教育科改用华文讲授。

（4）放宽中学快捷班学生修读高级华文和中华文学的限制。

《1992年华文教学检讨委员会报告书》所提出的华文教学改革建议在当时是合适的,希望借此提升新加坡学生的华文科整体水平,弥补因分流制度带给学生学习高级华文的困难。同时,对教师士气、家长和学生的信心都起到提升的作用。

但是,在协助以华语为家庭用语的学生提升华文能力的同时,却对以英语为家庭用语的学生在学习华文可能面对的困难和障碍不够重视,以致造成一些学生的学习负担过重。这些矛盾在日后华文教学中逐渐显现出来。

6.2 1999年李显龙领导的华文教学检讨委员会

由于新加坡华族学生的家庭常用语发生重大变化,例如1998年华族小一新生中,以英语为家庭常用语的学生已达到40%,在短短十年里增加了一倍。在这种情况下,要维持普遍高水平的华文教学目标变得困难重重。许多学生感到华文教材的内容和语言能力要求皆超出可理解和掌握的程度。因此,1999年时任副总理李显龙领导的华文教学检讨委员会在经过全面调查研究后,提出应该采取务实可行的教学策略,为不同家庭用语的学生"量身订制"适合他们语言能力水平的华文教学目标和内容。

委员会重申新加坡华文教学中灌输华族文化价值观的目标不

变。如果必要的话，可以考虑用英文来进行辅助教学。在语言能力目标的设定上，委员会认为应该以务实的态度，为不同能力、性向的学生定下可达性的语言能力的教学目标。检讨委员会提出主要改革建议如下：

（1）放宽小学修读高级华文的条件，以鼓励更多学生修读高级华文。学生在小四分流考试中华文成绩一等，英文和数学二等即可修读高级华文。而非过去的三科都必须获得一等。

（2）开设第十所特选中学，并进一步放宽修读中学高级华文的限制；同时在第三所初级学院开设"华文特选课程"。

（3）开设华文B课程，以满足较低水平学生学习华文的需要。委员会认为，与其忽视他们，让他们因长期遭受挫折而厌恶华文，不如为他们设计一个较浅白、实用、着重口语能力的华文课程。

《1999年华文教学检讨委员会报告书》提出的华文教学改革建议是务实而平衡的，不仅灵活化解了提升华文水平、维系华族文化传统与客观社会语言环境不利的难解矛盾，同时形成以华文为主体，高级华文和基础华文/华文B为两翼的三层次华文课程体系。

6.3 2004年黄庆新领导的华文课程与教学法检讨委员会

新加坡教育部在2004年2月由前教育部提学司黄庆新领导成立"华文教学改革委员会"，并于同年11月向国会提呈《华文教学改革白皮书》。《白皮书》除了进一步强调双语政策是新加坡教育制度的基石外，也延续了《1999年华文教学检讨委员会报告书》中因材施教的改革思路，其目的在于保持学生对华语的长久兴趣，让华语成为他们的生活语言。

委员会认为，新加坡学生的华语水平已出现分化的情况。根据教育部委托福布斯研究所进行的调查显示：以英语为家庭常用语的小六学生认为华文难学的人数高达77%，而以华语为家庭常用语的小六学生认为华文难学的比例只有36%，差异相当显著。因此委员会建议采用差异教学法，为来自不同家庭常用语、语言能力的学生"量身订制"适合他们语言能力水平的华文课程。《白皮书》主要的改革建议有：

（1）从小学一年级起就采用单元教学模式，将课程分为导入单元、核心单元和深广单元以满足不同程度学生的需要。

（2）学校可根据学生的语言程度，在教育部统一华文教材以外，选编合适的校本教材和辅助教材。

（3）对一般修读华文的学生，在语言技能培养上采取先听说、再读、后写的分段处理，而非听、说、读、写齐头并进。对修读高级华文的学生，仍让他们继续有效地掌握听、说、读、写四种语言技能，全面提高语言能力。

2004年华文教改可以看作是1999年华文教改的延续和补充。最显著的特点是将因材施教的政策向下延伸到小学阶段，同时完成华文B课程框架的建构。到此为止，新加坡小学、中学和初级学院都有了完备的差异性课程。主流课程和附加配套课程与三级华文教育体系相辅相成初见端倪。

《白皮书》的华文教学改革建议具体且操作性强，许多已经付诸实施。但是在实际操作过程中也遇到一些难题，如不同课程之间的衔接和配合问题，教学时间安排以及教学法和教材改进等问题，都有待教育部相关部门采取相应的配套措施妥善加以解决。

6.4 关于特选中学的反思

为解决本地华族学生华语水平日渐低落，扩大特选中学的数目及增加修读高级华文学生人数,是培养本地"华文精英"的策略之一。但从上世纪90年代以后,特选中学学生已改变接受全面的英文教育。而在华文课程的设计上,许多非特选中学,包括自主中学和自治中学,也和特选中学一样开办高级华文课程。换句话说,除了特选中学保存所谓的华校传统外,原本独占的高级华文课程已经失去优势。

而从毕业生的出路来看,三分之二的新加坡公共服务委员会奖学金得主多来自非特选中学,这也与新加坡年轻行政官的来源比例相同。这些数据显示:非特选中学才是培养新加坡主流精英的摇篮。特选中学既然无法吸引到大部分华族的优秀学生,而他们的毕业生是否就能成为巩固中华文化与传统价值的"华文精英"已是个问号。

李光耀曾举新加坡驻中国前大使郑东发为例,认为即使他接受十二年完整的华文教育,遇见中华文化根基深厚的中国人时仍相形见绌。而现在将"华文精英"定义为只比一般华族学生多修读一年"高级华文"科的特选中学学生,他们只接受过每周三四小时的中学华文课程,加上庆祝传统华族节日、相声朗诵等课外活动的有限语言训练,却期待他们未来能到中国和其他使用华语地区做生意,促进区域经济发展,这种培养"华文精英"的策略实在是言过其实。

6.5 关于华文B课程的反思

华文B课程是1999年由时任副总理李显龙领导的华文教学检讨委员会提出的,2001年由教育部推动实施。推出华文B课程的目的是要协助学习华文有困难的中学生提高学习信心,消除他们学习母语的心理障碍。

前教育部提学司黄庆新在2004年提呈的《白皮书》指出：华文B课程纵使内容不能达到很高水平，但总比硬逼学生学习他们能力不及，以至最后全盘放弃要好。因此，教育部决定放宽条件，提早从中一开始提供华文B课程。

然而，华文B课程在实际教学中却遇到一系列矛盾和困难：

（1）《中学华文课程纲要》强调华文B课程"着重培养学生的口语交际能力"，"教学重点在听、说、读能力的培养，以及传统文化的传授"，却又规定"实际教学时间分配：听说35%、阅读35%、写作15%、文化活动15%"。教学时间分配不符合教学重点，写比重虽低，但是他们仍然无法应付。

（2）中四华文B试卷由写作（20%）、理解与语文用法（40%）、听力口试（40%）组成，与中四华文试卷测试形式近似。两者皆涵盖语言四技的测试，差异仅在语言四技的比重。如果以"着重培养学生的口语交际能力"，华文B试卷应该重新设计。

（3）如果选读华文B课程的学生程度提升后，是否设计有回流的管道？这个衔接问题需要进一步研究解决。

华文B课程仅为过渡性的治标方案，治本方式应从小学开始就全面改革华文教学，针对不同家庭语言背景的学生设计特定的教材及教学法，以制止修读华文B课程学生人数的持续增加，同时也应引导更多学生回归主流，并能顺利完成一般华文的教育。

因此，华文B课程的未来工作应包括：

（1）华文B课程应针对讲英语家庭学习者的特质设计相应的华文教材与教学法。教学重点摆在让学习者未来可实际地接收了解华文资讯和进行口语交际，所以集中在听、说、读三技训练即可。

（2）华文 B 课程教师应该能华英双语并用教学法,并接受华语作为外语的新型教学法培训。

（3）既然修读华文 B 课程的学生为华文作为外语的学习者,因此试卷可参照美国外语教学协会（American Council on the Teaching of Foreign Languages）"华语作为外语考试"、中国"汉语水平考试"的测试形式,甚至可以考虑有些项目让学生以英语作答,以测试其理解、翻译的能力。

七　新加坡华语教学的新方向

7.1　双语并用华语教学实验计划

对以华语为家庭常用语的学生而言,华语属于第二语言教学;对以英语为家庭常用语的学生而言,华语属于外语教学。为协助日益增多的英语家庭背景的华族学生摆脱学习华语初期面临的困境,教育部 2002 年针对这些学生学习华语的特殊需求,聘请笔者担任学术顾问,在四所小学进行为期两年的双语并用华语教学实验计划。这四所实验学校——圣安德烈小学、圣弥额尔小学、英华小学(经禧)和美以美小学的学生,九成以上来自讲英语的华族家庭。

双语并用华语教学实验计划是以学习者的家庭语言背景为考量,采取灵活且务实的华语教学法。这种"对症下药"的双语并用华语教学法,希望帮助讲英语家庭学生在友善的情境下,在初始阶段解除华语难学的心理障碍,并拉近师生距离。同时,教师抱着同情与支持的态度,了解学生学习华语的困难所在,从而提供有效的学习策略。

双语并用华语教学法是过渡阶段的渐进式教学策略,打破原来在新加坡华语科课堂教学不得使用英语的禁忌,允许教师及学生在初始阶段以英语为辅助教学语言,而后随着学生华语程度的提高,过渡到只使用华语进行教学的阶段,达到终极学习华语的目标。

在这个实验计划开始阶段,新加坡讲华语与讲英语族群曾对此课题出现极端支持及反对的两派争议,并在中英文媒体掀起轩然大波。但两年后经过教育部计划署研究与评鉴组的独立调查,证实这个实验计划得到实验班学生、教师、家长、学校各方极高比例的正面回馈,终以具体事实证明其可行性与有效性,教育部因此决定把双语并用华语教学法从原本的四所实验小学推广到十一所小学(Ministry of Education, Singapore 2004b)。

7.2 双文化课程

为新加坡培养高层次的华语人才一直是政府关注的课题,而开设"双文化课程"的目的是希望培养一批具备英华双语能力,同时熟悉中国又有世界观的本地华族学生(Ministry of Education, Singapore 2004c)。

华侨中学、南洋女子中学、德明政府中学和立化政府中学是率先开办双文化课程的四所特选中学。这个课程为期四年:在中三、中四阶段,学生除了选读高级华文外,也可以选修中华历史和哲学;到了初级学院一、二年级阶段,学生可以选修华文、中华文学以及中国通识。

修读此项课程的学生将获得教育部颁发特别辅助计划学校奖学金,同时也豁免缴交学费。此外,他们可领取津贴到中国参加长达半年的浸濡课程,以及在欧美国家接受为期两周的短期浸濡课程。

八 华语在新加坡的新机遇

中国的崛起,凸现了华语的经济价值,但仍丝毫不能动摇英语在新加坡的强势地位。李光耀在1997年全国大选期间曾表示:"即使因为中国的富强而使华语成为30年后的国际语言,新加坡也要继续保留英文作为工作语言。因为新加坡毕竟是个东南亚国家,不能让邻国产生新加坡是中国海外基地的疑虑。"由此可见,选择英语作为主导语言背后还有重要的政治考量。

双语政策决定了华语在新加坡的从属地位,也预示了所有的华语政策的调整都只是改良,而非改革,而且必须是在不取代英语统治地位的前提下进行。如果不能站在这个立足点上讨论,所有华语教学的改革建议和主张都是不切实际的。

再说,双语政策也为华人保留中华传统文化和学习族群"母语"提供了必要的条件。虽然华语在新加坡学校只是单科,教学时间也有限,但却以必修科进入国家主流教育体系中。因此,所有新加坡华族子女在中小学基础教育阶段,都能够修读至少10年的华语课程,这在除了全球华语内圈的中国大陆与台湾"中原"区以外的任何国家都是做不到的。

新加坡拥有相对优势的英语和华语环境,东西方文化也在此汇聚。这使新加坡华人有机会游走各地,左右逢源。因材施教的双语教育政策也创造了培养双语人才的肥沃土壤。如果新加坡华人能够充分利用双语优势,未来的出路依然是可以期待的。

8.1 打造新加坡成为华语作为第二语言教研重镇

新加坡目前仍然拥有良好的双语环境,华文媒体和英文媒体都很活跃,华族家庭语言背景也各不相同,既有以华语为家庭常用语的学生,也有以英语为家庭常用语的学生,这都为华语作为第二语言研究提供了多样性的研究样本和"实验室"。因此,新加坡华语教学学者应该充分利用这一"天然"优势,在华语教学研究上下工夫,努力提升自己的研究水平,使新加坡成为海外华语作为第二语言的教研重镇。

南洋理工大学国立教育学院中文系作为新加坡唯一的华文师资培训基地,近年来为新加坡中小学培养了大量的华文教师。这些教师接受的专业训练都与中国大陆、香港、台湾的华文教师不同,加上他们在教导新加坡家庭语言背景各异的学生后所累积的独特教学经验,在全球掀起华语学习热潮的今天,这样一批拥有双语能力的高素质的华文教师,相信在世界各地都是广受欢迎的。因此,新加坡华文教师培训机构十分有希望成为培养华语作为第二语言的专业教师的重要基地。

8.2 打造新加坡翻译服务业

新加坡华族学生的华文整体水平虽然正在下降,但在特选学校中,仍活跃着一批兼通双语的学生,这批学生的华语听、说、读、写四项技能均能达到中高水平。他们或许把英文文本翻译成中文文本的水平并不高,但将华文文本翻译成英文文本的流利度上,新加坡学生的双语优势远远超过中国大陆、香港、台湾的学生。

由于翻译是一种对双语要求都很高的专业,随着中国经济全球化程度加深,中英翻译人才的需求量将越来越大。新加坡学生良好的双语能力是他们成为翻译人才的良好条件。新加坡教育当局应该充分利用此优势,在中小学开设基础翻译课程,训练学生掌握基本的翻译技巧,并在大学院校进一步开设翻译专业课程。未来将新加坡打造成世界翻译人才培训基地与推动新加坡成为翻译服务业区域枢纽的远景,应是指日可待。

参考文献

① 华语教学改革委员会《华语教学改革委员会报告书》,新加坡教育部1991年版。

② 华文课程与教学法检讨委员会《华文课程与教学法检讨委员会报告书》,新加坡教育部2004年版。

③ 吴英成《全球华语的崛起与挑战》,《语文建设通讯》2003年第73期。

④ 吴英成《打造新加坡翻译服务业》,《联合早报》2004年7月19日。

⑤ 吴英成《中、港、新三地汉英语言政策与语言教育比较:全球语言视角》,论文发表于第三届两岸四地语文政策国际学术研讨会,香港理工大学,2006年5月11日—13日。

⑥ 王宗炎编《英汉应用语言学词典》,湖南教育出版社1998年版。

⑦ 周清海、吴英成《新加坡讲华语运动:第20年的新起点》,载张晓山主编《立说传薪风雨人——庆祝詹伯慧教授从教45周年》,暨南大学出版社1999年版。

⑧ Cooper, Robert L. 1989. *Language Planning and Social Change*. Cambridge: Cambridge University Press.

⑨ Crystal, David. 1997. *English as a Global Language*. Cambridge: Cambridge University Press.

⑩ Fasold, Ralph. 1984. *The Sociolinguistics of Society*. Oxford: Basil Blackwell.

⑪ Goh, Yeng Seng. 1999. Challenges of the rise of global Mandarin, *Journal of the Chinese Language Teachers Association*, 34.3: 41—48.

⑫ Ho, Wah Kam and Wong, Ruth L. Y. (eds.) 2000. *Language Policies and Language Education: The impact in East Asian Countries in the Next Decade*. Singapore: Time Academic Press.

⑬ Kaplan, R. and Bakdauf, R. B. 1997. *Language Planning: From*

Practice to Theory. Clevedon: Multilingual Matters Pte Ltd.

⑭ Leow, Bee Geok. 2001. *Census of Population 2000 Statistical Release 2: Education, Language and Religion*. Singapore: Singapore Department of Statistics.

⑮ Ministry of Education, Singapore. 1999. "Ministerial statement by DPM BG Lee Hsien Loong on Chinese language in schools in parliament", *Singapore Ministry of Education Press Release*, 20 January.

⑯ Ministry of Education, Singapore. 2004a. "Refinements to mother tongue language policy", *Singapore Ministry of Education Press Release*, 9 January.

⑰ Ministry of Education, Singapore. 2004b. "Bilingual Approach (BA) to the teaching of Chinese language at the primary level extended to seven other schools", *Singapore Ministry of Education Press Release*, 23 February.

⑱ Ministry of Education, Singapore. 2004c. "Nurturing a core of students with advanced knowledge of Chinese language and culture", *Singapore Ministry of Education Press Release*, 3 September.

⑲ Richards, Jack C., Platt, John & Platt, Heidi. 1998. *Longman Dictionary of Language Teaching & Applied Linguistics*. Hong Kong: Addison Wesley Longman China Ltd.

试论在新马两国推进华语文传播的策略

汪惠迪　新加坡报业控股华文报集团

　　汉语言文字的对外传播,跟中国的历史一样久远。新中国成立以来,汉语言文字的国际传播已经走过了57年的历程。

　　2004年11月,全球第一所孔子学院在韩国首都首尔成立,截至2007年7月底,已经启动建设了170余所孔子学院(课堂),分布在亚洲、欧洲、非洲、北美洲、南美洲和大洋洲的50多个国家和地区。孔子学院如雨后春笋般地在全球六大洲破土而出,欣欣向荣,标志着汉语言文字的国际传播进入了一个新阶段。

　　孔子学院为汉语言文字的国际传播创设了一个新型的平台,它将促使汉语言文字的传播向更多的国家和地区发展,并拾级而上,或许能够形成一个品牌。

　　世界各国国情不同,因此中国在推进汉语言文字国际传播的工作时,应当到什么山上唱什么歌,采取不同的方略。

一

　　新加坡和马来西亚都是早就把华语文的教学和中华文化的传承纳入本国国民教育体系的国家,对像新、马这样的国家或地区,我们应该采取怎样的方略呢?

文化传播须以语言为载体,语言不能作为一个空壳传播,它和文化的传播通常是同步进行的,高端传播尤其如此。因此拙文在讨论汉语言文字的传播时不提中国文化,并不是无视中国文化,而是所取的角度不同。

在切入主题前,先简要地介绍新马两国华语文教学的历史。所谓华语文,是新马两国的习惯表述法,相当于汉语文或中国语文。

新加坡学者卢绍昌先生说:"有资料显示,在我们这个地区,早在1903年学校里就开始用'官话'教学了。'官话'就是华语的前身。"(《试论推广华语的问题》,《华语论集》第33—34页,1984年7月,新加坡)

新加坡于1965年8月9日建国,翌年,就正式实施以英语为主、母语为辅的双语教育。因为当时处于过渡时期,所以原有的英校和华校依然存在。在华校中,英语只是一门学科,其他学科都用华文编写,用华语教授,情形一如中国的中小学。

1987年,华英两大源流合并,从此,英校和华校走进了历史。现在,各族学生都必须同时学习两种语文——英语(第一语文)和母语(第二语文)。对华族学生来说,除华文一科外,其他主要课程都采用英文教材,并以英语作为教学媒介语。

新加坡有六种主要方言。为了有效地推行双语教育,新加坡政府在1979年开展推广华语运动,提出了"多讲华语,少说方言"的口号。如今,这项运动已经进入第29个年头。走进狮城,眼观六路,耳听八方,举国上下,凡是华人,无论男女老幼,都能听能讲华语,不像香港,回归10周年,充斥于耳的还是广东话。

今天新加坡的华文教学都以华语为教学媒介语。新加坡华语以北京语音为标准音,汉字教学以中国发布的规范汉字,即《现代汉语通用字表》(1988年3月)为依据(含1986年新版《简化字总表》),并以《汉语拼音方案》(1958年)为拼音工具。华语或华文媒体也都以北京语音为标准音或以中国的规范汉字为标准。广播和电视基本上取消了方言节目。

马来西亚的汉语教学始于18世纪末,兴起于20世纪初,第一所新式华文小学当推槟城中华学校(1904年),而第一所华文中学则为钟灵中学(1917年)。教学媒介语是汉语方言。今天,马来西亚华语也以北京语音为标准音,华文科的教学媒介语、字形和拼音标准,跟新加坡相同,也都采用中国发布的国家标准。华语或华文媒体也都如此。不过,广播和电视还保留一些方言节目;《星洲日报》系报纸上的文字,题和文分别采用繁体字和简体字;《南洋商报》系则全用简体字。(附注:星洲媒体集团、香港明报集团和南洋报业集团已于2007年4月23日合并,不过各集团属下的报纸和期刊编辑业务仍然相互独立,保留原有的特色。)

马来西亚华语文教学的最大特色是目前还有61所华文独立中学(简称独中),其中新山宽柔独中分校刚于8月12日举行落成盛典。新山宽柔中学总校和分校约有8 000名学生,堪称亚洲大陆最南端的一所华文中学。61所独中,西马38所,东马的沙巴和砂拉越23所。2006年的统计数据显示,全马独中共有54 766名学生。

华文独中是上世纪60年代的产物。1962年,政府实行1961年教育法令,限期将原本接受政府津贴的准国民中学改为国民型中学,生源主要来自华族和印度族,以英语或马来语为教学媒介语,华文和泰米尔文仅作为一个科目教授。为了不让母语教育断层,华社毅然挑起独立办教育的重担。

目前,独中初中以华语为教学媒介语,课本由董教总统一编写出版。高中并未全部采用统编教材,有的学校采用变通的做法,即数理和商科采用英文或马来文课本,但以华语讲解,为的是方便学生到海外英语系国家的大学深造或参加本国的以马来文为媒介的大学会考。董教总已经建立了一套成熟的独中统考制度。在马来西亚,董教总统筹华语文的教育事宜。

二

上面的介绍告诉我们,新加坡和马来西亚的华语文教学和中华文化的传承都已经有整整一个世纪的历史了。中国在向新马两国传播汉语言文字的时候,毋庸置疑应当采取与绝大多数零起点的国家不同的策略,那么如何选择切入点呢?这是个值得探讨的课题。

笔者认为,在选择切入点时,或许可从新马两国孔子学院或有的高等学府的工作重心或工作目标中得到启发。

新加坡的孔子学院是由新加坡南洋理工大学与山东大学合作共建的。它所提供的服务项目是:为新加坡华文精英开办培训课程;为在职的中小学华文教师开设华文培训课程;为企业集团公司、金融商业机构、东南亚区域商业公司等开设各种类型和技能的汉语与文化课程;为东南亚区域提供有关中华语言与文化的教学模式与教学课程咨询;发展为当地与区域的华语教学能力认证考试中心;为公众开设中华语言与文化有关的课程;积极推动学术活动、竞赛、中国影视文化与文学活动等。

新加坡南洋理工大学国立教育学院中文系是新加坡唯一的华文师资培训基地，该系有意把新加坡打造成为华语作为第二语言的教研重镇和培训世界级中英翻译人才的基地。

2005年底，马来西亚全球教育管理集团与上海交通大学合作成立了"全球汉语中心"。根据该中心的申请，国家汉办于2006年9月同意将其纳入孔子学院系列。教学项目为中国国情、跨文化交际、现代汉语、对外汉语教学理论、中国文化等课程，面向马来西亚的校长、教师、在校学生，广播、电视、航空、商业等界别的在职人士，进行有针对性的教学和培训。

不难看出，新马两国的高等学府和孔子学院的汉语言文字的传播起点都比较高，拟开设的课程，都是中高端或学位课程。新加坡孔子学院有意将新加坡发展成为一个区域性的华语文和中华文化的传播基地。南洋理工大学国立教育学院中文系更是雄心万丈，公开表示要将新加坡打造成为中国海外华语文的教学与研究中心，他们已把汉语言文字当做资源来开发与利用了。

在新加坡，2005年初，一个由教育部政务部长领导的"推广华文学习委员会"宣告成立。这个委员会将从学前教育、阅读、写作等五方面积极推广华语文的学习，并整合华社团体、华文媒体和学校的力量，营造更理想的中小学生学习华语文的环境。

新马孔子学院要大展宏图，实现自己的愿景，策划与管理是他们的长项，然而他们最缺乏的是资源，而中国在资源的掌握和提供上具有绝对的优势。中国的具体合作单位及其主管部门则在资源的配置中扮演执行的角色。

笔者认为在资源的提供与分配前，各有关部门须从宏观到微观,从国内到国外,进行细致的考察、规划与协调。兹提出两点,或可供国内合作单位参考。

第一,在课程设计或举办大型活动前,务须进行深入的考察与调查,然后决策。

实事求是地说,新马两国的华语文市场都不大,然而一听说中国在海外创办孔子学院,就有人把它当做一块奶酪,想把手伸过去。在新加坡,申请设立孔子学院的个人或机构近10个,其中就有某富商表示愿意出资若干,打着进军华文教育市场的旗号,用孔子学院做招牌。在新马两国教育界,虎头蛇尾,甚至烂尾的事情时有发生,一夜之间一所曾大吹大擂的学校就关门大吉的事不止一次地发生过。

第二,大力加强对新马华语的研究,提供真正适合当地需求的课程,编撰切合实际的教材。在中国,长期以来,监测东南亚华语,并搜集资料进行深入研究的机构为数甚少。前几年,与当地个人或教育机构合办中文系硕士甚至博士学位课程的大学,搬去的都是中国的现成教材,远离当地华人的语文生活。上面提到,马来西亚的孔子学院拟开设现代汉语课,这方面的资源,中国还是比较丰富的,但是如果把中国使用的教材搬过去,就很难收到良好的教学效果。笔者在新加坡亦曾接触过修读中国大学中文系学士或硕士学位的学生,他们反映中国老师不熟悉新加坡的情况,教材是中国的,语言材料不新鲜,不能贴近当地多姿多彩的语文生活,学习起来枯燥乏味,少了一份亲切感。笔者看过他们的现代汉语教材,颇有似曾相识燕归来之感。

近年,中国教育部语信司与几所颇有名望的高校共建研究中心,如国家语言资源监测与研究中心、海外华语研究中心、中国文字整理与规范研究中心和中国语言战略研究中心等,是具有战略意义的举措。它们将为汉语的国际传播及时提供重要信息和富有参考价值的研究成果,有利于提升汉语国际传播的总体水平。

在新马两国还有一个值得关心的问题,就是"散户"在汉语国际传播中的作用问题。近年来,移民到新马的中国人与日俱增,有一部分投身华语文教学市场,或在私校兼职,或当家教。新马人民很看重他们,认为他们来自中国,中文程度肯定比他们好。这些个体户大多教小学生,把我国的某些识字教学法吹得神乎其神。请看两个例子。

【例一】一个5岁儿童,在3个月当中,花了70个小时,学会了527个字。新加坡小学一二年级的学生,两个学年的识字量才600字,六年的总量是1 800—2 000字。如果把5、3、70和527联系起来推算,那么儿童在入学时已把小学阶段要识的字都学会了。

【例二】在45个星期内,每星期5天,每天学习1小时,最后可能认识3 600个字,而新加坡中小学生10年的识字总量是3 500字。用什么方法可收此神效呢?"韵语游戏识字"法,即叫学生读"禹启世袭,桀灭至汤。到庚迁都,富余殷商"。

除了用"恐怖",笔者想不出用什么形容词来形容这种识字教学法。在马来西亚的中文网站论坛上,笔者也曾看到,一个可爱的中国人到马来西亚下车伊始就哇啦哇啦地大发议论,批评董教总编的华文课本这里错了,那里不对。版主(马来西亚华人)提醒他查了《现代汉语词典》再发帖,他竟反问人家,词典是哪里出的?哪里可以买到?

对这些在异国他乡关心或传播汉语言文字的个人,要怎样辅导并加以整合呢?笔者认为中国政府可通过有关部门,请驻外使馆负责教育事务的官员跟驻在国的教育部协调,通过甄别、培训、测试等办法,让从事华语文家教的中国老师持证上岗。

李宇明先生在论述汉语走强的战略与举措时说:"语言传播组织可考虑以民间为主,官方成立有权威的高效率的协调机构。"(《强国的语言与语言强国》)对李先生的建议,笔者非常赞成,尤其欣赏"官方成立有权威的高效率的协调机构"。这个机构具有官方的性质,却是协调性的、有权威的、高效率的。就新马两国的情况而言,成立这样的机构实在是太需要了。

三

在汉语言文字的国际传播中,如何看待并处理新马华人在语文生活中所出现的语言应用方面的问题呢?下面谈一点看法。

如上所述,新马两国华人一般多会讲华语,总体水准并不在中国一般群众之下。但是,新马华语是在新马的土地上形成的,缺乏汉语北方口语的培育,并且受到英语、马来语和中国多种南方方言的压力或影响,因此新马华人所说的华语是通过不完全的学习途径习得的。与此同时,由于地理、社会、历史等原因,新马华语产生了许多为其他华人社区所没有的反映本土特有的事物或现象的词语,并存在着一部分跟主流华语同形异义、同形异用、异形同义的词语。在语音和语法方面,也存在一定的差异。

许多新马华人总觉得自己说的华语不够标准,于是产生了一个能说标准华语的愿望。大众传播媒体,特别是报纸都认为在传播信息的同时肩负着提升国人华文应用水准的重任,因而追求语言,尤其是词汇的规范化。这说明,新马华语的用户在主观上有规范的要求,而客观上新马华语也确实有规范的必要。新马华语还有很大的提升空间。

李宇明先生说:"要重视汉语汉字的规范化建设。成熟的优秀的有影响的语言,必须在语言结构、文字系统和语言文字的社会应用等方面,建立一系列科学、管用的规范和标准,以便于汉语的教学与使用,便于汉语文字的信息处理,并利于汉语国际声望的提高。"(《强国的语言与语言强国》)根据这个观点,笔者建议,中国可以与新马两国官方的语文职能部门或高等学府、学术团体等组建常设协调机构,促进新马华语的标准化、规范化。在进行这项工作时,笔者认为应当处理好以下五个关系。

第一,源与流的关系。新马华语是流而不是源,在处理变异现象时应尽量向主流华语——中国的普通话倾斜或靠拢,如此方能充实华语的核心,使它的基底更加厚实。这将促进源与流的融合,有利于新马两国华人跟中国人民,跟其他华人社区人民的沟通与交流。但是,新马华语不必也不能唯普通话马首是瞻。

笔者看到,在新马两国,只要讨论华语词汇规范,就有人认为华语规范应向普通话看齐,新马华人必须认同主流,与主流接轨,因此凡是与普通话甚至《现代汉语词典》不合者,概以普通话或《现代汉语词典》为准。下面举一两个典型的例子来说明。

【例一】在新、马、印尼、文莱,人名、物名、地名、路名、山名、水名用"峇"字的很多,人名、地名尤甚。马来西亚出版的一本中文地名手册中,B母共有211条,用"峇"字起头的就有43条,约占20%。笔者仿佛感到东南亚国家的华人对"峇"字有一份特殊的感情,它已经成为族群认同的标志之一。可是当地有人认为"峇"字是南洋华人自己创造的怪符号,应当用"巴"字取代。

【例二】上世纪80年代中期,有人在马来西亚的报纸上撰文提出"榴梿"应按《现代汉语词典》1983年第2版写成"榴莲"。《现代汉语词典》1996年修订第3版删除"榴莲"条。2005年第5版重出"榴莲",并以"榴梿"为副条,使新马惯用的"榴梿"有了立"典"之地。笔者期待着以后能够"扶正"。

他如"巴刹"(pasar)"胡姬"(orchid),都曾有人建议规范为普通话的"菜市""兰花"。新马两国习用"回教"和"可兰经",《现代汉语词典》也都收了,但在马来西亚仍有人坚持应照中国改为"伊斯兰教"和"古兰经"。他们不但唯普通话马首是瞻,而且十分执著。更出人意料的是连中国的网友也来凑热闹。新加坡《联合早报》就曾接连收到一个回族网友发来的电邮,从政治角度说用"回教"和"回教徒"不合适,须改为"伊斯兰教"和"穆斯林"。

第二,规范与协调的关系。规范是各主权国家的语文职能部门对本国的语言文字所进行的制定标准的工作。虽然新马华人和中国人都使用汉语汉字,但是,制定应用标准,是各自主权范围内的事,不能越俎代庖。如有需要,可以根据双向互动、求同存异、兼收并蓄、和谐包容的原则进行协商。这种协商,只要有需要,可以多边进行,新马两国可以分别跟中国协商,相互间也可以协商。比如马来人名的翻译,中国和新马两国译法有不同之处,马来西亚希望名从主人,那就需要协商。比如马来西亚的本位货币名称Ringgit(RM),中国译成"林吉特",马来西亚曾用"零吉",新加坡也用"零吉",1997年亚洲金融风暴后,马来西亚规范理事会改为"令吉",新加坡主动跟进,中国仍用"林吉特"。诸如此类,单译名就有一大堆,若有必要,可以通过相关的机构进行协调,以求一致。

中新马三国,任何一方愿意参照或采用另一方所制定的标准,三方都应表示欢迎。例如,当年中国制定数字用法规定,曾参考了新加坡华文报内部所用的数字用法准则,后来中国制定了国家标准,新加坡报业控股华文报集团采用了。

第三,自调节与他调节的关系。语言的基本职能是为人类相互沟通服务。语言系统具有一种自身调整的功能,与此同时,它也可以在人为因素干预下进行调整。语言学界把前一种调整叫做"自调节",后一种叫做"他调节"。

从语用的宏观角度考虑,最好把"自调节"和"他调节"结合起来,同时充分发挥"自调节"的作用。蜂窝式无线移动电话流行之初,港台称为"大哥大",后来流传到大陆,竟然变本加厉,不光是电话,凡是出类拔萃,不同凡响的人、事或物,无论褒贬都用"大哥大"指称,"大哥大"成了一个全方位、多层次、多侧面的替代用语。其时,新马也曾用"大哥大"指称手提电话。有的华人社区还衍生出"二哥大"和"小哥大",可谓混乱之至。

经过多年的碰撞,"手机"在与"无线电话、流动电话、手提电话、行动电话、随身电话、移动电话、大哥大"的竞争中逐渐胜出,终于在2002年成为京沪港澳台新六地通用词语。当年红极一时的"大哥大"终于销声匿迹。这是语言自身进行调整的结果。与此同时,我们看到中国的"艾滋病"(AIDS)和"万艾可"(Viagra),依然受到境外和海外华人社区的排斥,在境外海外占绝对优势的是"爱滋病"和"伟哥"。

语用事实证明,强扭的瓜不甜。规范也要讲人性化,也要有利于和谐社会的构建,千万别让规范成为人们语文生活中难以承受之"重"。笔者认为中国某些政府部门在进行规范前,忽略了必要的对内和对外的咨询与协调工作。

第四,刚性与柔性的关系。规范标准的制定和执行应当有刚性和柔性之分。例如字形和字音规范所制定的标准是刚性的,执行时带有强制性;推荐性标准就属于柔性标准,执行时具有灵活性。此外,无论是执行刚性标准还是柔性标准,都应当注意层次性。在基础教育阶段,如中小学的语言文字教学,必须严格执行规范标准;对师范院校或师资培训班,也必须严格执行规范标准。国家级媒体在引导规范地使用语言文字方面具有优势,并负有社会责任,它们是示范层次,因此必须严格执行国家制定的规范标准。对一般语言用户,即平民百姓,应当多宣传,多引导,要宽容,要耐心,因为他们的语文生活是非高层次的公共语言生活。

第五,共性与个性的关系。华语是以中国的普通话为核心和基底的现代全世界华人的共同语,语音、词汇和语法基本上是相同的,这是它的共性。然而它是在不同的国家或地区的土地上扎根、发展的,因而产生了地区性差异,这是它的个性。

由于国情或区情不同,因此各华人社区华语的个性也有所不同,有的地区个性比较突出、鲜明,有的地区就显得比较一般。新马华语的个性是突出的、鲜明的,在语音、词汇和语法上均有所体现,主要体现在词汇上。在进行规范或协调时,应当保留足以彰显其本土风情和姿彩的特色,千万不可抹掉它的色彩。上举"峇、巴刹、胡姬、榴梿"等等,都在保护之列。再如:

邮差(新马)、邮递员或投递员(中国)|快熟面(新马)、方便面(中国)|回教、回教徒、回教堂(新马)、伊斯兰教、穆斯林、清真寺(中国)|印度煎饼(roti prata,新马)、印度飞饼、印度抛饼、印度甩饼(中国)

这些词语要任何一方放弃自己的习惯用法而采用另一方的用

法以求统一,难度较大。再看一个例子:

中乐(中国香港、港门)|华乐(新、马、印尼、文莱)|民乐(中国大陆)|国乐(中国台湾)

此例涉及中新马印(尼)文五国和中国的台湾省及港澳特区,除令人惊奇变异之妙外,我们还能做些什么呢?能通过协调使之统一吗?不能。其实,根本就没有这种必要。世界上的事情是复杂的,语言也是如此。这正是语言的精彩与奇妙之处。

参考文献

① 李宇明《强国的语言与语言强国》,《光明日报》2004 年 7 月 28 日。
② 李宇明《中国的话语权问题——在第四届全国语言文字应用学术研讨会开幕式上的发言》,2005 年 12 月 17 日。
③ 李宇明《构建健康和谐的语言生活》,载《中国语言生活状况报告(2005)》上编第 1 页,商务印书馆 2006 年版。
④ 郭熙《域内外汉语协调问题刍议》,《语言文字应用》2002 年第 3 期。
⑤ 郭熙《普通话词汇和新马华语词汇的协调与规范问题——兼论域内外汉语词汇协调的原则和方法》,http://www.huayuqiao.org/articles/guoxi/guxi02.htm。
⑥ 汪惠迪、郭熙《华语的规范与协调》,新加坡《联合早报》2002 年 12 月 7 日。
⑦ 汪惠迪《双向互动 兼容并蓄——新马华语规范的路向》,新加坡《联合早报论坛》2000 年 1 月 23、30 日。又,王晓娜主编《新时期的语言学》第 61 页,中国文联出版社 2002 年版。
⑧ 周清海《新加坡华语和普通话的差异与处理差异的对策》,新加坡《联合早报》2006 年 3 月 21、23 日。
⑨ 周清海《新加坡华语变异概说》,载《新加坡华语词汇与语法》,玲子传媒私人有限公司 2002 年版,新加坡。
⑩ 王希杰《论语言的自我调节功能》,《柳州职业技术学院学报》2002 年

第2期。又,王晓娜主编《新时期的语言学》第13页,中国文联出版社2002年版。

⑪ 施春宏《语言调节与语言变异》,《语文建设》1999年第4—5期。

⑫ 汪惠迪《新加坡华语词汇的风情和姿彩》,载《词汇学理论与应用(四)》,商务印书馆2008年版。

⑬ 汪惠迪《新加坡华语特有词语探微》,载周清海编著《新加坡华语词汇与语法》,玲子传媒私人有限公司2002年版,新加坡。

⑭ 汪惠迪《新加坡华语特有词语词典》,联邦出版社1999年版,新加坡。

⑮ 邹嘉彦、游汝杰《〈21世纪华语新词语词典〉前言》,复旦大学出版社2007年版。

论新词语的短期消亡

王宁　北京师范大学民俗典籍文字研究中心

在社会变动期间,新词语的产生相当迅速,人们热衷于对快速滋生的新词语广为搜集,认为它们是社会语言生活中的"新生事物"。辞书编写为了扩充篇幅,也急于把大量新词补充进现有的辞典,甚至把收新词多当成辞典的一个优点。有些词汇论著常常把新词产生的数量作为语言发展速度的一种写照。

词汇的发展遵循的是累积率的原则——不是新词代替旧词,而是旧词积淀、新词累加。如果只是靠着文献来研究词汇历史的兴灭存废,由于查验的文献不可能穷尽,加之口语的词汇难以保存,我们很难知道一个词语是什么时候产生,更难知道一个词语的义项从什么时候开始使用。在现代词汇的搜集和研究中,关注新词的滋生、监测新词的产生与存在,是一项十分重要的工作;因为,如果我们不利用现代信息手段把新词及时监测到并登载下来,一旦时过境迁,这一段历史就会仍然处于不清晰的状态。何况,只有采用描写的方法存储各个时代的新词语,才能对词汇系统内部能量交换的规律有一个清晰的认识。

什么是"新词语"?新词语指在时代变化的过程中即时产生的词语,它在旧词语构成的系统中产生,因而以旧词语为基础,但它具有旧词语没有过的词形与词义。在监测新词、新义产生的过程中,有一种现象人们往往容易忽略,那就是新词语有相当一部分生命力极弱,在很短期间就消亡了。从总体看,词汇永远在增长,但词汇的增长不是纯粹的加法,而是沿着下面这个公式进行:

词汇增长 =(旧词语 + 新词语)-(消亡的旧词语 + 短期消亡的新词语)

这个公式说明:不是只有旧词才会消亡,新词也会流产,也就是短期消亡。"短期消亡"的词语产生后,基本上没有通行,在较短的时期内,就已经很少出现或不再出现了。这种情况与词语的历史性消亡有着本质的不同。词语的历史性消亡,指的是新词语反映的事物属于短期现象,词语随着事象的消亡而不再指称当代的事物,但它们仍有回叙历史情境的价值,必须保存在工具书或词库里。例如:"四清"运动里产生的"多吃多占""四不清干部"等,文革时期产生的"斗批改、走资派、战斗队、天派、地派"等,都属于词语的历史性消亡。它们随着"四清运动"和"文革"的结束而不再使用,但他们是这一时期历史的化石,一旦要回叙这段历史,仍然需要使用它们而无可替代。这些词语的停止使用是外部的社会原因决定的。

"短期消亡"是一种词语基于内在原因未能成活的现象,产生这种现象的原因一般有以下三种:

(一)竞争失利。来源于外来词、方言词、行业词的新词语,在意义上与稳定的旧词语重复,而且其中没有新的感情色彩,既无法取代旧词语,又不能与旧词语并存。由于语言使用约定俗成带来的惯性,他们不可能进入全民共同语。例如:

挤提

这个词作为新词被收进《现代汉语词典》2002年增补本。意义是"拥挤着提款"。查近三年(2006—2008年)的报刊①,这个词的意义未有新的发展,例如:

防范存款挤提事件和系统性金融风险。(《中国经济周刊》第33期,2007年8月27日)

存款保险制度的救助功能仅限于个别或少数银行发生支付危机时,能有效防止非理性挤提事件的扩散。(《国际金融报》2007年8月8日)

媒体失实报道,引发衡阳银行挤提风波。(《人民日报》2006年6月29日)

上述语例中的"挤提",意义是"拥挤着提款",同样的意义原来有一个金融界的专门术语"挤兑","兑"是"兑换",金融界已经习用。这个金融行业的用语已经有了一个比喻义,指"逼迫别人做不愿意做的事",俗作"挤对"。"挤提"与"挤兑"的意义没有差别,在同一时期的报刊杂志上,"挤兑"共出现129次,分布在14个经济类杂志和普通报刊的经济栏目中,而"挤提"只在2个经济刊物中出现5次,显然因为与"挤兑"竞争失利而呈消亡的趋势。

(二)结构失当。新词语构词理据明晰度不足,或与现代汉语词汇的构词方式不适宜,不能融入词汇系统。例如:

采认

这个词作为新词被收进《现代汉语词典》2002年增补本。

---

① 本文所引用之语例及数据均从《人民网》"报刊杂志"栏目搜集。网址为http://search.people.com.cn/rmw/GB/rmwsearch/dj_index.jsp。

意义是"认证"。查近三年(2006—2008年)的报刊,这个词意义未有新的发展,例如:

(台湾)推动大陆高等学历采认。(《国际金融报》2008年7月18日)

台湾"陆委会"官员表示,将在1个月内与台湾教育部门研议采认大陆学历及开放大陆学生来台就学等事宜。(《人民日报》(海外版)2008年5月29日)

自2006年以来,两岸旅游民间组织已进行了多次技术性磋商,讨论了旅游形式、团队人数、每日配额、赴台停留时间、开放区域、市场秩序规范、权益保障及纠纷处理、证件采认、旅游包机等议题,其中大部分已达成一致意见(《江南时报》2008年4月28日)

上述语例中的"采认",意义均为"承认证件"或"认证",查近年的报刊,仅仅用于台湾对大陆学历、证件的承认,显然是台湾的地方用语。2006—2008年三年来,这个词仅见诸报刊20例,全部都与台湾承认大陆学历、证件有关。而大陆承认学历用"承认",承认某类证件用"认证",同一时期内,"认证"用例4 471次,比"采认"高出220倍。"采认"没有通行,查其原因应当是因为"采"的用意不明,可以是"采纳",也可以是"采用""采取"等,理据很不清楚,难以被大陆接受。

罪错

这个词是"罪行和过错"的联合、压缩。

因为"罪行"和"过错"不是一种性质的问题,把它们联合在一起指称很难明确。因此这个联合式的双音词在2006—2008年三年的报刊中仅有用例33次。

引介

这个词是"引进并介绍"的联合、压缩。

查以"引"为第一语素、第二语素仍为动词构成的联合式或动结式双音动词,"引"的语素义大都是"牵引"或"导引","引介"的"引"含"进入"义,与系统不合,不符合类推联想的原则,理据难明,所以没有通用,在2006—2008年的报刊上用例也只有32次。

(三)内容不宜。有些新词语属于黑话、脏话、低俗话、洋泾浜话等劣质语言,也就是垃圾语言,无法为全民接受。这些例子很多,这里不再举例。有人说,这类词也有应用价值,更有保存价值。词汇的应用价值随着时代、环境、使用人群、言语主题的变化而变化,所以,词语的应用价值永远是相对的。从描写和研究各类人群生活的角度,不能说他们没有研究价值。但是,从全民语言规范的角度,这些词语仅有负价值,在全民用语里消亡,属于正常现象。

汉语词汇有两个相互交叉、相互影响的系统——书面语系统和口语系统,20世纪初期,书面语系统的新词语来源于文言是主流,那时的新词语也存在短期消亡的现象。当代的新词语来源于口语是主流——网络是它的重要滋生地,网络语言也是新词语短期消亡的高频地带。

检测新词语的滋生,同时检测它们的短期消亡——也就是流产现象,是非常重要的。张普在《论语言的稳态》[①]一文中指出:"语言的稳态是语言的常态,也是语言的健康态。只要一种语言的稳态部分在应用中处于绝对优势,或者说在应用中覆盖率达到95%以上,这种语言也就处于健康状态,我们就大可不必为我们的

---

① 见本论文集第189页。

语言的纯洁和健康发展着急上火。正是在这个意义上,我们说对于语言的稳态的考察与监测,可能是更更重要的一种监测。"词语的流产,就是一种"负稳态"现象,这种词语的消亡既然属于自身的质量问题,当然也就无需保护,因为它在冲击着语言的稳态。词汇在乱与整的矛盾与交替中发展,一个时期短期消亡的词语数量越多,说明这个时期词汇的发展是不平稳的,是急需引导规范的。把新词语一律看成"新生事物"的自发论观点是有害的。

词语的短期消亡现象还告诉我们,辞书编纂宜于对新词语的生命力作定期的观察,不要急于将没有发展前途的所谓"新词语"收入,避免那些昙花一现的、有流产趋势的、应用价值极低的词语无意义地留存。

研究新词语短期消亡的事实和原因在应用语言学里具有重要意义——应用语言学绝对不能停留在客观的描写上,它必须具有促进语言发展和优化语言生活的积极作用。新词语消亡与语言的健康指数有关,监测这种事实对社会语文生活健康发展也是有重要作用的。

共时、同题语料库和社会文化

邹嘉彦　邝蔼儿

香港城市大学语言资讯科学研究中心

摘要　在计算语言学的研究和技术开发中,具规模和系统的大型语料库为发展语言模型提供了一个重要基础,是推动自然语言处理和语言工程不可或缺的。过去很多大规模语料库的建设,包括平衡语料库和共时语料库,都为语言工程提供了重要资源。语料库同时是很多历时与共时研究的重要材料,在社会文化与教育的范畴,也应用广泛。本文提出"同题语料库"的新概念,并讨论其在不同语言研究领域中的价值。

关键词　平衡语料库、共时语料库、同题语料库

一　引言

在计算语言学的研究和技术开发中,要达到高稳健性和跨领域应用,分析处理海量数据是一个大趋势,语言资源(特别是具规模和系统的大型语料库)担当着越来越重要的角色。据邹嘉彦等(2003)阐述,近年在大陆、台北、香港、日本、韩国、泰国各地出现很多大型语料库(不仅有未经加工的生语料库,而且有大量经分词和处理过的熟语料库),为发展语言模型提供了一个重要基础,是推动自然语言处理和语言工程不可或缺的。语料库过去的发展比较着重平衡性,然而平衡语料库的涵盖范围毕竟有局限,20世纪90年代中期开始有共时语料库的构思和建立,这种基于同时同类语

料的语言资源,为语料库语言学和语言工程开辟了新天地。本文特别介绍"同题语料库"的新概念,并讨论共时与同题语料库在语言及社会文化等研究领域中的用途与价值。

二 语料库分类

语料库的种类繁多(详见黄昌宁、李涓子,2002),但一般可以从构建目的、形式与内容、语料成分、字词数量、时间性等不同方面来区分。从目的来说,有一般语料库(General Corpora)与专用语料库(Specialized Corpora),后者针对个别研究目标或个别领域而建立,而前者可以有广泛用途,因此也特别注重"平衡"的概念(Balanced),取材广泛而要有一定代表性,一般包括口语和书面语的语料,来源包括报章杂志、小说散文、学术论著等等,题材也包罗万有,包括生活、文学、科学、艺术等多方面。至于数量与时间性的特征,有些语料库构建以后不再扩展,也有一些随着时间不断扩充,在原有的语料基础上,增加后期的新语料,Bank of English 就是典型的例子。这种不断扩充的语料库,由于语料的风格与内容紧贴时代,可以反映语言的发展与转变,因此也称为 Monitor Corpora。

从语料库的语言来看,根据 Granger(2003)所述,常用于跨语言研究的语料库可分为两大类,分别是单语(Monolingual)与多语(Multilingual)的语料库(见图1)。其中多语语料库可以再按文本对应的特质,分为以译本为基础的平行语料库(Parallel Corpora)和以类似题材的双语或多语文本为基础的可比较语料库(Comparable Corpora)。

语料库比较常见的设计是内容尽量广泛的平衡语料库,也有针对个别研究目标或个别领域而建立的语料库,香港城市大学语言资讯科学研究中心在过去十多年,一直努力构建和扩大一个完全不同构思的汉语共时语料库。

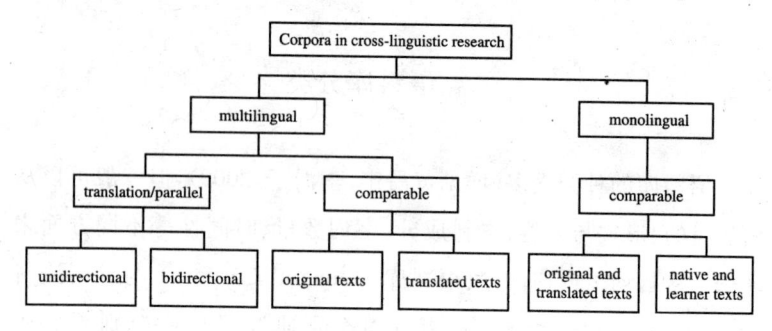

```
                    Corpora in cross-linguistic research
                              │
                ┌─────────────┴─────────────┐
            multilingual                monolingual
                │                           │
        ┌───────┴───────┐                   │
  translation/parallel  comparable      comparable
        │                   │               │
    ┌───┴───┐         ┌─────┴─────┐    ┌────┴────┐
unidirectional    original  translated  original and  native and
  bidirectional    texts      texts    translated   learner texts
                                         texts
```

图 1 用于跨语言研究的语料库分类(摘自 Granger,2003)

2.1 共时语料库

LIVAC(Linguistic Variation in Chinese Speech Communities)共时语料库自 1995 年启动,严谨地定时分别收集来自多地的定量同类语料,甚至刻意要求内容相约。语料来源包括香港、台北、北京、上海、澳门及新加坡等多地有代表性的中文报章与传媒、电子新闻报道,近期更增加了华南地区如广州、深圳及珠江三角洲等地的报章。选取内容包括各媒体中的社论、世界各地要闻、当地新闻、两岸报道、综合新闻,后来更扩至包括经济新闻、体育新闻、娱乐新闻以及广告等。从范围看,上述各地可以说涵盖了世界上使用中文的泛华语地区;从内容上看,可以说囊括了新闻媒体中文的大多数层面。共时语料库跟其他平衡语料库不同之处,就在于这种有规则性的定时、定点和定量的语料收集方式。

2.2 共时特点

LIVAC 语料库自 1995 年 7 月起收集语料,其最大的特点是

"共时性",即共时收集各地同一日期的同步语料。语料库采用前所未有的严谨"视窗"模式,可供各种客观的比较研究,方便有关的信息科技发展与应用。由于语料库历时十年,因此"共时性"以外又兼顾了"历时性",方便各方人士客观地窥探到视窗内语言发展的全面动态。LIVAC 所提供的不仅是语言资料,还同时提供共时的社会、文化档案资料,犹如一个系列性的时间锦囊。

2.3 词性标注

LIVAC 语料库的语料经机器切词及人工校对后,分别作了初步及详细的词性标注,初步标注主要标识出人名、地名、专名、套装词和叠词等多类专用词类,并在此基础上推出港台京三地双周人名、地名及高频词语榜。详细标注则对语料所有词条作详尽语法标注,标识实词、虚词等共四十多种词类。上述标注将为语言工程提供优良的素材,也可供多方面的研究发展,包括对泛华语地区的社会、文化与语言的深入比较。

2.4 目前规模

自 1995 年 7 月至 2006 年 6 月,LIVAC 语料库总字数已超过 2.2 亿字(不包括标点符号),并仍在不断增长。目前 LIVAC 语料库总词种数目已超过 90 万条(不包括数词),其中包括新概念词及其延伸、词义有所发展或转移的旧词和有地方特色的词语等。除了可提供字、词的频率统计比较外,也开发了相当先进的检索引擎功能。此外,还从中提炼开发了复合词语、新概念词语、专名、专用词语、四字格词语等多个专用词库。2007 年上海复旦大学出版社出版的《21 世纪华语新词语词典》就是以 LIVAC 为基础,收录 2000 年以后京沪港台产生或流行的新词语编纂而成的(邹嘉彦、游汝杰,2007)。

三 同题语料库

平衡语料库一般收集包括不同的学科、文体和语境,甚至来自不同地域范围的语料,避免重复的内容,以充分代表某个语言的面貌,然而怎样的选材才算有足够的代表性?如何界定平衡与代表性的条件?因为平衡语料库的涵盖范围毕竟有一定局限。另一方面,共时语料库的特色是定时定量从多个地区收集语料,而内容是刻意重复或者相约的,因此它允许一种视窗式的语言研究,而由于它有着相约的内容,对于每个来源之间词汇的流通、语法的变化、文化的交流等等,也隐藏着点点线索。因此从比较宏观的角度来说,共时语料库其实是一种"同题语料库"(Homothematic Corpora)。

3.1 广义的同题语料库

如果我们从单语语料库延伸到双语(甚至多语)语料库来看,就不难发现同题语料库其实是一个涵盖范围广、大部分双语语料库的统称。我们一般看双语语料库,不外是集中于平行语料库(Parallel Corpora),以汉英/英汉为例,意思是说汉语文本跟英语文本是对应的,可能一个是原文,另一个是译本,也可能两个文本分别创作,写的是同一个题目。但是这么一个双语语料库可以有多平行呢?基于两个语言个别的特质,在词汇、语法、语义上很多时候都不是一对一的(像法律的文本,见下部分),大部分情况下只是同题的文本,是无法完全对齐的。

3.2 同题语料库的构建与意义

由于获取绝对平行语料难度甚高,因此构建同题语料库的关键,不在于微观的语料对应,而在于宏观的可比较性。LIVAC共时语料库在这方面是有一定的优势的。利用同期定量的方式,以视窗式的手段从不同华语地区获取有代表性的媒体语料,这样除了充分体现语料的可比较性外,也让我们能够获得客观可信的数据,从而了解在不同华语区语言使用的情况。

共时与同题语料库不仅是很多历时与共时研究的重要材料,在社会文化与教育的范畴,也应用广泛。

四 语料库加工与使用

语料库的用途,除了取决于库的大小,也得看加工的程度。一般未经处理的生语料库（Raw Corpora）用途非常有限,只有经过加工处理、标注了语言知识的熟语料库（Processed Corpora）,才能提供客观和具代表性的语言数据。

语料库的加工,最基本的是把语料切分成词,中文自然语言处理的发展,现在一般已经允许准确率比较高的自动中文分词。一般单从互联网提取的生语料,如果没有经过严谨处理,文本本身可能有重复,覆盖范围的平衡与代表性也成疑。生语料与熟语料的分别,从字熵与词熵的计算也可见一斑(见邹嘉彦等,2003)。

五 共时与历时语言及社会文化研究

5.1 判决书的例子

除了LIVAC共时语料库,我们在这里再介绍另一个同题语料库。这个语料库由600对中英版本的香港各级法庭的判决书构成,大概有700万汉字,360万英语词,中英文本都经过分词校对,而且在段落和句子的层面对齐,用以建立一个法庭双语文本参考系统(Bilingual Reference System)。

从这个语料库,我们发现中英在法律词汇上的差异,有大概两成的词汇,都不是一对一的,有的是一词多义,也有的是一词多译。比方说,一个简单的概念alibi,在语料库里就找到好几个不同的说法,包括"不在犯罪现场、不在同一处所、不在现场、不在场、以不在犯罪现场为理由的申辩、以不在现场为理由的申辩托辞、身在别处、不在犯罪现场证据、不在凶案现场、不在场证据"等等。又比方说,"裁决"这个词,分别用作了determine、verdict、award、hold、find、decision等英语词的翻译(见图2),可见即使是直接翻译的文本,而且是在讲究准确无歧的法律领域,要达到完全一对一的平行,谈何容易!

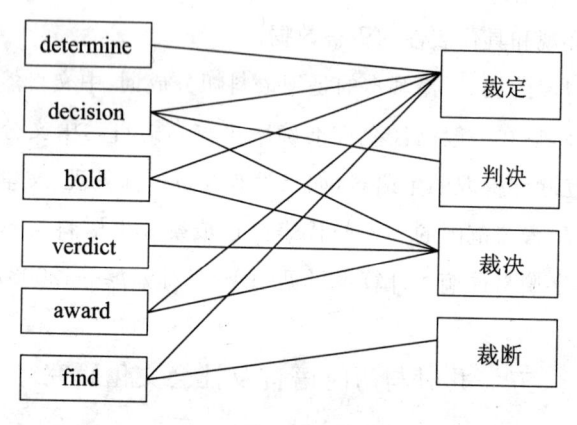

图2 多对多法律词语翻译

5.2 兼类词的分析

同题语料库与共时语料库对一般语言学的研究也提供了一定

的辅助。在兼类词的研究比较与分析上，我们发现不同华语地区在动名兼类以及动词名词化的用法上，有着显著的差别。所谓动名兼类，是指一个词被广泛接受为同时拥有动词与名词特质。所谓动词名词化，是指一个本身是动词的词，或多或少被人当名词用，这不是一个绝对的情况，而是一个相对的情况，转化的过程往往经历一个过渡期，当名词化的情况变得常见，我们可能就倾向于把这个词视为动名兼类了。比较了LIVAC语料库里来自香港、北京与台北的语料，我们发现动词名词化的情况在北京的语料明显地出现较多，比香港和台北的语料要多百分之三（详见Kwong & Tsou, 2004）。

5.3 语法演变

历时研究的一个例子是语法演变的探索。比如"打造"这个动词，原来应该是以实物为对象宾语的及物动词，像"打造金缕玉衣""打造家具"等都是典型用法。从分析LIVAC语料所得，后来出现了半虚化的用法，像"打造汽车业的航空母舰"，再后来更出现了完全虚化的用法，像"打造新愿景"与"打造生活空间"等等。再比较不同地区的语料，我们发现这种虚化的用法最初源自台湾地区，慢慢才蔓延到香港与北京的语料。

5.4 词汇演变的社会意义

时值香港回归十年，我们在LIVAC里做了比较，回顾过去十年香港词语的重要发展和变化。自回归以后，香港与内地政治、经济、文化各方面交往日益频繁，词汇双向流通。以前一些内地多用的词语，现在可能也是香港人耳熟能详的。据LIVAC资料统计，自1997年至2007年回归十年间，约有一万新词语在香港涌现，部分已经成为香港的日常词汇，像"双规、黄金周、自由行"等等。这些新词语的动态发展,也是值得我们注意的,它们的发展跟我们社会有着密切的关系,不但反映出市民关注的事情,也体现了香港的文化特色。

我们把这些新词分为四大类:

(一)常用词:使用频率已稳定,并成为香港常用词语,例如"爱国爱港"等(见图3)。

(二)准常用词:使用频率逐年递增,呈现上升的趋势,例如"强政励治"等(见图4)。

(三)准边缘词:曾达到相当的使用频率,近年词频大减,例如"负资产"等(见图5)。

(四)消亡词:近年已经被边缘化,甚至被遗忘,例如"千年虫"等(见图6)。

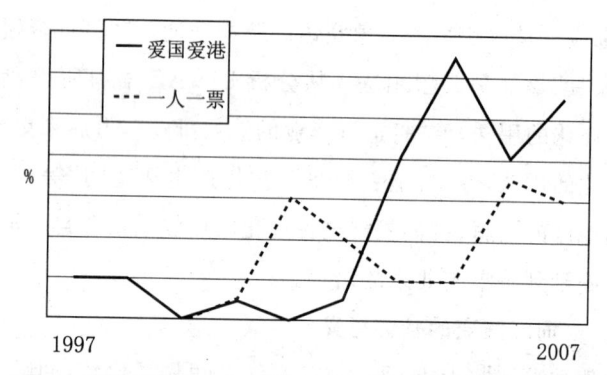

图3 "爱国爱港""一人一票"1997—2007年相对词频的变化

此外,文化演变也反映于用词,回归以后港人对祖国的认同感明显提升了,从媒体报道有关国家领导人的消息时对他们的称谓,可见一斑,回归前一般都冠以"中国",像"中国国家主席",回归后绝大部分都直接称"国家主席""总理"了。如图7所示,回归前(1995和1996年),超过八成的"国家主席"称谓前面都冠有"中

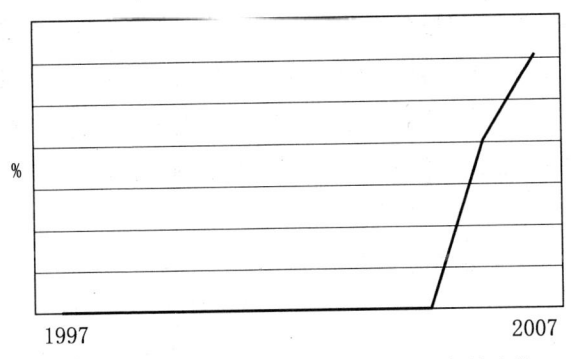

图 4 "强政励治" 1997—2007 年相对词频的变化

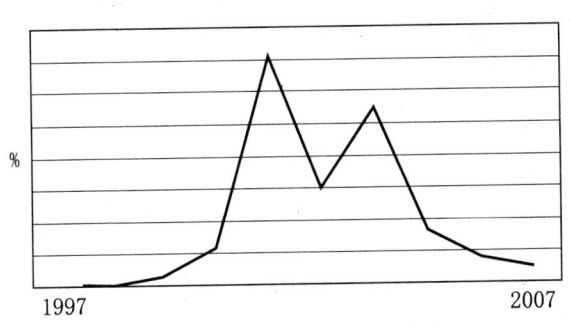

图 5 "负资产" 1997—2007 年相对词频的变化

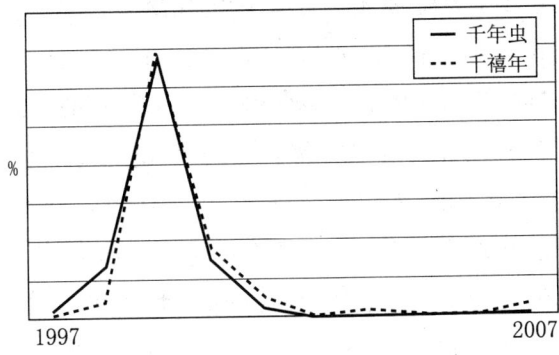

图 6 "千年虫"、"千禧年" 1997—2007 年相对词频的变化

国","(国家)总理"则有一半。1997年,超过一半的称谓已经不再冠有"中国",这个趋势一直上升,2000年后,不带"中国"的称谓已经稳定下来,与带有"中国"的称谓形成强烈对比。值得注意的是,回归前后,港人也一律称呼马卓安和贝理雅为"英国首相",甚少单称"首相"。

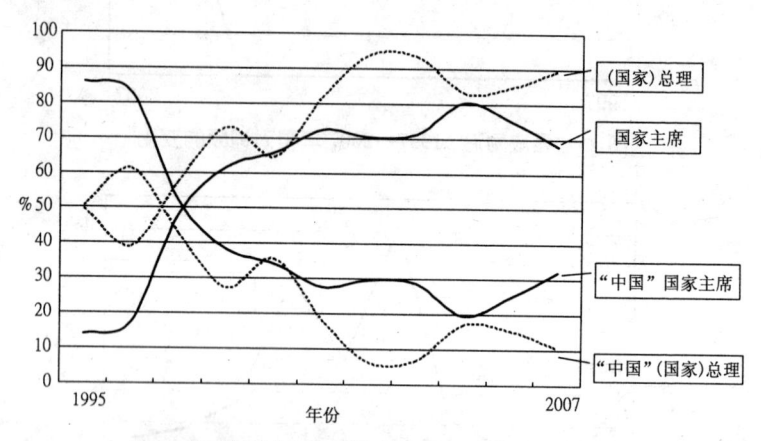

图7 比较香港回归前后传媒对国家领导人的称谓

5.5 泛华语词汇与地域差异

我们比较了大陆、香港和台湾地区的语料,发现它们的词汇有一定的独特性,比方说,大陆比较多用一些口号式的词条,是它的地区特色,例如"改革开放""现代化建设"等;香港的新词例如"纤体、瘦身、普选"也有一定的地域色彩,有一定的创新性。我们假设,以相对频率来说,某一个词如果在某个地区的出现率占了其总体出现率的百分之八十或以上,就当是该地区的特色词语,那么每个地区其实有超过一半的词语是属于这一类的(见表1)。

地域差异包括两个方面:同形异义("居屋"一词在大陆与香港意思就不一样,"火锅"在台湾地区的体育领域也有特别意思)、同义异形(香港的"桌球"、大陆的"台球"、台湾地区的"撞球"都是指同一种运动)。

此外,同题语料库也牵涉专有名词的异体情况,比方说,"碧咸、贝克汉姆、贝克汉"都指同一个足球明星(见表2)。

表1 地区特色词语分布

	香港	北京	台北
词种(Types)(%)	55.8	51.8	59.5
词标(Tokens)(%)	12.8	9.9	11.7

表2 外国人名地区性差异

名 字	香 港	北 京	台 北
Beckham	碧咸	贝克汉姆	贝克汉
Zidane	施丹	齐达内	席丹
George W. Bush	布殊	布什	布希
Tony Blair	贝理雅	布莱尔	布莱尔
Angela Merkel	默克尔	默克尔	梅克尔
Michael Jordan	米高佐敦	迈克尔·乔丹	麦克·乔丹
Saddam Hussein	萨达姆	萨达姆	哈珊

5.6 文化比较与追踪

透过同题与共时语料库,我们还可以追踪各地文化热点,如2003年底,太空人杨利伟成功完成任务,是全世界华人的骄傲,但是在不同地区的媒体,对他的报道却不一样,例如台北媒体的报道就乏善足陈了。

此外,我们也利用了共时与同题语料库的优势,探讨并尝试以计算的方法,比较与分析各地对不同新闻人物的褒贬报道(详见Yuen et al.,2004;Tsou et al.,2005)。

六 小结

本文透过讨论不同种类的大型语料库,说明了语言资源建设的种种考虑和其重要性。大型语料库(包括平衡语料库和共时语料库,还有更广泛的同题语料库)是推动计算语言学和发展应用系统不可或缺的语言资源。比较重要的是,要充分了解泛华语区个别的特色与相互的异同,要有大规模的语言资源,特别是共时与同题、经处理的熟语料库,这种语料库的构建与使用,将是很多语言研究和应用的基础与方向。

参考文献

① 黄昌宁、李涓子《语料库语言学》,商务印书馆2002年版。

② 邹嘉彦、黎邦洋《汉语共时语料库与资讯开发》,载徐波、孙茂松、靳光瑾主编《中文信息处理若干重要问题》第147-165页,科学出版社2003年版。

③ 邹嘉彦、游汝杰《21世纪华语新词语词典》,复旦大学出版社2007年版。

④ Granger, Sylviane. 2003. The corpus approach: A common way forward to contrastive linguistics and translation studies?. In Corpus-Based Approaches to Contrastive Linguistics and Translation Studies, eds. Granger, Sylviane, Jacques Lerot & Stephanie Petch-Tyson, pp. 17 - 29. Amsterdam-New York: Rodpi.

⑤ Kwong, O. Y. , Tsou, B. K. 2004. A Synchronous Corpus-Based Study of Verb-Noun Fluidity in Chinese. Journal of Chinese Language and Computing, 13(3): 227-278.

⑥ T'sou, B. K. , Kwong, O. Y. , Wong W. L. , Lai, T. B. Y. 2005. Sentiment and Content Analysis of Chinese News Coverage. International Journal of Computer Processing of Oriental Languages,18(2):171 - 183.

⑦ Yuen, R. W. M., Chan, T. Y. W., Lai, T. B. Y., Kwong, O. Y., Tsou, B. K. Y. 2004. Morpheme-Based Derivation of Bipolar Semantic Orientation of Chinese Words. In Proceedings of the 20th International Conference on Computational Linguistics (COLING 2004), Geneva.

论语言的稳态

张普　北京语言大学应用语言学研究所
国家语言资源监测与研究中心平面媒体分中心

我们在上个世纪末说过这样两段话:

"语言不是静止的,语言在运用中不断地产生变化,语言的生命力就在于这种稳定中的变化。这些变化的端倪就隐藏在大规模的真实文本(无论他们是经典的还是非经典的文本)之中,甚至就隐藏在那些非规范现象里。一切新词、新义、新用法一开始总是不在约定和规范之中的,通过'对话'和'讨论',利用'已知'对'新知'作出'解释'或'纠错',新知一旦被大家接受并广为传播,最终将进入约定或规范,这就是语言发展的辩证法和规律。"[1]

"我个人认为语言文字是在社会中流通的信息载体,是人类进行社会交际的重要工具。它的使用具有个人行为和社会行为的两重性,也具有相对稳定和永远变化的两重性。了解了语言的这一特性,你就会明白语言既需要规范,也不可能有一个客观上绝对合

---

[1] 张普《关于大规模真实文本语料库的几点理论思考》,《语言文字应用》1999年第1期。

理的规范,更不可能推出一个人人都认可的规范。"①

一段话说"语言的生命力就在于这种稳定中的变化",一段话说语言文字"具有相对稳定和永远变化的两重性"。

这两段话的关键词是"稳定"和"变化"。我们将此称为语言的两种状态:稳态和动态。

语言的动态说得很多了,跨入新世纪后,我们工作的核心或者说研究的重点就是"动态语言知识更新",本文要谈谈语言文字的另一种重要的状态:稳态。

一 关于稳态

1. 生命科学与稳态

稳态的概念最初是由生理学领域提出的。稳态是十分重要的生命形态,我们可以说:一切生命都是稳态的,没有稳态就没有一切生命。稳态绝对不是静态,是变动中的相对平稳状态,变动就是生命的新陈代谢。稳态的新陈代谢,就是健康的鲜活生命的延续,就是"生"。真的成为静态了,新陈代谢停止了,生命也就没有了,就是"死";或者变化超过稳态变动允许的范围,比如体温、血压、钙离子等的变化超常,进入非正常、不健康的状态,或称病态,还是要"死"。生死都是突变,世界上没有绝对静止不变的事物,"死"也是另一种性质的变化开始。"林无静树,川无停流"②、"全则必缺,极

---

① 张普《规范化——98汉字编码键盘输入方法新动向》,《中国计算机报》1998年5月4日。

② 《世说新语·文学》。

则必反,盈则必亏"①说的是同样的道理。

控制论的主要创建者维纳本人的开山之作《控制论》,1947年完成于墨西哥国立心脏学研究所,在"导言"的开头他说:"这本书是我和当时在哈佛医科学校、现在墨西哥国立心脏研究所的阿托罗·罗森勃吕特博士共同研究的成果。在那些日子里罗森勃吕特博士(已故的华尔特·皮·堪农博士的同事和合作者)领导了一个每月举行的关于科学方法的讨论会。参加者大都是哈佛医科学校的青年科学家,我们一起在日德毕尔特大厅围着圆桌子吃饭。谈话是活泼的,毫无拘束的。"可知生理学界对方法论的关注直接推动了维纳对于"稳态"的思考。

陈原先生说:"'内稳态'最初是从生理学上提出来的,有人译作'稳态'……'内稳态'的学说后来在控制论、信息论上得到了广泛的应用。"②

我们可以直接在《控制论》中找到关于高级动物的生命论述的印证:"高级动物的生命,特别是健康的生命,能够延续下去的条件是很严格的。体温只要有摄氏半度的变化,一般就是疾病的征候;如果有长时间的五度变化,就不能保持生命。血液的渗透压和它的氢离子浓度必须保持在严格限度内。体内的废物在浓度达到有毒以前必须排泄出去。此外,白血球和抵抗感染的化学防疫作用必须保持适当的水平;心搏率和血压必须既不太高也不太低;性生殖周期必须符合种族的生殖需要;钙代谢必须既不使我们的骨质松化,也不使我们的骨质钙化,等等。一句话,我们内部组织中必

---

① 《吕氏春秋·博志》。
② 陈原《语言学论著》卷一第536页,辽宁教育出版社1998年版。

须是一个由恒温器、氢离子浓度自动控制器、调速器等等构成的系统,它相当于一个巨大的化学工厂。我们把这些总起来叫做稳态机构。"①

维纳在《控制论》中谈到另一个重要的概念"反馈"时也强调了稳态对于生命的重要意义:"我们不要忘记反馈的原理在生理学上还有一个重要的应用。在很多场合,一定形式的反馈不仅是生理现象中常见的例子,而且它对生命的延续也是绝对必要的,我们在所谓稳态(homeostasis)情形中可以看到这点。"②

2. 自然科学与稳态

控制论的主要创建人维纳说过,任何一本关于控制学的教程,都应当透彻详尽地讨论稳态的过程。

从总体看,《控制论》的另外一个书名就叫做"或关于在动物和机器中控制和通讯的科学",说明控制和通讯就已经是从动物发展到了机器,也证明了陈原先生说的"'内稳态'的学说后来在控制论、信息论上得到了广泛的应用"。

控制论原理在自然科学中的应用在控制论的定名中就已经表现出来:"我们决定把这个关于既是机器中又是动物中的控制和通讯理论的整个领域叫做 Cybernetics(控制论),这个字我们是从希腊字 κυβερνητης 或'掌舵人'变来的……我们也想提到这个事实:船舶的操舵机的确是反馈机构的一种最早而且最发达的形式。"③其实,操舵的主要原理就是掌控,在不断的左舵和右舵信息输入与

---

① N.维纳著,郝季仁译《控制论》(第二版)第115—116页,科学出版社1963年版。
② N.维纳著,郝季仁译《控制论》(第二版)第115页,科学出版社1963年版。
③ N.维纳著,郝季仁译《控制论》(第二版)第11—12页,科学出版社1963年版。

反馈的变动中,达到稳态前进的目的,今天的自动控制系统就更加离不开反馈与稳态。

3. 社会科学与稳态

控制论在自然科学中的运用是这样,在社会科学中的运用也是这样。社会的前进也离不了反馈和稳态。人类社会是由作为高级动物或生命的人类组成的,当然和控制论发祥的生理学科会有天然的密切关系,控制论是"关于在动物和机器中控制和通讯的科学",社会的通讯和控制也就与社会的稳态(或言稳定)前进紧密相关。而且,就是社会的不稳定、不和谐甚至社会的退步也和通讯与控制紧密相关,所以,不论是执政者还是政变者,都知道牢牢掌控大众传媒的道理。

维纳说:"对于社会所有这些反内稳定的因素来说,通讯工具的控制是最有效也是最重要的。"[1]"本书的教训之一就是,任何组织所以能够保持自身的内稳定性,是由于它具有取得、使用、保持和传递消息的方法。在一个过于大的社会里,社会成员无法直接相互接触。因此,出版物(包括书籍和报纸)、无线电、电话网、电报、邮递、剧院、电影院、学校、教堂就都成了取得、使用、保持和传递信息的工具。它们除了具有作为通讯方法这个内在重要性以外,还有其他的次要作用。"[2]"什么通讯系统比所有别的系统应该对社会内稳定性更有贡献,它就直接被掌握在那些最醉心于争权夺利的人的手中,而我们已经知道,这种争夺是社会中主要的反内稳定性的因素。"[3]

---

[1] N.维纳著,郝季仁译《控制论》(第二版)第160页,科学出版社1963年版。
[2] N.维纳著,郝季仁译《控制论》(第二版)第160页,科学出版社1963年版。
[3] N.维纳著,郝季仁译《控制论》(第二版)第161页,科学出版社1963年版。

今天的电视、网络、视频、数字相机、手机和短信等是维纳们没有见到的,它们对于社会的稳定或反稳定的巨大作用都是值得认真研究和对待的。

二　关于语言的稳态

1. 语言学中的稳态

我们说语言的两种状态是"稳态和动态",这是一组相对的概念。我们不说"静态和动态",这也是一组相对的概念。但我们所以选择"稳态"而没有选择"静态"这个术语,是因为:一方面我们认为世界上没有绝对静止不变的事物,当然也就没有绝对静止不变的语言;另一方面我们赞同控制论里提出的"两个重要概念,一个是'反馈',一个就是'内稳态'(一译'稳态')"。①

每一种语言,有其相对稳定的部分,也有其相对变动的部分;有其相对稳定的时期,也有其相对变动的时期。我们曾说过:"就语言的共时平面而言,不同的要素(或者说语言的不同子系统)发展变化速度并不相同,例如词汇、语义要素变化相对较快,语音、语法要素变化相对较慢。其实即使变化较快的词汇要素,内部也体现了差异性,基本词汇部分相对稳定,一般词汇则比较活跃,术语和某些新闻词语的更新尤其迅速。就语言的历时阶段而言,不同的区间(或者说语言的不同时期)发展变化速度也不相同。在社会的大变革时期、转型时期,在社会高度开放、强化与其他文明的融合的时期,词汇的扩充和换挡就会十分明显;相反,在社会相对封

---

① 陈原《语言学论著》卷一第536页,辽宁教育出版社1998年版。

闭和保守的时期,语言也相对停滞。就像索绪尔比喻的一样,大树的树干无论是从横切面看还是从纵切面看,生长都是不平衡的,向阳的一面生长快于背阴的一面,风调雨顺之年的生长好于干旱或洪涝之年。总之,历时状态的发展变化的不平衡也是绝对的。"①

本文着重论述语言的相对稳定部分和相对稳定的时期,称为语言的稳态。我在2007年的一篇文章中说:"DCC对于语言的历时应用研究已经从主要监测语言的动态变化部分,推进到监测语言的稳态部分,从某种意义上说,这可能是更重要的一种监测。"②如何界定、如何提取、如何观测、如何研究语言的稳态部分是我们要关注的,但是并不意味着本文不关注动态。

恰恰相反,我们正需要始终关注动态,我们不仅在动态的观察中观察到语言的动态部分,也在动态的观察中同时观测到语言的稳态部分。

2. 稳态是语言的常态,也是语言的健康态

什么是常态?《现代汉语词典》的解释是"正常的状态,跟'变态'相对"。我们说"正常的状态",一般情况下应该就是事物的最基本的、最经常的、最通常的状态,其他的状态都是常态的"变态",或者干脆说是"非常态"。常态就是稳态,稳态也有变化,变化的数值是稳定的、正常的。例如一般情况(比如常压)下水的常态是液态,液态的水温度也有变化,但是只要在0℃到100℃之间,都是常态。常态(常压、常温)下的水,无论江水、河水、湖水、海水、雨水、

---

① 张普《论历时中包含有共时与共时中包含有历时》,载《语言教学与研究》2003年第3期。
② 张普《〈动态语言知识更新研究〉始末记》,发表于2007年"中国辞书学会辞书编纂现代化专业委员会学术研讨会暨第三届年会",本文为张普《动态语言知识更新研究》一书(商务印书馆2009年版)的前言。

露水、泥水、雪水、泪水、口水、汁水、奶水等都是液态,但是常压下超过了100℃,液态的水就要沸腾,迅速变成水蒸气,这就是水的非常态——"气态"。常压下的100℃,就是液态水的沸点,到了沸点,常态的水就不稳定,要"变态"。反之,液态的水在0℃或0℃以下凝结成冰,成为另一种非常态——"固态"。0℃是水的冰点,到了冰点,常态的水也不稳定,也开始"变态"。冰、凌、霜、雪都是水在冰点下的各种"变态"。

语言也有语言的常态,语言的最基本的、最经常的、最通常的状态,也就是语言的稳态,换句话说语言的稳态就是语言的常态。世界上万事万物永远在运动着,语言的绝对静止现象是根本不存在的。虽然语言的发展变化是绝对的,但是语言作为社会集体交际的工具又要保持一定的延续性,否则它将失效,所以任何活着的语言、有生命的语言,其常态准确地说既不是静态的,也不是动态的,而是稳态的。我们在研究动态语言知识更新时,正在用稳态概念来取代动态概念。按照控制论的观点,稳态(有人译做"内稳态")从根本上说是一种动态而不是静态,稳态恰恰首先是生物学或生命科学的观点。

"任何活着的语言、有生命的语言,其常态准确地说既不是静态的,也不是动态的,而是稳态的。"我们这是从语言应用角度对语言的稳态的基本含义的界定,是应用语言学的界定。这也是本届高峰论坛的主题"国家语言资源与应用语言学"提出的基本理论依据。

语言的稳态是语言的常态,也是语言的健康态。只要一种语言的稳态部分在应用中处于绝对优势,或者说在应用中覆盖率达到95%以上,这种语言也就处于健康状态,我们就大可不必为我们的语言的纯洁和健康发展着急上火。正是在这个意义上,我们说对于语言的稳态的考察与监测可能是更重要的一种监测。

当然,语言的健康态不仅取决于语言的稳态部分,也与语言的动态部分相关。语言的稳态,是语言的常态,这样语言作为交际工具才能具有稳定性、传承性、社会性,才能很好地服务人类社会;语言的动态变化,是语言的非常态,进入现代社会,非常态的变化明显加大、提速、增强,及时跟进非常态的变化和作出对非常态的反应,作为交际工具的语言才能更好地为现代社会服务。健康状态的语言也需要与时俱进,动态更新。随着人类科学技术的发展,随着国际化、一体化、多元化的趋势加快,随着"同一个世界,同一个梦想"的推进,语言的稳定、语言的吸收、语言的融合、语言的和谐都变得越来越突出和重要。语言既有常态,也有非常态。在稳态的基础上,语言需要动态更新;在动态更新的基础上,语言形成新的稳态,如此循环往复螺旋上升,就是语言发展的健康状态。

3. 语言的稳态的主要特征

目前,我们归纳的语言的稳态部分的特征主要表现在四个方面:稳态的历时性、稳态的相对性、稳态的有序性和稳态的普适性。

(1) 稳态的历时性

语言的稳态不是不变,只是变化稳定在正常的范围之中,历时性是语言稳态的第一个特点。

因此,观测稳态部分的正常变化,我们也需要历时的动态流通语料库。动态流通语料库是用来观测和研究语言的两种状态而不仅仅是观测动态的,两种状态都是国家语言资源监测与研究中心的监测与研究的内容。

两种状态都在变动,区别在于一种变动是正常的数值,另一种变动是不正常的数值。如何让计算机自动或者辅助人工将大规模真实文本中的语言的稳态和动态部分分开,然后进行观测和研究,这是动态流通语料库测量语言的应用要迈出的第一步,也是极为重要的一步。

语言的稳态与动态的分离技术,实际上为计算语言学提出了一种新任务,需求一种新算法、新模型,我们曾经形象地称这种算法是"鸡尾酒算法",或把这种模型比喻为"鸡尾酒模型"。不言而喻,语言的稳态与动态的分离,也就为计算语言学的计算提出了新难题,展现了新天地。所以我在2005年提出:"我们的统计分析必须进一步向动态跟踪、检测、监测语言(首先并且主要是字词语)的发展变化方向深化,这是近些年来社会语言学、应用语言学、计算语言学乃至理论语言学发展的必然结果。这些都导致我们的统计从一个静态的统计点向由多个不同时点的统计构成的变化曲线(又称为字词语的"走势图")深化。我们需要改变我们过去对于语言变化(特别是词语和语义的变化)的思维定式,把我们对于词语的计量分析从过去的静态突击式、定点式、定量式的统计模式,引向经常性、定时性、监测性的动态统计、观测、分析模式。"①

除了"稳态"与"动态"的自动分离或者辅助分离需要关注稳态的历时性外,我们还提出与稳态的计算有关的"稳定度"概念和计算。一切语言成分和(成分与成分的)关系,都有"稳定度",都可以计算其稳定的程度。"稳定度"的计算与共时相关,即相同时点的不同成分,其稳定程度不一样,这对稳态部分与动态部分的认定与

---

① 张普《当前字、词、语量化研究的五个深化方向》,2005年12月报告于中国台北举办的"第三届两岸四地中文数位化合作论坛(CDF)",并收入会议论文集。见张普《动态语言知识更新研究》,商务印书馆2009年版。

分离十分重要；"稳定度"的计算更与历时相关，即相同成分和关系的不同时点和不同时段，其稳定程度也不一样，这对确认语言成分和关系何时进入稳态非常关键，同时对语言的相对稳态时期和变动时期的确认与科学划分也十分重要。

我们提出通用词语的界定涉及"三通"，即：(学科)领域通用、地域通用和时阈通用。

DCC博士研究室的赵小兵博士首次动态考察了国家语言资源监测与研究中心平面媒体分中心的五年中六种报纸(文本数632 255个，词次总数247 257 749，不同词数8 750 105)的词语中的稳态部分真实使用情况，赵小兵博士改进了通用度的计算公式，提取通用词语，并且将相对时间观在操作上落实，其中历时通用部分的计算，实际上涉及稳定度的计算。在计算通用词语的基础上，她又采用遗传算法研究了提取主流报纸中使用的基本词汇的方法和集合。

我们对于稳定度的求索还有很长的路程要走，赵小兵博士考察的只是最近1—5年的词语的稳定程度，目前我们已经启动对最近30年的词语稳定程度的考察，以了解和诠释词语不同成分在不同时段、不同时长的稳定程度。所以，我在2007年的同一篇文章中谈到语言稳态部分的监测时还说："当然，这些也仍然是对现代汉语字词语的稳态考察的发端而不是终结。"[①]

(2)稳态的相对性

"稳态"是相对"动态"而界定的一种语言状态，动态和稳态是

[①] 张普《〈动态语言知识更新研究〉始末记》，发表于2007年"中国辞书学会辞书编纂现代化专业委员会学术研讨会暨第三届年会"，本文为张普《动态语言知识更新研究》一书(商务印书馆2009年版)的前言。

相对而言的,相对性是语言稳态的又一个重要特点。

我们已经论述了语言的稳态就是语言的常态,而常态与非常态也是相对的概念。语言不同层面和同一层面历时演进的状态都是不平衡的,不平衡就导致了相对性。就汉语而言,语音层面、句法层面,甚至记录汉语的汉字层面都是相对稳定的,变化较慢,而词语层面、语义层面、语用层面的变化相对来说就比较快。这就是相对性,是相对而言的。

就是变化最快的词语层面,还是可以进一步相对来分析。词语层面还有词语的稳态部分和动态部分,相对性本来就是在空间和时间上可以一分为二地无穷相对,奠定了现代物理学基础的爱因斯坦的相对论就是研究时间和空间相对关系的物理学说。

我们认为词语的稳态部分涉及传统所说的通用词语、常用词语、一般词汇甚至基本词汇的研究。稳态词语当然应该是通用的、常用的、一般的、基本的词语,但是把稳态(常态)词语和动态(非常态)词语分离开的最重要的属性是要计算词语的"稳定度",以使稳定度高的词语和稳定度低的词语相对分离开。不同的词语稳定度不一样,相同的词语不同时点不同时段的稳定度也不一样。所以就需要研究词汇的分离技术,需要研究不同时点和不同时段的词汇相对分离的"鸡尾酒模型"。

当然,稳态词语虽然有通用、常用、一般、基本的性质,但并不完全等同于传统的通用、常用、一般、基本词语。那些词语也都有自己的相对概念,和通用词语相对的是专用词语,和常用词语相对的是罕用词语,基本词汇和一般词汇是相对的概念,但是传统认为通用词汇和专用词汇都属于一般词汇。词语的不同的相对概念着眼于词语的不同属性的计算:稳态与非稳态的词语分离主要计算词语的"稳定度"(当然是在计算了常用、通用的基础上),通用和非通用(专用)词语的分离主要计算词语的"通用度",常用与非常用(罕用)词语的分离目前主要关注"频度、使用度、实用度"的计算。而一般词汇和基本词汇的分离是在上述所有计算的基础上再进一步关注基本词汇的构词能力,或者说是计算基本词汇的词语生成能力。

2000年我国公布了《中华人民共和国国家通用语言文字法》,但是实际上那时候我们还不具备测量通用词语或者说一定时段的稳态词语的可能性,现在计算机的时空能力和我们在理论上及实践上的推进,已经使我们可以进一步科学地、动态地、分期分步地进行对国家语言资源的监测,在测量、研究的基础上,定期公布通用语言文字的字、词、语的稳态部分和动态部分的使用情况。

从相对论和一分为二的角度看,任何相对的两个部分都具有相对性,从统一论和合二为一的角度看,任何具有相对性的两部分都具有互补性。这一点受篇幅和中心议题所限,不再展开。

(3)稳态的有序性

一切相对稳态的部分,都是相对有序的。一切有序的部分,在常态下的序都是可变的。有序性是语言稳态部分的第三个特性。个别字、词、语的稳定度无论如何改变,无论其震荡是窄幅还是宽幅,无论其变化趋势是震荡上行还是下行,都会在正常的稳态的箱体之中,仍然是在有序性的特性之中,否则就会成为非稳态的部分、无序化的部分。

陈原认为:"有序是一种稳定的状态,它保证社会交际的正常进行。"①他还说:"约定俗成是语言文字最惯用的'规律',语言文字在使用过程中发生变异,自动调节和人工调节,达到一种有序的稳态。"②当然,语言运用中的变异或创新一开始总是"非规范的用法",这些变异或创新一旦传播开,被公众接受,符合公众语感,就会成为新的约定俗成;公众不接受,没有传播开,就会逐渐被淘汰,个别人或少数人坚持在公合场合使用,要么引起反感,遭到指责,要么成为集团语或近似黑话。所以,一切自然语言的真实文本总是非规范的文本,或者准确地说是含有非规范语言成分(或叫变异)的文本,否则反而是不真实的,是人工语言而并非自然语言的文本。我们在1999年的《语言研究》第三期《关于网络时代语言规划的思考》一文中就曾经说过:"规范——不规范——新的规范、稳定——变异——新的稳定、个人语感——公众语感——新的个人语感,这些本来就是'有生命'的语言的自然生存法则,或者叫生存公式。"

戴昭铭先生也曾说:"如果说规范化着眼的是语言运用标准的动态性平衡的话,那么'语言控制'则更侧重于维持语言运用标准的相对稳定。"③所以,尽管约定俗成地存在着"客观规范",国家仍然把制定并颁布推行相应的语言文字规范作为重要的工作,并且通过规范字词典、学校教育以及传播媒体和出版机构来推行这些规范,以使语言能够纯洁健康地发展。《国家通用语言文字法》第一章第一条就规定:"为推动国家通用语言文字的规范化、标准化及其健康发展,使国家通用语言文字在社会生活中更好地发挥作

---

① 陈原《语言学论著·卷一》第605页,辽宁教育出版社1998年版。
② 陈原《语言学论著·卷三》第344页,辽宁教育出版社1998年版。
③ 戴昭铭《规范语言学探索》第37—38页,上海三联书店1998年版。

用,促进各民族、各地区经济文化交流,根据宪法,制定本法。"所以,根据宪法和通用语言文字法的规定,我们必须高度重视对语言文字稳态部分的监测。

对于不符合规范的语言现象,学校的教师、媒体和出版机构的编辑和校对都有权改正。在信息时代,特别是进入网络时代,这种规范就更加重要,维护网络上语言文字的有序也就是维护网络上的语言的稳态,也就是维护通用语言文字的健康态。

我们也曾经指出:"过去的统计是一个统一的词汇(准确地说是"词语")频度表,但是在这个数万数量的词语频度表中,实际上一些词是长期稳定不变并且构词能力很强的基本词汇,一些词语是处于不断变化之中的一般词汇;一些词语是各个领域通用的词汇,一些词语是两个以上领域的兼用词汇,一些词语是不同领域的专用词汇;还有一些词语是正在从专用领域进入通用领域的变化中的词汇,一些词语是突然在通用领域或专用领域广为传播的流行词汇,一些词语是由于长期流行而已经被公众认可的新词语;等等。而我们过去的频度统计是没有进一步区分不同词汇类型的粗放式、鲁棒式的统计,现在需要进一步向更加精细的词汇统计深化。"[①]

因此,出现在国家大众传媒上的用字、用词、用语并不都是稳态的,即使出现在综合类的大众传媒上的用字、用词、用语也不都是通用的、稳态的。今天,我们不仅需要"向更加精细的词汇统计深化",还需要在对国家语言资源的科学、动态监测基础上,追踪每一个词语的生命轨迹,特别是那些已经进入稳态部分的字、词、语

[①] 张普《当前字、词、语量化研究的五个深化方向》,2005年12月报告于中国台北举办的"第三届两岸四地中文数位化合作论坛(CDF)",并收入会议论文集。见张普《动态语言知识更新研究》,商务印书馆2009年版。

的生命轨迹,进而描写和刻画每一个词语的生命曲线和生命周期。目前,完成这件事不仅有必要,通过努力也已经有可能。

对于国家语言资源各个时点、时段、时期的字、词、语的稳态部分的监测、描写、刻画、发布,有利于引导通用语言文字的有序使用和健康发展,是国家语言资源监测与研究中心的重要监测任务。

(4)稳态的普适性

我们前面已经谈到稳态是相对动态而言的,谈到稳态的相对性。也谈到"相对性本来就是在空间和时间上可以一分为二地无穷相对"的特点,这就涉及稳态的第四个特点——普适性。例如,在现代汉语的词语中,相对专用领域的词语(比如"术语")来说,通用领域的词语就是相对稳态的部分,但是对非稳态的专用词语来说,虽然相对稳态的通用部分而言是非稳态的,但是在每一个领域的术语集合中,又有稳态和非稳态两个相对的部分。相对于本领域的各个子领域或者子子领域的术语而言,总有一些本领域的术语是更一般的、更概括的、更常用的、更共用的、更成熟的,这些就是本领域的术语中的稳态部分。各个学科领域制定的术语的国家标准(GB)和国际标准(ISO),最前面的第一部分,就叫"基本术语"子集,实际上就是术语的稳态部分。

所以,相对稳态部分而言的动态部分,再作为一个新的整体,再次一分为二,就会出现新的意义上的稳态和动态。从上面的分析来看,原来的稳态指的是通用语言的稳态词语(稳定度高的通用词语),而新的稳态是指某个领域术语中的稳态术语。同理,某个方言地区会有方言地区的稳态部分和动态部分,甚至某个作者也会有他所使用的词语的稳态部分与动态部分。

稳态是控制论的重要核心概念和理论,本来就已经在生命科学、自然科学、社会科学领域普适,何况在语言学的内部普适呢?现实生活中稳态和动态的区分、稳态的普适性还有很多的例子:我们的教材要有相对稳态的部分来反映传统文化和知识的沉淀与厚重,同时也要有跟上时代脚步和知识动态更新的部分,以防老化和僵死;我们的政策也要有相对稳态的部分,不能朝令夕改,以反映政策的持续性和法制性,同时又要针对国际国内的形势变化,及时通权达变,适时出台新政,凡此种种,不一而足。

我们正在启动对于汉语海外推广教材资源的稳态部分与动态部分的分析,也是在普适性的原则指导下进行的,那也不是本文要谈的中心内容了。

三 DCC关于语言的稳态研究

DCC博士研究室对词语的稳态部分的研究可以说是由史艳岚博士开始的。她在2006年毕业,她研究的是与"报刊阅读"和"热门话题"两门课程有关的"主题词语"的自动提取问题,但是涉及如何从词表中删除"通用词语"和"共用词语"。通用和共用已经和稳态有关,但是她关注的焦点毕竟还不是稳态,而是主题和热门,基本上属于非常态。真正专门研究词语的稳态也就是常态部分的是2007年毕业的赵小兵博士和韩秀娟博士。韩秀娟博士则在赵小兵和史艳岚博士研究的基础上,进一步考察通用词语、基本词语的用字及其字、词、语的关系,甚至考察到基本部件和字、词、语的关系,以期更好地服务于语言教学,这更是在历时环境下对语言从汉字部件到字、词、语的稳态部分的考察。当然,这些也仍然是对现代汉语字、词、语的稳态考察的发端而不是终结。同样,在赵小兵博士的带动与支持下,2007年毕业的戴姗硕士,采用"位差法"考察分离了商务领域的术语的稳态部分。好在她们多数都有论文报告,我就不再赘述,敬请大家批评指正。

结语

本文的核心观点是:一种语言所以可以作为一个民族的最重要的交际工具,不仅在于其以不断的发展变化来反映人类社会的发展变化,还在于它的基本部分的稳定性,否则就将消亡。对于国家语言资源各个时点、时段、时期的字、词、语的稳态部分的考察、追踪、分析、发布,甚至进一步描述它们的生命轨迹,进而描写和刻画每一个词语的生命曲线和生命周期,有利于引导通用语言文字的有序使用和健康发展,是国家语言资源监测与研究中心的重要监测任务。

如本文的介绍,我们认识到这一点,有其经历的历史过程,并且随着国家语言资源监测的实践推进,还在不断深化。让我们重温毛泽东的一段话作为结尾:"人类的历史,就是不断从必然王国向自由王国发展的历史,这个过程永远不会完结。人类总得不断地总结经验,有所发现、有所发明、有所创造、有所前进,停止的论点、悲观的论点、无所作为和骄傲自满的论点,都是错误的。"

参考文献

① [瑞士]费尔迪南·德·索绪尔、沙·巴利、阿·薛施蔼编,高名凯译,岑麒祥、叶蜚声校注《普通语言学教程》,商务印书馆1980年版。

② N.维纳著,郝季仁译《控制论》(第二版),科学出版社 1963 年版。

③ 陈原《语言学论著》,辽宁教育出版社 1998 年版。

④ 陈原《语言学论著卷三·语言与控制论札记》,辽宁教育出版社 1998 年版。

⑤ 徐通锵《语言论》,东北师范大学出版社 1997 年版。

⑥ 戴昭铭《规范语言学探索》,上海三联书店 1998 年版。

⑦ 孙鸿烈等《资源科学》,载《中国资源百科全书》,石油大学出版社、中国大百科全书出版社 2000 年版。

⑧ 张普《论国家语言资源》,载《民族语言文字信息技术研究》,西苑出版社 2007 年版。同时收入《汉语语言学探索》,浙江大学出版社 2007 年版。

⑨ 张普《关于大规模真实文本语料库的几点理论思考》,载《语言文字应用》1999 年第 1 期。

⑩ 张普《〈动态语言知识更新研究〉始末记》,发表于 2007 年"中国辞书学会辞书编纂现代化专业委员会学术研讨会暨第三届年会",本文为张普《动态语言知识更新研究》一书(商务印书馆 2009 年版)的前言。

⑪ 常宝儒《现代汉语频率词典的研制》,载陈原主编《现代汉语定量分析》,上海教育出版社 1989 年版。

⑫ 尹斌庸、方世增《词频统计的新概念和新方法》,载《语言文字应用》1994 年第 2 期。

⑬ 张普、石定果《论历时中包含有共时与共时中包含有历时》,载《语言教学与研究》2003 年第 3 期。

⑭ 张普《关于控制论与动态语言知识更新的思考》,载《语言文字应用》2001 年第 4 期—2002 年第 5 期。

⑮ 张普《关于语感与流通度的思考》,载《语言教学与研究》1999 年第 2 期。

⑯ 张普《规范化——98 汉字编码键盘输入方法新动向》,载《中国计算机报》1998 年 5 月 4 日。

⑰ 张普《当前字、词、语量化研究的五个深化方向》,2005 年 12 月报告于中国台北举办的"第三届两岸四地中文数位化合作论坛(CDF)",并收入会议论文集。见张普《动态语言知识更新研究》,商务印书馆 2009 年版。

⑱ 张普《现代汉语语料库建设》,载林焘主编《20 世纪中国学术大典·语言》,福建教育出版社 2002 年版。

关注语言文字差错,
营造国民用好母语氛围

华绍和

摘要 本文研究了报刊和电视荧屏语言文字差错情况,认为当前语言文字差错的负面影响,应该引起有关主管部门的关注。提出对媒体语言文字差错情况进行立项研究是必要的和可行的。把研究结果在《中国语言生活状况报告》中一起发布,这有利于提高国民文字规范意识和文化素质,帮助国民学好母语和用好母语。对查找媒体语言文字差错和营造用好母语氛围,本文提到了一些初步的设想与措施。

关键词 语言文字差错、母语

一 概述

8月16日发布的《中国语言生活状况报告(2006年)》在9亿汉字语料的基础上,针对汉字和词语进行了调查,并对若干领域的语言生活状况及语言生活中的若干热点问题进行了研究。报告显示中国语言生活健康,语言文字观念正在发生重大变化,国民的母语意识不断增强,在尊重母语意识的同时,营造"多言多语"生活,等等。

该报告研究语料主要来源于大众媒体,数据可靠,研究思路新颖,技术手段先进,再加权威部门发布,因此,这是一个诚信度和权威性极高的报告。

这几年在语言生活状况调查和研究方面,国家语委和北京语言大学等做了大量工作,取得了巨大成绩,可喜可贺。此次是第二次发布,坚持下去是必要的,但增加些新内容也是可能的。目前,在社会语言生活中,语言文字的差错是惊人的,在语言文字差错方面,我国的权威报纸、电视也经常受到专家和社会有关人士指责,当前语言文字差错的负面影响,应该引起有关主管部门的关注。在每年发布报告时,能否增加部分媒体语言文字运用差错的内容,这不仅增加报告的发布分量,而且能提高国民文字规范意识和文化素质,帮助国民学好母语和用好母语,对社会语言生活具有现实的指导意义。

二 关注语言文字差错

语言文字差错情况屡有发生,报纸、刊物、电视屏幕和图书出版等方面已到了不能容忍的地步。关于这方面的问题,必须引起语言文字工作者的极大关注,也要希冀引起全社会的关注,特别是广大新闻从业人员的高度重视。对这些侵害母语的不良现象放任是极不负责任的,也是对中国几千年文明的不尊重,是贻误子孙的大事。

为了说明语言文字差错存在的实际情况,请看下面的事实:2006年5月由中国逻辑学会等单位联合举办了全国报刊逻辑语言应用病例有奖征集活动,动员全国各行各业的群众给"全国报刊挑错",同年年初上海"咬文嚼字"编辑部主办了请给"荧屏亮分"活动,动员电视观众查找电视语言文字应用差错。两项活动结束时,观众和读者挑出语言文字运用差错共34 883个,其中报刊语言文字差错14 883个,荧屏语言文字差错2万多个。在语言文字运用上,电视是最差的,差错率最高,其次是报纸。查看有关报道,结合自己的分析与体会,电视荧屏和报刊的语言文字差错主要表现在以下方面:

2.1 母语文字运用方面的差错

在电视荧屏和报刊上错别字比例很高,其中含人名、地名和其他专名的用字差错。如:"拨"和"拔"、"像"和"象"、"账"和"帐"、"岐"和"歧"、"侯"和"候"、"神舟"和"神州"、"启事"和"启示"、"情结"和"情节"、"权力"和"权利"等等。

2.2 母语词语运用方面的差错

其中含成语、短语的运用差错。如:"安详"错成"安祥"、"安装"错成"按装"、"抱怨"错成"报怨"、"按部就班"错成"按步就班"、"部署"错成"步署"、"布置"错成"部置"、"川流不息"错成"穿流不息"、"望洋兴叹"错成"望洋心叹"、"菏泽"错成"荷泽"、"哈密"错成"哈蜜"、"几率"错成"机率"、"鬼斧神工"错成"鬼斧神功"、"将在外,君命有所不受"错成"将在外,军令有所不授"、"竟然"错成"竞然"、"墨守成规"错成"墨守陈规/默守成规"、"身家性命"错成"生家性命"、"朝廷"错成"朝庭"、"不胫而走"错成"不径而走"等等。

2.3 母语文史运用方面的差错

如将"英法联军抢掠并烧毁圆明园",错成"八国联军火烧圆明园",把"豆蔻年华"解释成"十三、十四岁少男少女",孟子的"食色,性也",常被人引为孔子的名言等。

2.4 引用意义完全错误

如"差强人意、明日黄花、七月流火"等,特别是"差强人意"一词在体育主持人引用中最为常用,并且都用错了本意。

2.5 病语病句

如"约100多元、近100多人","约"和"近"一般和整数并用,不和"多"一类表示约数意思的词并用。另在某省报的一篇文章里,有这样一句话:"透过人群的缝隙,看到那嘹亮的声音竟然是一个中年妇女发出的。"声音是无形的,怎么能看到!

2.6 标点符号运用错

主要在冒号、顿号、分号运用上的差错。如在一家刊物上有这样一句:"2006年我们十五、六家出版社","十五六家"是个约数,中间不应加顿号。还有冒号后面的并列句该用分号,有的报刊用了逗号等。

媒体在新闻报道时,对稿件采、编、发程序是非常严格的,经过采、编、校和终审多道关口,结果还出现了那些不应该发生的差错,其他方面更可想而知了。究其原因,主要是:文字规范意识差;思想上不重视;从业人员专业素质高而文化素质则较差;没有专职人员和管理制度。以上诸多现象的原因是跟大环境有关的,我们不去评说。但以上现象更能进一步说明,利用计算机先进技术和其他先进手段,有组织地查找部分媒体语言文字运用错误的必要性。

三 营造国民用好母语氛围

目前出现的这些差错虽然已很严重,但现在就重视起来,着力抓好是刻不容缓的事情。我个人认为,在社会上重视规范母语应用,首先要在公开出版物上下大力气解决,杜绝差错。再就是加大宣传力度,引起社会各界的关注和重视。

主要措施为:

1.运用多种技术手段查找语言文字应用方面的差错,有的放矢进行纠正。

查找部分媒体语言文字运用差错,前面谈了好多的必要性,它的可行性怎样呢?目前,如果把社会上有关技术进行集成,可以查出部分语言文字运用差错。若把发布语言文字运用差错情况先限定在汉字和词语上,经过努力,在技术上是可能的。要查出前述中语言文字运用差错的六个方面的问题,技术难度是很大的。但相信只要立项进行研究,目标是可以逐步实现的。

由于计算机技术目前主要查找文本上错误,因此,需要把电视语言、荧屏文字和报纸版式转换成文本形式,最终是对文本语言文字进行查错。那么对文本语言文字查错,除已有的基础技术,还需要哪些专用技术呢?这些专用技术大致有:

(1)被查找对象的全部文本形式的语料和语料库;

(2)具有一定规模的权威性很强的人名、地名、机构名和成语库;

(3)具有比较完整的古今名言、名句库;

(4)适用于查找标点符号差错的软件;

(5)适用于分析病语的应用软件;

(6)综合查错系统软件等。

以上技术在社会上有的已初步得到应用,有的在进一步完善,有的正在开发,有的因无需求,还没有提到日程上。从系统性来说,这块还是个空白,我们应向有关主管部门提出立项的建议。

2.结集再版已形成规范的各种语言文字方面的标准,进一步完善规范标准体系,在社会上形成应用规范标准的良好的氛围。

3.从教育上打好基础,现在我们的教育体制上对母语教育尚有欠缺,大多数人所受的母语教育仍停留在高中受教育程度。大学理工科教育缺少语言、文字、文学修养的锤炼,母语应用水平总体不高。这是必须引起广泛注意的事情。推广应用好母语从教育入手是根基。

参考文献

① 吴锦才《新闻发稿易错字词》,《新闻业务》2007年第7期。

② 赵兰英、孙丽萍《语言文字差错,电视上出现得最多》,新华社上海2007年1月16日专电。

③ 周玮《给报刊找语病,千余读者挑出1.4万余个》,新华社北京2007年2月4日专电。

教材语言的性质、特点及研究意义

苏新春　杜晶晶　关俊红　郑淑花

厦门大学国家语言资源监测与研究中心教育教材语言分中心

提要　本文将教材语言作为一个独立的研究领域提出，从概念、性质、特点以及研究意义几个方面来探讨其研究的可能性。对教材语言可能出现的领域，以及文献的梳理，对教材语言作了学科属性的定位。从以往的研究来看，教材语言不是一个新出现的问题，它本身拥有的容纳性和边缘性特征，使它具备了出现早、关注少的研究特点。随着语言教学和教育目标的不断变化发展，教材语言越来越成为一个不容忽视的重要问题。对它的研究将牵涉到许多不同的领域。

关键词　教材语言、语言教学、对象语言、叙述语言

"语言资源监测与研究中心·教育教材语言分中心"由教育部语言文字信息管理司与厦门大学共建。2005年6月建立，设在厦门大学。该中心的建立显示教育教材语言已经作为一个专门的语言现象成为独立的研究对象，它作为语言资源的一个重要构成开始受到国家和学术界的高度关注。

在人的成长和学习过程中，学校教育是一个非常重要的阶段。在这个阶段，教材成为教学内容与学习内容的一个极为重要的载体。教材的编写无论如何离不开对语言文字的应用。研究教材语言也就是研究如何通过语言文字来将知识传授给学生。要把教材语言作为一个专门的研究对象，首先遇到的问题就是：什么是教材语言？教材语言具体包括哪些内容？它有着怎样的性质与特点？

学术界对教材语言作过哪些探索？它的研究深度与广度如何？这一研究有着怎样的理论意义与实践意义？这些是要进行教育教材语言领域的研究必须首先要解决的理论问题。

一 教育教材语言的概念界定

1.1 教材语言

教育教材语言指的是通过学校教育来实现教学目的，以教材为载体的语言。根据语言在教材中的地位、性质及所承担的任务，教材语言可分为对象语言和叙述语言两部分。这里讲的语言包括语言与文字两部分。

教材的定义应该有广、狭义之分。狭义指通常意义上的教育体制中规定课程的文本教材。广义则包括教辅资料、多媒体教辅资料、课外读物等各种不同介质、载体的辅助性资料。这里取的是狭义定义，方便我们从最基础和最迫切的工作做起。

1.2 对象语言

对象语言就是以语言为对象的教学内容。对语言类课程中，如母语的语文教材和第二语言教学的教材，语言成为直接的教学对象，理解语言、掌握语言，成为这些课程的直接目的。而对各科的学科教材来说，教学内容的有关知识，包括专有术语、公式、专业表达（如数学步骤、化学等式、物理推演过程等），都是各专业课程承担的任务。在各专业课程中对象语言的研究则只涉及知识的表达形式。在目前我们开展的研究中，对象语言研究主要指语言教材的教学内容。

1.3 叙述语言

叙述语言就是说明、阐释,让学生理解对象语言的语言。叙述语言包括各种不同的语言教材与学科教材内叙述知识的部分。叙述语言是教育教材语言研究的另一个关注重点。如果说语文类教材关注重点在对象语言上,那么对学科教材来说,叙述语言更是一个值得开拓的研究领域。

1.4 对象语言和叙述语言的关系

教育教材是一个社会知识体系的微缩体,它担负着帮助下一代掌握基础知识体系的重要任务。教材的内容是庞杂的,形式是多样的,而且教材内容和教材形式常混杂在一起。将教材语言分为对象语言和叙述语言,就是希望将教材混杂在一起的内容和形式剥离开来。以往的许多研究没有注意二者的区别,使得许多属于教学内容的问题与教学内容的形式载体的问题杂糅在一起。教材语言的研究就是首先要分清楚教材语言中哪些是知识的对象,哪些是知识的表现形式和载体。

数学类教材,数学知识点和如何描写叙述这些知识点,就成为数学教材语言的对象语言和叙述语言。而语文类教材,特别是语言类教材则比较复杂。语言本身既是传授的内容又是传授的手段,所以在一定程度上语言类教材的对象语言和叙述语言存在定向转化的特殊关系。也可以说,教材语言中的叙述语言在以往研究中关注不多,人们常会把它与教学语言相混淆。

教学语言涵盖的范围更广,包括了教师用语、课堂用语、学生用语以及特定的校园用语等,它的内涵和外延都更为丰富广阔。

二 教材语言的特点

教材语言作为一个专门的研究对象,必定有其自身性质与特点。在学科教材中,教材语言承载着该学科知识的表述,因此,所承载的对象与承载的形式,都会影响到教材语言的性质与特点。如小学数学教材语言,在内容上是反映了数学概念、数学演算等内容,而在形式上又要适应孩子的认知规律和接受能力,要求叙述语言的明白、浅显、易懂。而在语文教材中,教材语言会在对象语言与叙述语言上表现出更加复杂的关系。下面所谈的教材语言特点,是抽离了教材内容的特点,关注的是整个教材语言的共性。

2.1 基础性与功能性

基础性指的是教材语言在人的整个知识学习和语言学习中所处的基础性地位。它不仅包括对象语言的基础性,更强调叙述语言的基础性。从以往未得到充分关注的研究来看,后者更值得我们重视,不管是语言教材还是学科教材,最根本的就是得让学习者能读懂,如果连这点都做不到就不能说是一部好教材。功能性是指教材语言有着强烈的目的性,即教授知识,使学生通过教材能达到教学目的,它的功能性和基础性是相辅相成的,只有建立在基础性的基座上才能将教材语言的功能性发挥到极致。如果以艰涩深奥、适用面狭窄的语言来叙述教学内容的话,那么最终的教学目的很难实现。

2.2 有限性和有序性

有限性本来就是语言系统本身的一个基本特性,而教材语言的有限性则是从基础性延伸而来的。教材语言不能无限膨胀,总是在一个有限的语言范围内尽量多地展示教学内容。教材语言区别于其他的语言形式的显著特点就是其有限性，在数量上有一定的限制。这是有针对性地服务于学习者，保证教学效果所必需的。如果说语言系统本身的有限性是适用于人类，那么教材语言的有限性则服务于专门的学习者，有着更为严格的要求。

有序性是指教材语言的次序，这是教育特性所决定了的。教材语言总是要遵循人的认知规律，不应该也不允许违反人类的认知先后次序。这对教材语言的两个分类都是如此。对象语言和叙述语言都要体现这种有序的递进性。以往研究多聚焦在对象语言的有序性上，其实，有序性不仅体现在对象语言上，对叙述语言同样有着严格的要求。特别是在语言教材中，对象语言和叙述语言总是处在一种相互转化的位置，现在的叙述语言也就是间接的对象语言，现在的对象语言又是将来的叙述语言，处理好这个问题也就显得特别重要。

有序性也是语言的另一个重要特征，但语言又不是简单地直线发展的，同时作为一个认知体，人类的认知也不是简单的线性发展，学到东西不是一次就可以成型，前者与后者有着严格的位置关系。人的记忆特性、学习特性，总会有一个由浅及深，由粗及细，由初识到深刻，由记忆到遗忘，由遗忘再到记忆的周期性。所以教材的有序性还应该有着复现性。语言知识是最为典型的，前后联系，环环相扣，前面的内容总会在后面的课程中有所体现。复现性在所有的教材中都会表现出来，教材使用的最终目标就是让学生掌握教材的内容，复现性将起到非常重要的作用。知识的复现是通过语言来体现的。如何确定复现时机？如何确定复现频率？怎样的复现规律是合理的？这都可以通过教材语言的统计来得到解答。

有序性还会在教材的体系性上体现出来。在各种有着不同教学目的、不同教学理念的教材中,单独拿出一篇、一个单元或一册,可能无法看出其体系性。而俯观一整套教材,或一系列教材,就可以看清教材,看到教材语言是在遵循着自己的内在体系性运行的。

2.3 通用性与专业性

通用性与专业性是就教材语言所分布的学科领域来说的,每一种教材内的教材语言都存在通用性与专业性的统一和分化的问题。一种教材其实就是一个学科领域的说明,任何一个学科领域,都会体现出通用的一面与专业的一面。这种通用性与专业性也会在对象语言和叙述语言中体现出来。在以语言为对象语言的教材内,语言的传授以语言的使用为唯一目的,还以语言所承载的文化内容为最终目的,这在第二语言教学的教材与母语语文教材中,其差异性是体现得相当突出的。

在通用性和专业性范围,还有一点要强调的就是规范性。教材是指导学生学习的最主要的依据,必须体现规范的要求。不仅是知识的规范性,更是语言的规范性,特别是基础教育的教材。学科教材使用的术语、公式、专业表达要规范,叙述语言也要规范。语文教材的规范有着更加明确的定义,即教授的内容应是全民族共同语,应该培养学生的社会基本而正确的交际能力和手段。

上述几个特点,并不是独立分割的,而是互相联系、互相影响的,教材语言的基础性与功能性成为衡量教材语言通用性和专业性的平台,而有限性与有序性则解决在这个平台上如何行进的问题。这三个特点共同构成教材语言的三维结构,而这个结构也不是静态不变的,依据不同的教学目标这三者之间的组合富有弹性,体现不同的体系特征。而规范性、复现性以及体系性出现在整个教材语言的运行当中,它们控制着教材语言的边际和组织特征。

三 教材的分类及其对教材语言的影响

对教材语言的研究来说,教材可分出这样的类别:

3.1 语文教材与学科教材

语文教材是指以提高语文能力为主的语言文字类教材,如中小学语文课教材、对外汉语教材。学科教材是指学习百科知识的教材,如数学、物理、化学、历史、地理等学科的教材。在这两类教材中,语言处于不同的地位,发挥着不同的作用。

语文教材中,语言成为教学的主要对象。教材语言是以一种独立的、自在状态来出现的,每一篇课文所表现出来的都是自然语言的存在状态。它经过两个阶段的人工干预,一个是进入教材的阶段,主要是通过课文的选取、加工、编排、组合来进行的,即"编教材"的阶段。另一个是进入教材之后的阶段,是通过课文的提示、注释、练习思考来进行的,即"使用教材"的阶段。如果说前一阶段是粗干预、弱干预,是教学范围与类型的体现,而后一阶段则是细干预、强干预,是教学重点与教学要求的体现。

学科教材中,语言只是教学对象的载体。教材语言是以一种依附性的表述方式来出现的。每一篇课文介绍的都是该学科的知识内容,教材语言研究的只是它的叙述语言。叙述语言在学科教材中的作用是显而易见的。如在小学的数学教学中经常会碰到这样的情况,某学生的运算能力很强,但对应用题却没有相应的能力,这时学生往往会向老师提出希望给予提示或说解题目,其实,这多半就是语言能力不足的表现,不能准确地通过叙述语言来认识应用题中包含的数值关系。因此,在学科教材中,运用什么样的叙述语言,是会直接影响到教学效果的。在目前的学科教材中,叙述语言是否符合相应教育阶段的要求,叙述语言的存在状况如何,这都是值得给予专门关注的。

3.2 母语教材与对外汉语教材

母语教材指的是以本族学生为对象的语文教材,对外汉语教材是指对其他民族或虽是汉族人,或母语已经不是汉语,或长期生活在其他语言环境,缺乏良好的汉语学习环境的成员。汉语的母语教材与对外汉语教材存在着极大的差异。

最突出的一点是年龄上的差异。母语教材多是儿童、少年,仍处于知识和心理的启蒙阶段。而对外汉语多是成人,已经基本获得了较为完整的知识体系和社会阅历。因此,它也就必然会表现为:前者的语言学习与心智培养有着同步的关系,语言更多地突出了它的认识功能、思维功能,与人的素质培养紧密联系在一起;后者已经具有了良好的心智环境,语言学习更多地体现出语言的工具性与交际性。前者虽然也是属于"语言学习",但与"语言习得"联系非常密切,并努力利用"语言习得"的环境、条件及效果;后者更多地表现出"语言学习"的要求,规定性、外在性的东西表现充分。面向前者的教材在语言之外还承载着更多的美学与社会学的意义,面向后者的教材在语言之外的功能则弱得多。

3.3 基础教育阶段的教材与高中、大学阶段的教材

同是教材,但在不同教育阶段的教材中,语言所处的地位与所起的作用也是不一样的。大体上会表现出这样一种趋势,愈是处于教育的低级阶段,语言的作用愈是重要,"教什么,不教什么",

"先教什么,后教什么"的问题愈突出。这也就是我们在进行教材语言研究时为什么首先选定基础教育教材的原因。研究基础教育阶段的语文教材与学科教材,加上对外汉语教材,成为教材语言研究的首要任务。

四 研究意义与目的

4.1 研究意义

作为一个民族,一个国家的重要资源,不再仅仅表现为物理意义上的物质资源,也包括其他不同载体的资源。语言就是一种承载着民族知识体系,承载着民族文化精神,代代相传、生生不息的一种非物质资源。整个民族教育的基础之重,就是始于语言教育的;所有的学科教育,也都是借助于语言来实现的。教材语言作为一个传承物、承载体、教学对象物,它的不同形式、不同结构、不同内容都将影响着学习者和学习效果。教材语言的现状需要了解,科学的教材语言需要建构,成为学校教育、课堂教育、教材学习的一个重要依据。教材语言研究承担着提高学校教育的科学性的重要任务。"学什么、不学什么","先学什么、后学什么",对提高延及整个社会的学习者的学习效果来说,对提高整个民族的文化教育质量来说,都有相当重要的意义。

4.2 研究目的

教材语言的研究,虽有"研究"之名,但这种研究并不仅限于纯理性的认知。它将立足于大量的客观描写、统计、分析中来提出与解剖语言教学问题。语言教学的规划问题,语言教材的有序性和知识性问题,教材语言在整合叙述知识过程中的次序问题等等,都是实际而迫切需要解决的问题。

对教材语言进行专业化研究,将为教育体制、教材编写、教学内容以及教学手段等各个方面的改进提供科学的依据。对教学语言进行客观、科学的监测和分析,将为以后的教材编写提供一个坚实的基础和模板,这些研究的结果可以反馈到教学层面,从而形成一个良性循环,促进教育质量的提高。

4.3 整合与再造

从对教材语言的内涵与外延的阐述,从研究文献的检索情况来看,教材语言基本没有作为一个独立的研究领域和研究对象存在过,但人们的确又从教材编纂、教学内容、教学方法、教学理论、教学目的等许多方面对它有所涉及。这是我们在建设"教材语言研究文献库"过程中留下的深刻印象。通过大量文献的阅读,发现"在教材编写和教学法的两个具体研究领域,对教材语言的涉及较多,但它总是以一种依附、被动的形式来对待,而不是作为研究主体独立地出现"。要做好教材语言领域的研究,必须充分利用已有的文献、语料以及相关理论,加强与各师范大学、教育科学研究院所、各教育出版社及其他教材编写、发行和使用单位的联系,借鉴相关理论,运用新的方法,从新的视角开展教材语言研究。当务之急就是建立容纳当前及历史上主要教材的教材语言语料库。有了这样的语料库,有了服务于不同研究目标的精加工,就为教材语言研究打下了扎实的基础。

参考文献

① 叶圣陶《叶圣陶语文教育论集》,教育科学出版社1980年版。

② 田小琳《语言和语言教学》,山东教育出版社1984年版。
③ 曾天山《教材论》,江西教育出版社1997年版。
④ 卜兆凤《构建具有时代特色的新语文教材——语文出版社S版课标教材编写思路及主要特点》,《语文教学通讯》2005年第28期。
⑤ 陈帆《语文教学语言与心理学》,《江苏教育学院学报》社会科学版1999年第1期。
⑥ 陈剑峰《语言训练与能力培养》,《江西教育学院学报》1996年第4期。
⑦ 陈启德《也谈语言教材的"三性"问题》,《湖州师范学院学报》1985年第3期。
⑧ 耿天钰《试论发展语言和发展思维能力的统一性》,《辽宁教育》1995年第10期。
⑨ 洪镇涛《构建"学习语言"语文教学新体系》,《课程 教材 教法》1998年第3期。
⑩ 万学贵《浅析语文的综合性与语文综合性学习》,《现代语文》(理论研究版)2005年第3期。
⑪ 王本华《现代语文教育百年历史回眸》,《课程 教材 教法》2004年第10期。
⑫ 王贵寅《我国中学语文教科书的演变及其发展趋势》,《吉林师范大学学报》(人文社会科学版)1987年第1期。
⑬ 魏薇《小学语文教材的发展与演变》,《山东教育》1999年第25期。
⑭ 徐四英《再探语文教育研究的科学化》,《黑龙江高教研究》2000年第2期。
⑮ 张鸿苓《二十年来的语文教材建设与理论研究》,《语文教学与研究》2000年第13期。

语言监测需要多功能、易维护的自动分词标注系统

侯敏 胡凤国 滕永林 刘伟

中国传媒大学 国家语言资源监测与研究中心

有声媒体语言分中心

摘要 自动分词标注系统是语言监测的基本工具之一。语言监测的任务和目标要求该系统必须具有多功能性和易维护性。多功能性表现在切分单位可小可大,词性标记可少可多;易维护性表现在系统能够根据语言的发展变化随时更新。本文在阐释语言监测任务目标的基础上,讨论了为适应语言监测需要的相关的分词标注规范以及相应的分词标注系统的设计安排。

关键词 自动分词、词性标注、语言监测、多功能性、易维护性

引言

语言信息处理发展到今天,汉语自动分词标注尽管还有种种不尽如人意之处,但总的来说,在技术上基本能达到可以进行下一步研究和处理的要求。自动分词标注,是进行汉语信息处理的基础,只要做汉语信息处理,依据语料库做深一点层次的语言研究,就绕不开它。然而,分词标注不是目的,只是手段,它是为具体的研究目标服务的,研究目标不同,分词标注系统在切分单位大小、词性标记多少上就有所不同;在系统的可维护性上要求也不相同。

比如说，为机器翻译、信息搜索、数据挖掘、自动句法分析等语言信息处理项目所做的自动分词标注系统，在切分单位上宜大不宜小，在词性标记上宜多不宜少，块儿大一些，标记详细一些，便于计算机进行句法分析或信息提取；而为词频统计、词语计量研究所做的自动分词标注系统，在切分单位上是宜小不宜大，在词类标记上是宜少不宜多，单位小了，标记简明了，一些常用词语就不会湮没在大切分单位中，简明的类别标记便于人脑的识别和记忆。当然，这个"大"和"小"、"多"和"少"都是有一定限度的。面向一般应用的系统虽然也要求具有可维护性，以便不断改进完善，但这只是系统评价的充分条件，而为语言监测服务的分词标注系统，因为要不断跟踪、显示语言的发展变化，所以必须把可扩展性、易维护性作为系统评价的必要条件、首要标准之一。

一　语言监测的任务目标

语言监测，指的是借助现代化信息处理手段，对社会语言状况进行动态定量分析和统计，对语言生活中出现的新变化、新现象及时提取、分析与研究，定期向社会发布，为国家语言文字方针、政策制定提供参考，为社会正确使用祖国语言文字提供咨询服务，积极有效地促进社会语言生活健康和谐发展。

要实施语言监测，基础条件有两个：一是必须掌握一定的语言资源，具体来说，就是需要建设一个动态流通语料库，语料库采样的典型性、代表性及其规模的适中性，将决定语言监测的范围和质量；二是需要一个功能比较强大的语言处理系统，具体来说，就是一个包括分词标注及各种检索、统计功能的软件包，这套工具功能是否齐全、技术是否先进,也会影响和制约着语言监测的结果和质量。

语言是由字、词组合而成的,因此,字频词频统计,是语言监测工作中最基础的部分,"是对所有语言进行定量分析的基本点","是研究语言结构和语言应用的基础。所以各种文字的量的测定总是以此为出发点的"。[①] 因此,国家语言资源监测与研究中心在对当代媒体语言进行的各种计量研究中,把字频和词频统计放在首位,这应该说是抓住了语言计量研究的基本点。然而,"对语言诸要素进行量的测定不是目的",[②]它只是一种手段,那么,词语计量研究的目的究竟是什么呢?目的将决定过程,决定方法,决定途径。分词标注系统如何设计,与词语计量研究的目的直接相关。

我们认为,目前所做的面向社会公众的基础词语计量的目的至少有三个:

1. 定时提取语言中的新词语、新现象,反映语言的变化,掌握语言发展的规律。

2. 反映社会媒体用词状况,根据一定的标准提取常用词,为母语教学和对外汉语教学服务,为教材的编写和辞典的编纂提供参考。

3. 反映社会状况,因为"语言是社会的一面镜子",语言的变化往往反映了社会的变化。语言中一些特定词语在使用的量上的特征,将为社会学、文化学研究提供语言方面的数据和理据。

第一个目的要求分词标注工具必须有能力将语言中不断产生

---

① 陈原主编《现代汉语定量分析》第6页,上海教育出版社1989年版。
② 同上,第4页。

的新现象凸显出来;后两个目的对分词标注的要求有所不同:第二个目的的关注点在于语言系统中的语文词,确定词性标记时要考虑大众的知识背景,考虑大众的关注热点,因此是"宜粗不宜细";确定切分单位时要考虑大众的语感,考虑语文词的凸显,因此是"宜小不宜大";而第三个目的的关注点在于能反映社会状况的词语上,一些表示专指的词语如人名、机构名、时间词等等就成为考量的重点,这时,人名、机构名称及其他专有名称必须完整地切分出来,这时的切分,是"宜大不宜小"。

由此看来,要实现语言监测的目的,面向语言监测的自动分词标注系统就必须具有多功能性,具有可扩展性、易维护性:多功能性表现在分词和标注时,分词单位大小和标注类别粗细可以根据不同需要自由调整;可扩展性、易维护性表现在系统可以随时更新。要实现多功能性和易维护性都涉及系统的整体设计及处理机制,多功能性还涉及分词标注的规范。本文第二部分先讨论相关的分词标注规范,第三部分讨论系统的设计及处理机制。

二 相关的分词标注规范

2.1 相关的分词规范

自动分词的"多功能性"表现在切分单位可大可小上。由于人们对词频统计主要关注的是"语文词"的使用,为了凸显语文词的频率,准确反映语文词的使用状况,分词单位"宜小不宜大"。但这样切碎后,有些反映社会状况的语言现象又消失在这些切分碎片里了。因此,要求分词系统具有这样的功能:对相关的词语,可以分两步进行,先切分,再组合,分别统计,以满足不同研究的需要。

词语分合问题主要牵涉五种类型的词语:人名、地名、机构名、时间词语、数词。下面逐一讨论。

2.1.1 人名

2.1.1.1 汉族人名

人名在词语计量研究中有着特定的意义。汉语名和姓单独统计,可以反映出社会上姓氏用字和名字用字的状况,而整体人名的统计资料对反映社会事件、反映社会状况有着重要的意义。因此,第一步,将姓和名单独切分标注如下。

　　王/snr　强/nr、邓/snr　小平/nr

　　欧阳/snr　夏丹/nr、范/snr　徐/snr　丽泰/nr

在统计出姓和名的具体数据后,再作合并,切分标注为:

　　王强/nr　邓小平/nr　欧阳夏丹/nr　范徐丽泰/nr

一些作家、艺术家的笔名、艺名及以年号来称谓的人名,不易区分名和姓的,直接作为一个切分单位。

　　北岛/nr、茅盾/nr、三毛/nr、冰心/nr、雍正/nr、乾隆/nr

在进行词频统计时,应以名和姓单独切分作为统计单位,大类归在名词中。姓与名合在一起后,单独统计,可列出一份年度媒体人名频次表。

2.1.1.2 汉语姓或名+称谓

首先,汉语姓或名要与称谓切分开。

　　王/snr 先生/n、小平/nr 同志/n、永山/nr 书记/n、张/snr 奶奶/n

　　李/snr 总/n、王/snr 局/n、张/snr 董/n、吕/snr 老/n、李/snr 哥/n

第二步,将姓或名与称谓合并。

王先生/nr、小平同志/nr、永山书记/nr、张奶奶/nr

李总/nr、王局/nr、张董/nr、吕老/nr、李哥/nr

下面的情况视为一个词,不予切分。

小王/nr、老张/nr、欧阳/nr

2.1.1.3 外国或少数民族人名的译名

日本、韩国及越南等国人名的汉译名,处理原则同汉族人名。其他国家及我国少数民族的人名一般不予切分,整体标注为 nr。

布什/nr、爱因斯坦/nr、穆罕默德·安萨里/nr、塞麦提/nr

2.1.2 地名

地名在社会学或社会语言学上也具有统计意义。因此分词时,第一步,是分。分的原则是:

1)中外地名(包括国名)只要是在一个层级上的,无论多长,都作为一个切分单位。

牡丹江/ns、昌平/ns、泰山/ns、英国/ns

乌兹别克斯坦/ns、中华人民共和国/ns

2)地名后带有单音节行政或自然区划名称如"省、区、路",单音节地形地貌名称如"江、峰、岛"的,不切分开,作为一个分词单位处理。

牡丹江市/ns、弗吉尼亚州/ns、西藏路/ns

珠穆朗玛峰/ns、台湾岛/ns、密西西比河/ns

3)地名后的行政区划名称或地形地貌名称是两个或两个以上的汉字的,单独切分标注。

广西/ns 壮族/n 自治区/n、香港/ns 特区/n

帕米尔/ns 高原/n、王府井/ns 大街/n

第二步,是合。需要合并的主要有两种类型:

1)地名后带行政区划名称已切分开的需要合并。

广西壮族自治区/ns、香港特区/ns、帕米尔高原/ns、王府井大街/ns

2)不同层级地名相连时需要合并。

不同层级地名相连,表示的是一个实体,在第一步处理时,都已切分为一个个的小单位了。如:

中国/ns 江苏省/ns 溧阳市/ns 新昌镇/ns 蒋店村/ns

这时需要合并,将其标注为:

中国江苏省溧阳市新昌镇蒋店村/ns

这样,也可以在语料中专门统计地名,列出一份年度媒体地名频次表,以反映各地区在整个社会生活中的不同位置。

2.1.3　组织机构名

组织机构名的处理原则与地名基本相同,第一步,按词切分。

黑龙江省/ns 卫生厅/n、西城/ns 公安分局/n 阜外/ns 派出所/n

国家/n 登山队/n、广州市/ns 公安局/n 巡警/n 支队/n

莫斯科/ns 华人/n 华侨/n 联合会/n、俄罗斯/ns 天然气/n 公司/n

第二步,将其合并,标注为:

黑龙江省卫生厅/no、西城公安分局阜外派出所/no

国家登山队/no、广州市公安局巡警支队/no

莫斯科华人华侨联合会/no、俄罗斯天然气公司/no

必要时,也可列出一份年度媒体团体机构名称的频次列表。

2.1.4　时间词语

如果面向计算机的语言信息处理,表示特定时间的词语肯定是切分在一起比较合适,像"2006年1月28日23时55分"这样的语段作为一个切分单位,会方便下一步的句法分析以及语义分析。但对于词频统计来说,这样的切分单位,会将"年、月、日、时、分"这样的语文词淹没在其中,影响这些词语的统计频次,不能准确反映它们的使用状况。因此,第一步进行全部切分。

2006/m 年/n 1/m 月/n 28/m 日/n 23/m 时/n 55/m 分/n

二/m 零/m 零/m 八/m 年/n 八月/nt 十/m 六/m 日/n

1998/m 年/n、九/m 十/m 八/m 年/n、35/m 天/n

第二步,再将表示时间的词语合起来,标注成

2006年1月28日23时55分/nt、二零零八年八月十六日/nt

必要时,也可列出一个媒体时间词语频次列表。

在进行合并时,要区别时点词和时段词,时点词标注为nt,时段词不予合并。如"1998/m 年/n"合并为"1998年/nt",而"九/m 十/m 八/m 年/n"则前面的数词与"年"不予合并。这是因为,虽然从表达概念上来讲,它们都是表时间的,区别仅在于前面的数词一个表序数,一个表基数,但时点词具有专指性,因此在统计学上具有一定的意义,而时段词不具有专指性,合并的意义不大。

2.1.5 数词

阿拉伯数字,不切分。用中文书写的数词,第一步,原则上全部切分,以便"语文词"的统计。

三/m 千/m 八/m 百/m 六/m 十/m 二/m

百/m 分/n 之/u 八/m 十/m 三/m 点/m 九/m

第二步,合并。

三千八百六十二　　百分之八十三点九

231

一些具有特殊意义的以数字表示的词,如"九一一、十一、十一五"之类,应以词的身份统计。

2.2 相关的词性标注规范

词性标注的"多功能性"主要体现在类别的粗与细、多与少上。这个问题相对简单。在进行标注时采用"细"的标注法,将全部需要区别的类别都标出来,以满足面向机器的语言信息处理的需要;然后再将相关的类别进行归并,达到"粗"的效果,以满足面向人的词频统计的需要。标注的类别及粗细对应关系如下表:

粗分词类名称	标记	细分词类名称	标记	粗分词类名称	标记	细分词类名称	标记
名词	n	普通名词	n	代词	r	代词	r
		方位词	f	数词	m	数词	m
		人名	nr	量词	q	量词	q
		地名	ns	副词	d	副词	d
		机构名	no	连词	c	连词	c
		时间名词	nt	介词	p	介词	p
		处所名词	s	助词	u	助词	u
		其他专名	nz	语气词	y	语气词	y
动词	v	动词	v	叹词	e	叹词	e
		动名词	vn	拟声词	o	拟声词	o
		动形词	va	前缀	h	前缀	h
		动副词	vd	后缀	k	后缀	k
形容词	a	形容词	a	缩略语	j	缩略语	j
		区别词	b	成语	i	成语	i
		状态词	z	习语	l	习语	l
		形名词	an				
		形副词	ad				

三　系统中相关问题的设计及处理

要实现多功能、易维护的目标,在系统设计和处理机制上要采用相应的策略。

3.1　如何实现多功能

要想让系统能根据需要实现分词单位可大可小、标注类别可粗可细的功能,就需要设置一个可选择机制。可分可合的五种类型情况有所不同,需要分别对待。其中机构名的识别难度比较大,我们目前的做法是,长机构名(一般多于四音节)的识别,利用统计方法建立一个独立模块来专门处理,在系统中设置一个开关参数,需要时打开开关,系统就会多出一道处理工序,在常规的分词工作完成之后,再调用独立模块对可能存在的机构名碎片进行合并,形成一个完整的机构名。人名、地名、时间词、数词由于规律性较强,合并处理相对简单,我们就采用规则的办法,建立一个合并规则库,需要时在分好词的基础上再运行该规则库,实现相关词的合并。实验证明,该方法是可行的。

3.2　如何实现易维护

要想让系统能随着语言的变化不断更新,就必须要有让系统具有易维护的机制。什么样的系统容易维护和更新,这是需要认真分析的。目前很多分词标注系统是基于统计方法的,尤其是具有学习训练功能的统计系统占据了主导地位。这种系统的优点是思路简明,可移植性强,分词、标注准确率高,缺点是对语料的依赖性强,要更新系统,需要有大量的带标注语料作为训练集,以求得更新部分的统计概率。要做到随时更新,就需要不断有大量人力去标注新的语料,而这,在目前这方面人力资源比较紧缺的情况下,实现起来有着相当的难度。基于词表和规则的系统在这方面却有着较大的优势,只要你找得到新词语,可以很方便地随时更新,随时补充,缺点是随着新词语的不断补进,歧义切分等问题也随之而来,而且,有些规则之间的矛盾和冲突在所难免。前者在很多方面有优势,但从易维护来讲不可行;后者容易产生问题,但在易维护上具有可行性。根据二者的特点,针对语言监测的目标,我们选择了以词典和规则为主、辅以统计的系统设计模式,以充分发挥规则和统计方法各自的优势。我们目前采取的维护策略是:广泛搜集,验证加入。对于一些未登录词,尤其是新词语,想尽办法搜集,但在加入词典时,要严格把关,一个个测试,在加入每一个词条时,都要利用歧义切分校正词典或做规则的方法把它可能产生的问题消灭在正式加入之前。这个方法看上去很笨,但在没有想出一个更好的办法之前,用它既可以保证系统具有可扩展性,又避免了相应问题的产生。这个方法,就目前我们的系统来讲,还是可行的。

四 结语

本文以语言监测为背景,讨论了分词标注系统的多功能和易维护问题,目的在于引起人们的讨论,希望能找到一个更科学、更符合人们语感、符合客观实际的分词标注方法,研制出一个更实用、更好用的分词标注工具,使我们的数据发布更科学,更可信,更具有实用价值。

参考文献

① 《信息处理用现代汉语分词规范》,《中国国家标准 GB13715》1992 年版。

② 《信息处理用现代汉语词类标记规范》,中华人民共和国教育部、国家语言文字工作委员会 2003 年发布。

③ 陈原主编《现代汉语定量分析》,上海教育出版社 1989 年版。

④ 程曾厚《计量词汇学及其他》,江苏教育出版社 1987 年版。

⑤ 刘开瑛《中文文本自动分词和标注》,商务印书馆 2001 年版。

⑥ 俞士汶等《北大语料库加工规范:切分·词性标注·注音》,《汉语语言与计算机学报》2003 年第 2 期。

⑦ 教育部语言文字应用研究所计算语言学研究室《信息处理用现代汉语词类标记集规范》,《语言文字应用》2001 年第 3 期。

⑧ 侯敏等《汉语自动分词中的上下文相关歧义字段(CSAS)研究》,载孙茂松、陈群秀主编《自然语言理解与大规模内容计算》,清华大学出版社 2005 年版。

⑨ 侯敏等《语言监测与词语的计量研究》,载曹右琦、孙茂松主编《中文信息处理前沿进展——中国中文信息学会二十五周年学术会议》,清华大学出版社 2006 年版。

蒙古语语言资源平台架构设想[①]

那顺乌日图 内蒙古大学蒙古学学院

摘要 信息社会的迅猛发展使少数民族语言面临非常大的挑战。加速保护少数民族语言资源的步伐,有效地遏制少数民族语言文化资源的流失,显得非常迫切。蒙古语语言资源非常丰富,从时间跨度上讲,它贯穿13世纪至今的800余年的历史;从地域上讲,横跨欧亚大陆,几乎遍布整个地球,但其开发利用却不尽如人意。从资源共建、共享角度来看,建成一个统一的语言资源平台是非常有必要的。而且我们设想,在各个文种独立平台的基础上应该逐步建成"国家多语言资源平台"。为了让大家了解蒙古文信息处理工作的进展,对目前已有的或正在进行的工作做了个粗略的盘点,在此基础上也提出了亟待进行的几项工作。

关键词 蒙古语、语言资源、平台、架构、盘点

引言

近年来国家西部大开发政策的顺利实施,使西部地区电子政务、电子商务等得到迅猛发展,少数民族语言信息化问题也显得更为迫切。与此同时,信息社会的迅猛发展使少数民族语言面临一个非常大的挑战。由于语言信息化的不平衡所带来的各民族间的"数字鸿沟"日益扩大,少数民族被"信息边缘化"的危机日益严峻。在这种严峻形势面前,加速保护少数民族语言资源的步伐,有效地

[①] 此项研究得到教育部、国家语委民族语言文字规范标准建设及信息化项目"蒙古语语言知识库建设"(项目号 MZ115-038)资助。

遏制少数民族语言文化资源的流失,使少数民族语言资源发挥其正常的功能显得尤为迫切。

蒙古语也与其他少数民族语言一样,在语言资源保护方面,国家相关部门采取了一些措施,但还是面临一定的困境和挑战。

蒙古语语言资源非常丰富,从时间跨度上讲,它贯穿13世纪至今的800余年的历史;从地域上讲,横跨欧亚大陆,几乎遍布整个地球。蒙古文文献分布在几乎整个亚洲地区和大半个欧洲以及美洲、大洋洲的部分地区。蒙古文文献和口语资源源远流长,形式多样,可为人类文明多个领域的研究提供宝贵的历史资料。就拿内蒙古大学图书馆一个馆的馆藏蒙古文文献来讲,现藏有各种类型蒙古学文献近七百万册(件)。几个世纪以来,西方学者从丹麦、挪威、瑞典、法国和德国以及中亚诸国发现几千种蒙古文文献。除中国、蒙古、俄罗斯等蒙古族居住的国家和地区之外,欧洲、中亚的很多图书馆、档案馆均藏有不计其数的蒙古文文献档案。

目前世界上有近700万蒙古族人口,他们主要聚居在中国、蒙古、俄罗斯等国家,并散居在世界各地。现在世界上现行的蒙古文有5种(传统蒙古文、托忒蒙古文、蒙古国西里尔文、布里亚特西里尔文和卡尔梅克西里尔文),加上历史上曾经用过的文字(如八思巴文、索永布文、瓦金达拉文等),蒙古民族曾经使用过的文字已达十余种。

我们暂且不说使用已近千年的传统蒙古文文献,只拿17世纪创制到至今只有四百余年的托特文文献来说,已被学术界认可的珍贵文献不计其数。1648年,为了更准确地记录卫拉特方言,咱雅班第达那木海扎木素创造了托忒蒙古文。按理讲,它是属于一种方言文字,不会有太多的文献用一个方言文字去记载。但事实上并非如此,经过几百年的流失摧残之后,仅在俄罗斯科学院东方学研究所蒙古卷宗中,就有88个单元千余件藏品,加上在蒙古国、中国境内各大博物馆、图书馆及寺庙中的藏品,光是托忒文文献就不下万件。更值得一提的是,清朝的很多重要文件就是用托特文写就的。清朝前期处理中亚事务时,多以托忒文字传递信息和颁布文书,此外,由于卫拉特蒙古人在中亚及西藏等地的影响,清朝往往以托忒文作为其与这些地区和民族沟通的主要文字。在当时满、蒙、藏三个民族的交往中,蒙古文字实际上是以通用文字来使用。由此不难看出蒙古文,甚至是其一个方言文字所承载的信息量,都有极高的历史价值。但与此极不相符的是,托忒文文献的发掘、整理进展很不理想,其数字化更是无从谈起,亟待我们采取有效的保护措施,使之得到保护、利用。

目前世界上蒙古语族语言有九种,分布在中国、蒙古国、俄罗斯、阿富汗等国家。蒙古语内部也有很多方言、土语,这些方言、土语承载着蒙古民族悠久的文化遗产,是取之不尽的语言宝藏。但同汉语方言一样,蒙古语方言特点逐渐消失。与此同时,诸多方言所承载的地域文化也在逐年流失。所以,蒙古语方言作为蒙古语语言资源的一个重要组成部分,也面临很大挑战。

就我国境内的蒙古语情况而言,在使用蒙古语言文字的八个省区有六十多种杂志、二十多种报纸、十几个出版社出版发行各类出版物近千种几十万册,二十多个电台、电视台每天制作播出上百个小时的蒙古语节目,近几年创办的蒙古文网页有近百个,而且其发展速度相当快。再加上蒙古国、俄罗斯境内和世界其他地区的蒙古语语言资源,可以说蒙古语语言资源是一片汪洋大海,但我们至今对蒙古语语言资源的开发只是沧海一粟,还有很大的开发、利用空间。

一 平台的架构

从语言资源开发和建设角度看,20世纪80年代开始的蒙古文信息处理工作,总体上包括了下列几项内容:数据资源的开发、知识资源的开发、技术资源的开发。虽然这项工作所涉及的范围较广,但至今还没有形成一个较为完整的体系。其原因是多方面的,包括主观认识方面的和客观条件方面的原因。其中一个非常重要的原因就是没有一个整体架构和长远的规划,在很长一段时间处于各自为政,小作坊生产的状态。

为了给蒙古文信息处理工作提供一个较为清晰的发展框架,避免低层次重复建设,我们经过较长时间的酝酿,提出了这个"平台架构"。该架构不仅包含已有的或正在进行的主要工作,也提出了将来应该进行的一些工作的建议。从资源共建、共享角度来看,建成这样一个平台是非常有必要的。而且我们设想,在建立各个文种独立平台的基础上,应该逐步建成"国家多语言资源平台"。我们也希望,这里所提出的"蒙古语语言资源平台架构"能够作为这种"多文种资源平台"的雏形,能够引起有关部门和专家的关注和指点。

我们认为蒙古语语言资源包括数据资源、知识资源、技术资源三大块。其各自的主要内容可以用下图表示,其中分类只是初步的和粗线条的,但这些内容是必不可少的。

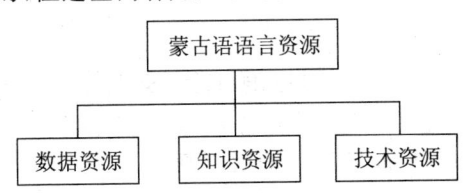

```
              蒙古语语言资源
              ／    ｜    ＼
        数据资源  知识资源  技术资源
```

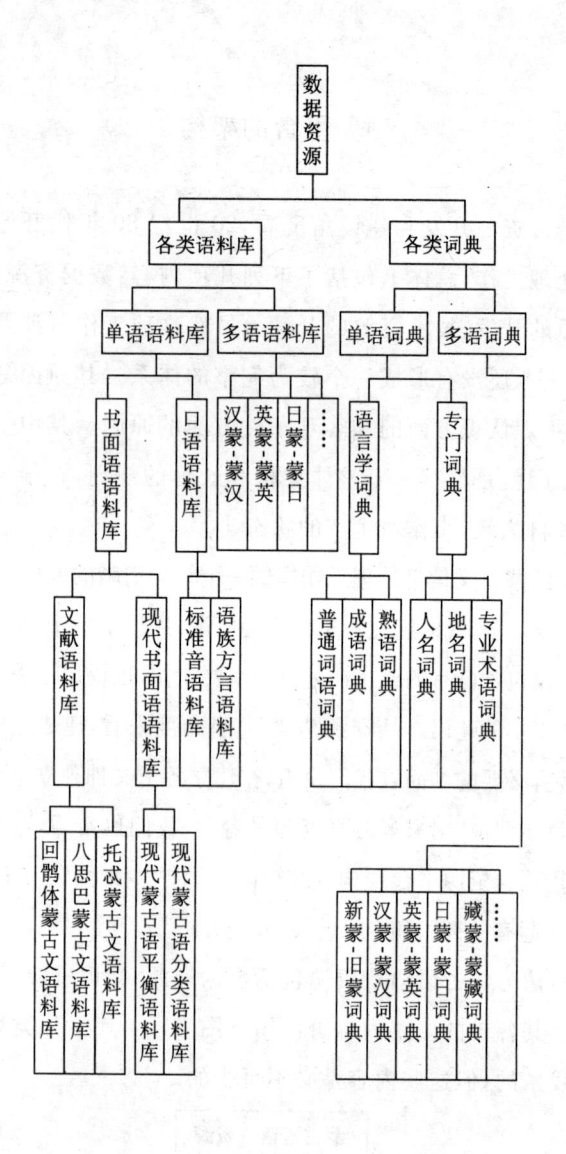

```
                              数据资源
                          ┌──────┴──────┐
                      各类语料库        各类词典
                    ┌─────┴─────┐    ┌────┴────┐
                  单语语料库  多语语料库  单语词典  多语词典
                  ┌──┴──┐   ┌──┼──┬─····┐  ┌──┴──┐
              书面语   口语  汉蒙· 英蒙· 日蒙· 语言学  专门
              语料库  语料库 蒙汉 蒙英 蒙日  词典   词典
              ┌──┴──┐    ┌──┼──┐      ┌──┴──┐  ┌──┴──┐
           文献语  现代书  标准  语族    普通  成语  熟语  人名  地名  专业术
           料库   面语语  音语  方言    词典  词典  词典  词典  词典  语词典
                 料库    料库  语料库
           ┌──┬──┬──┐                              ┌──┬──┬──┬──┬····┐
         回鹘 八思 托忒 现代 现代                   新蒙· 汉蒙· 英蒙· 日蒙· 藏蒙·
         体蒙 巴蒙 蒙古 蒙古 蒙古                   旧蒙  蒙汉  蒙英  蒙日  蒙藏
         古文 古文 文语 语分 语平                   词典  词典  词典  词典  词典
         语料 语料 料库 类语 衡语
         库   库        料库 料库
```

二 对已有工作的盘点

下面我们对目前已进行的或正在进行的工作做个粗略的盘

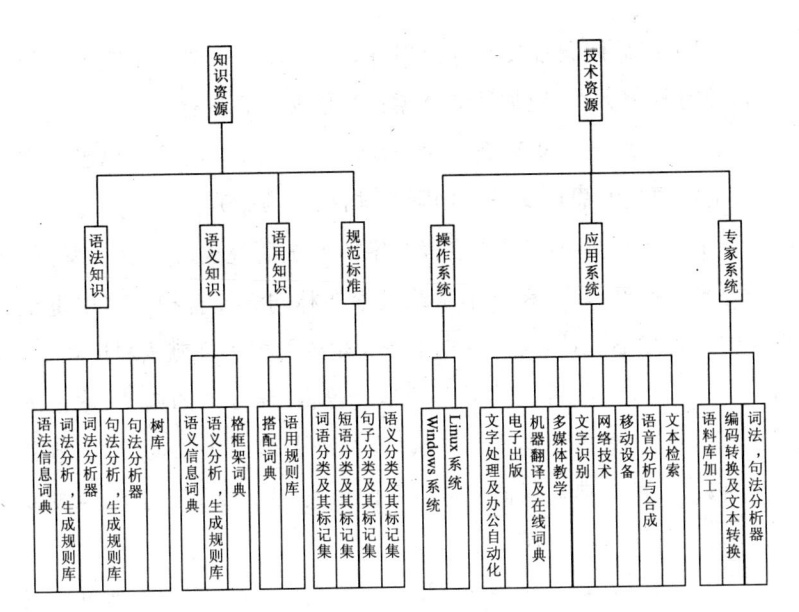

```
知识资源                                                                技术资源
─┬──┬──┬──┬──                              ─┬──────┬──────┬──
语法知识  语义知识  语用知识  规范标准                        操作系统    应用系统    专家系统
```

语法知识: 语法信息词典 | 词法分析器,生成规则库 | 句法分析器,生成规则库 | 树库

语义知识: 语义信息词典 | 格框架词典 | 搭配词典

语用知识: 语用规则库 | 词语分类及其标记集 | 短语分类及其标记集 | 句子分类及其标记集 | 语义分类及其标记集

操作系统: Linux系统 | Windows系统

应用系统: 文字处理及办公自动化 | 电子出版 | 机器翻译及在线词典 | 多媒体教学 | 文字识别 | 网络技术 | 移动设备 | 语音分析与合成 | 文本检索

专家系统: 语料库加工 | 编码转换及文本转换 | 词法,句法分析器

点。这种盘点对我们了解哪些工作已涉及,哪些工作还未开始,哪些单位或专家在哪些方面有基础或经验等都有帮助。为了便于描述,我们只列出已开展的工作以及研究单位。

2.1 在数据资源方面

2.1.1 内蒙古大学蒙古学学院曾建立"现代蒙古语文数据库"(目前有 500 万词的语料),这是一个现代蒙古书面语的综合性(即非平衡、非专业)语料库。

2.1.2 内蒙古语委、内蒙古社会科学院曾建立 100 万词蒙古语语料库。

2.1.3 内蒙古大学蒙古学学院曾建立"中世纪蒙古语文数据库",该语料库包括:

(1)蒙古秘史语料库(目前只是一个拉丁文转写语料,应加汉文原文、旁译、节译等)

(2) 回鹘体蒙古文文献语料库(目前只是一个拉丁文转写语料,而且规模太小,应加回鹘体蒙古文原文并且进行扩充)

(3) 八思巴文文献语料库(收入的语料基本覆盖八思巴文文献,但需要用八思巴文编码国际标准储存、检索)

上述语料离进行蒙古语言文字的历史研究要求还相差甚远,需要扩充和升级。(在日本东北大学栗林均教授曾把一些中世纪蒙古文文献输入计算机,建立了较大规模的蒙古文献语料库)

2.1.4 内蒙古大学蒙古学学院曾将《蒙古语词典》、《蒙古语学生词典》、《蒙古语类语词典》、《蒙古语人名词典》、《蒙古语地名词典》、《汉蒙词典》(面向机器翻译的词典,收录22万词条)、《英蒙词典》(学生词典,规模很小)等输入计算机。

2.1.5 内蒙古社会科学院语言研究所拥有《汉蒙词典》(第三版)电子版。

2.1.6 内蒙古大学计算机学院曾研制《英蒙-蒙英电子词典》。

2.1.7 内蒙古明安途互联网技术有限责任公司已将《蒙古语词典》输入计算机。

2.1.8 内蒙古大学蒙古学学院在国家语委、教育部的资助下,正在扩充"现代蒙古语语料库",预计在2007年底前达到一千万词级,并将其中一部分做到词级加工、标注。

2.1.9 内蒙古社会科学院承担、并已启动"自治区文化大区建设"特大项目"蒙古语语料库工程",自治区政府将每年投入一百万元,在20年期间总投入将超过两千万元。这将是一个浩大的工程。

2.2 知识资源方面

2.2.1 内蒙古大学蒙古学学院在国家自然科学基金资助下正在建立《蒙古语语法信息词典》(电子版),该词典目前已收录现代蒙古语单词近 4 万条,复合词近 1 万条,标点符号,字符近 1 000 条。词典设一个"总库"和 19 个"分库",总库设置 19 个语法属性字段,各个分库设置少则十几个,多则几十个语法属性字段,尽可能详细描述蒙古语词语、复合词、字符、标点符号的属性信息。

2.2.2 内蒙古大学蒙古学学院在国家社科基金资助下进行了"面向信息处理的蒙古语语义研究",通过这项研究,初步进行了面向信息处理的语义分类,并制定了语义标记集,探索了蒙古语语义场框架,进行了蒙古语语素分析试验,这些工作的最终目的就是要建立蒙古语义知识库。

2.2.3 内蒙古大学蒙古学学院在国家自然科学基金和国家社科基金资助下进行了"蒙古语语料库短语标注研究",在这项研究的结果中,对蒙古语短语进行一个简单的分类和描述,为日后建立蒙古语树库打下基础。

2.2.4 内蒙古蒙科立公司曾研制出"蒙古文证词输入法",并获得国家专利,该输入法包括蒙古文生成矩阵知识库。

2.2.5 蒙古文编码国际标准已于 2000 年在 ISO/IEC JTC1/SC2 投票通过,被收录到 ISO/IEC 10646-2000 中,并分别于 2000 年和 2001 年被蒙古国和中国颁布为国家标准。

2.2.6 内蒙古大学蒙古学学院在国家语委、教育部的资助下,正在研制"面向信息处理的蒙古语词语规范",旨在研究,并制定一套面向信息处理的蒙古语词语分类、短语分类、语义分类体系和与之相应的标记集。

蒙古语知识资源建设严重滞后,极大地制约着蒙古文高层次系统软件和应用软件的开发。

2.3 技术资源方面

2.3.1 操作系统

(1)上世纪80年代内蒙古计算中心曾开发过MKDOS,能够处理蒙古文,但随着计算机系统的升级,该系统已淘汰。

(2)内蒙古师范大学曾做过WINDOWS系统蒙文化工作,但至今未见被实际应用。

(3)近年中国科学院软件研究所和内蒙古蒙科立公司在国家863计划资助下共同开发LINUX操作系统蒙文版。

2.3.2 文字处理系统和电子排版软件

(1)1989年北京大学新技术公司和内蒙古大学蒙古语文研究所合作开发"方正(华光)电子出版系统蒙古文版"(书版6.0、报版、WITH、飞腾),该系统在国内外有很多用户,直至今日国内诸多出版社、报社、杂志社、印刷厂和个体打印社均使用该系统。近年北大方正公司又推出"蒙文书版9.1"。

(2)上世纪90年代内蒙古蒙科立公司推出"蒙古文 WPS Office",解决了蒙古文办公自动化方面的燃眉之急。

(3)上世纪90年代内蒙古大学计算机学系研制出《智能蒙古文排版系统》。

(4)2000年内蒙古明安途网络技术有限责任公司研制出基于ISO-10646和UNICODE技术标准的蒙古文输入法。

(5)美国微软公司最近推出Microsoft word 2007,其中已经实现蒙古文的输入、输出、编辑功能。

2.3.3 其他应用系统

(1) 1998—2000年间,内蒙古大学蒙古学学院同中国科学院计算技术研究所、北京大学计算语言学研究所合作开发了"达日罕汉蒙机器翻译系统—政府文献版V1.0",接着于2003—2006年间又将该系统升级为"达日罕汉蒙机器翻译系统—通用版V1.0"。

(2) 2000年内蒙古大学蒙古学学院和内蒙古明安途互联网技术有限责任公司合作,研制出《达日罕汉蒙电子词典》。

(3) 内蒙古蒙科立公司推出了蒙古文多媒体教学课件。

(4) 内蒙古蒙明安途互联网技术有限责任公司推出了蒙古文多媒体课件"课件精灵"。

(5) 内蒙古大学计算机学院研制出蒙古文KARA OK系统。

(6) 内蒙古大学计算机学院研制过英蒙机器翻译系统。

三 亟待研究的课题

目前我们在基础理论研究和面向信息处理的蒙古语规范、标准的制定方面进展非常滞后,严重制约着蒙古文信息化工作的发展。目前亟需研究的课题有:

3.1 信息社会蒙古语言文字信息化标准化工作所面临的问题与对策研究。近年来国家和自治区相关部门已把蒙古文信息化、标准化工作纳入到议事日程,随着西部大开发战略的进一步实施和电子政务、电子商务的普及,少数民族语言文字的信息化步伐将进一步加快。同时国际上对少数民族语言文字,尤其是跨境语言文字信息处理方面的研究正在异军突起。这些大环境必然使少数民族语言文字的研究、应用面临一些新的挑战和课题。怎样保持我国在这一领域的传统优势,怎样占领一些理论、技术方面的制高点,怎样占领这一领域国际市场都需要一定的调查研究。这种调查研究必须走在实际研发工作的前面,只有这样才能掌握主动权,有计划、有步骤地进行工作。

我们建议,这项工作应优先纳入研究规划,近期启动。

3.2 面向信息处理的蒙古语言文字标准、规范研究。在国外各种语言的规范化研究已有几十年的历史,如英语、法语、日语等语言的各种规范早已出台,并在各种应用系统中发挥作用。在国内,面向信息处理的汉语规范化研究已被列入国家重大科研项目,并作为国家标准颁布实施,如"信息处理用现代汉语分词规范"(GB 13715)等。

由于蒙古文信息处理比起国内外语言信息处理起步较晚,从20世纪80年代至今的蒙古文信息处理工作虽然在某些应用领域取得了一定的成绩(如:蒙古文电子排版系统、机器翻译系统等),但在应用基础研究方面,尤其是在制定各种规范方面非常滞后,这不仅直接影响着目前所进行的很多工作,而且对将来进行更高层次的研究和开发必将带来诸多不便。

蒙古文信息处理工作的每个环节都要求相应的规范,这在信息处理中是非常重要的前提。所以面向信息处理的语言规范化研究是当今语言学研究的一大趋势。

在已制定蒙古文编码国际标准、国家标准的情况下,文字处理阶段的工作,可以按这一标准来进行。但是词处理、句处理、篇章处理的很多工作都需要规范和标准。系统开发人员没有一个遵循的标准,所开发的系统各成体系,互不兼容,会造成很大的资源浪费。如果不加紧进行这方面的研究,将会丢失我们在蒙古文信息处理方面国际上的优势地位。目前亟待解决的课题有:制定蒙古语词语、短语和语义标记集；易于机器处理的诂法、语义描述体系研究（语法、语义属性字段及取值规范的设置等）；正字、正音规范及其标注标准（在电子文本中以不同编码储存、传输）。

3.3 蒙古语语料库语言学研究。最近教育部和内蒙古自治区已把蒙古语数据资源建设纳入"十一五"规划，这样，数据资源建设有望得到保障。而与此相关的语料库语言学研究必须跟上数据资源建设的步伐，必须把这项研究纳入科研规划。不然的话，数据资源的储存、加工都受到制约，甚至导致数据资源的利用率和研究价值下降。

语料库语言学包括：语料库建设规范（如：语料库编码、储存格式等），语料库加工规范（如：切分、标注规范等）。

以上只是蒙古语语言资源建设与利用方面的一些浅层分析，以供有关部门和专家作参考。包括蒙古语在内的少数民族语言文化资源的保护和开发是我们这一代人必须关心和参与的重要事业，我们相信，经过国家相关部门和各地区、各界层的共同关注，我国民族语言资源会得到很好的保护和开发，为我国各民族的共同繁荣，为国家经济社会发展发挥其应有的作用。

参考文献

① 俞士汶《计算语言学概论》，商务印书馆2003年版。
② 李宇明《信息时代的中国语言问题》，《语言文字应用》2003年第1期。
③ 袁贵仁《以规范标准建设为核心开创语言文字应用研究新局面》，《语言文字应用》2001年第3期。
④ 淑琴、那顺乌日图《面向EBMT系统的汉蒙双语语料库的构建》，《内蒙古社会科学》2006年第1期。

⑤ 那顺乌日图《蒙古文词根词干词尾自动切分系统》,《IAMSBULLETIN》1997年版,乌兰巴托。

⑥ 那顺乌日图《蒙古语语法信息词典框架设计》,内蒙古大学博士学位论文,2000年5月。

⑦ 那顺乌日图《蒙文信息处理理论与方法的若干问题（斯拉夫蒙古文）》,乌兰巴托,2004年。

⑧ 那顺乌日图《蒙古文信息处理》,内蒙古科学技术出版社1998年版。

⑨ 蒙古语文研究所计算机室《关于现代蒙古语文数据库》,《内蒙古大学学报》1992年第1期。

⑩ 华沙宝《现代蒙古语数据库软件》,《内蒙古大学学报》1992年第2期。

维吾尔语语音语料库的设计研究[①]

吾守尔·斯拉木　那斯尔江·吐尔逊

新疆大学信息科学与工程学院

新疆大学数学与系统科学学院

西安交通大学电子与信息工程学院

语音语料库在语音分析、语音识别和语音合成等言语科学研究及技术应用中,作为一种有效而不可缺的研究手段,发挥着不可替代的作用。在语音信息处理领域,维吾尔语是研究较少的语言,为此研究维吾尔语语音识别、语音合成的第一步就是建立语音语料库。本文介绍维吾尔语语音语料库的设计思想和设计过程,主要包括文本语料的收集和挑选、语音语料的收集、切分以及标注等内容。

一　引言

语音语料库是语音信息处理领域的研究得以进行的基础条件。质量优良的语音识别、语音合成系统需要在语音学和语言

[①] 基金项目:新疆维吾尔自治区高校科研计划(XJEDU2006S10);国家语委重点项目(MZ115-75)。

学知识指导下设计的科学合理、简洁有效的连续语音语料库的支持。因此,建立高质量的语音语料库是这一领域的关键性课题。[①]

鉴于语音库在信息领域发展中的重要性以及对语音技术产品化的瓶颈作用,国际上非常重视语音库的建设,投入大量人力、财力建设相应的语音库。从1985年美国和欧洲就开始以大词汇连续语音识别为目的,建立相关的语音数据库。美国的LDC(The Language Data Consortium)作为非营利组织,其会员遍及世界,建立了各类不同用途的语料库及语音库,并定义了一套完整的数据采集格式和标注规范,为相关领域的研究提供大量的基础数据。

在国内,语音库建设的问题一直是同行们关注的焦点。从1990年开始,清华大学、中科院、社科院、中科大等院校和科研院所在863、973等国家课题的支持下,先后建立了不同应用所需的语音语料库,并不断扩大了语音语料库规模。

语音语料库要建立在精心选择的文本语料的基础上,即需要从海量文本中筛选出能够包含几乎所有语言现象的文本,用于语音语料库的文本内容。因为维吾尔语是黏着性语言,能够通过丰富的词缀构造出无限多词汇,这点给选择文本带来了很大的困难。另一方面,在语音信息处理领域,维吾尔语是研究较少的语言,之前没有系统地建立过维吾尔语语音语料库,本文从文本选择出发,介绍语音语料库的设计思路和设计过程。

---

① 参见祖漪清《汉语连续语音数据库的语料设计》,《声学学报》1999年第3期。

二 文本语料的收集与选择

2.1 文本语料的收集

在语料库建设中,语音语料库的完备性和科学性是十分重要的。语音语料库的完备性体现在它能覆盖该语言的音段、韵律信息,科学性体现在它既能满足语音识别与语音合成系统研究和开发需求,信息的冗余又小。我们的语料库力求覆盖音节以及它们之间的音变现象。连续语句能充分反映维吾尔语的韵律结构。因此语句是语音语料库的重要组成部分。尽量覆盖语言中的文本类型、句法结构以及其他可能的对韵律重要作用的因素。

语料库要包含这三种文本类型和相应的数据:

(1)成段的语句,基本为新闻体,覆盖多种题材,特殊的文字形式,如数字、地址等;

(2)为覆盖语言中重要的句法和语调变化所选的语句;

(3)为较好覆盖该语言中的语音变化所选的语句。

设计过程:从广播、电视、文艺作品、词典例句等选取一批这三种句型的语句。每种句型选出几个有代表性的语句,同时要考虑句子的长短,语气的强弱。语句长度是 10—20 个音节,包含基频稳定的语句。原始语料越多越好,覆盖范围越广越好。我们的原始文本语料主要来自新闻报道,即《新疆日报》(维文版)2003 年和 2006 年的 6 个月文本。

2.2 文本语料的选择

不论是用于识别训练还是合成的语料库,一个共同的原则就是:用尽量少的语料,覆盖尽可能多的自然语言现象。要求语料物理容量少,是出于实际应用的考虑,用户是不会对容量很大的音序感兴趣的;覆盖尽可能多的自然语言现象则是要求语料的信息容量尽可能大。实际上,自然语言现象多种多样,在语料设计时是不可能全部考虑的。因此,很多的语料设计都与实际的合成和识别算法相结合。现有语料设计主要解决两个问题:其一,重点考虑哪些自然语言现象;其二,怎样减小物理容量和信息容量的矛盾。

很容易想到,如果我们有一个语料库,这个语料库无穷大,我们就可以在其中放入全部的自然语言现象,可是,目前这是不可能实现的。这样的语料库肯定有很大的冗余量,相同的自然语言现象出现多次,用一个无穷大的语料库换取覆盖全部的自然现象,即便可以实现,这样做的代价也是无穷大的。这种方法当然不可取。现行的一种比较有效的处理方法就是 Greedy 算法。[①] 这种算法的基本思想是:在已有的一定大小的语料库基础上,控制语料库大小不变,但是用更优的语料替换语料库中的次要的语料,用这种方法,可以做到语料库大小控制在一定范围,使其不致过大。

将各个领域搜集的文本作为原始文本语料集。对其进行分句,去除不合适的语句得到一万多个句子。对各句内的音节所出现的新增状况进行计分,当该句得分超过门限后,被选入语料库,同时将该句包含的新信息加到语料集对应的信息库中。门限和过程的终止条件由人工设定(通常,门限的数值是不断变化的,先高后低)。文本语料设计过程如图 1 所示。

[①] 参见赵世霞、蔡莲红、常晓磊《汉语语音合成语料库管理系统的建立》,《小型微型计算机系统》2000 年第 3 期。

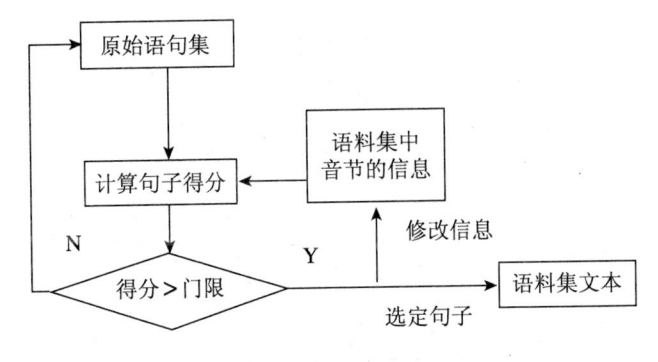

图 1 文本语料库的设计框图

三 维吾尔语语音语料库的设计

有了用于语音语料库的文本语料,就可以设计并制作语音语料库,图 2 为维吾尔语语音语料库的设计流程。[1]

(1)文本语料的收集并选择。前面已经介绍了文本语料的收集和选择,根据图 1 列出的文本选择流程,筛选收集了包含所有维吾尔语言音素、音节、词根、词缀等具有代表性的句子 3 000 个,其中有 2 160 个维吾尔语常用音节,共 12 000 多个上下文相关音节。

(2)发音人的选择和语音语料库的录制。为了保证录制语音的质量,录音条件应满足以下规范:首先发音人身体状况良好,录音设备正常,录音现场隔音条件良好,背景噪音小,发音人衣服不能发出摩擦声。在此条件下,选择发音人(针对语音合成,选择一位有播音经验的女士对上述 3 000 个句子按照她正常朗读风格朗

---

[1] 参见那斯尔江·吐尔逊等《维吾尔语大词汇量连续语音识别研究——语音语料库的建立》,嘎日迪、吾守尔·斯拉木、德熙嘉措主编《民族语言文字信息技术研究》第 379—385 页,西苑出版社 2007 年版。

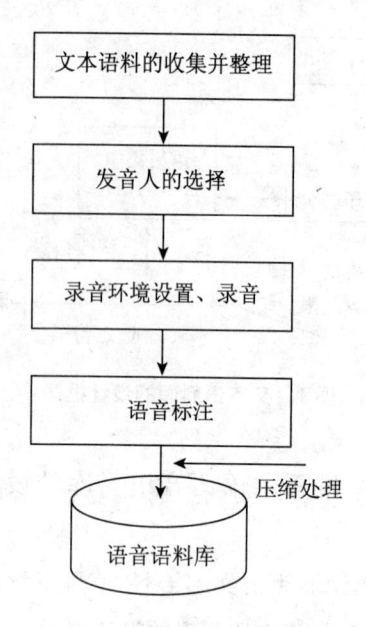

```
┌─────────────────────┐
│  文本语料的收集并整理  │
└──────────┬──────────┘
           ↓
┌─────────────────────┐
│     发音人的选择      │
└──────────┬──────────┘
           ↓
┌─────────────────────┐
│  录音环境设置、录音    │
└──────────┬──────────┘
           ↓
┌─────────────────────┐
│      语音标注        │
└──────────┬──────────┘
           ↓     ← 压缩处理
    ╭─────────╮
    │ 语音语料库 │
    ╰─────────╯
```

图 2 语音语料库设计流程

读;针对语音识别,选择不同年龄、不同地区、不同文化层次的 50 位发音人,并将 3 000 个句子分成 6 组,让每一位发音人任选一组朗读)进行录音。语音文件的采样率 16KHz、采样位 16Bit,语音数据以 wav 文件格式存储,其音频格式为 PCM。

(3)语音语料库的标注。收集完语音数据后,使用 Praat 软件和维吾尔语语音标注规范进行语音标注。标注时采用句子(Sentence)、词(Word)、全上下文音节(FISyllable)和部分上下文音节(NFISyllable)等多层次的韵律标注体系,其特点是:(a)为进一步的韵律分析提供精细的韵律描述信息;(b)该层次化描述体系具有很高的鲁棒性;(c)可以从文本中自动分析得到这种层次化结构。

(4)语音语料库的压缩处理。在语音合成的嵌入式应用中,一般要求语音语料库越少越好,为此我们对以上建立的语音合成语音库进行了压缩处理,即在标注层上去掉子句层(Sentence)和词层(Word),只留下音节层,可以去掉在子句层和词层上重复的一些不必要的音节内容,从而大大压缩语音库(原600Mb左右的语音库压缩成100Mb左右)。

四 结束语

我们应用以上方法建立的语音语料库,进行了维吾尔语语音识别与语音合成实验。在语音识别方面,主要是利用HTK工具建立声学模型和语言模型,并进行了连续语音识别测试,识别率达到80%以上;在语音合成方面,实现了基于语料库的维吾尔语语音合成系统,并对随机抽取的维吾尔语句子进行了合成实验,其合成效果达到中等偏上水平。

维吾尔语语音信息处理的研究还处于实验阶段,在语音语料库的建立上只采用了朗读式文本,而且发音人数太少,还需要在进一步扩大语音语料库的容量、建立口语式(即自发式)语音库等方面做大量工作。

论面向信息处理现代维吾尔语资源库构建

玉素甫·艾白都拉　潘伟民　阿布都热依木·沙力

新疆师范大学

摘要　本文主要论述融合语言学、计算语言学、统计学理论等方法,构建面向信息处理现代维吾尔语资源库,研究歧义词规则形成技术、机器学习技术以及规则处理和统计结合技术,解决在现代维吾尔语资源库建设中待解决难题。首先简要介绍现代维吾尔语真实语料的收集、整理工作过程;其次讨论从信息处理角度研究现代维吾尔语语法方面的规律和规则、建立现代维吾尔语的词尾模型和词语模型等;第三步,从计算机语言学角度考虑描述现代维吾尔语词性标注标记集;第四步,介绍现代维吾尔语资源库构件过程中取得的成果。

关键词　信息处理、现代维吾尔语、资源库构建

一　引言

在国家自然科学基金的资助项目"人机互助的通用现代维吾尔语语料库加工处理系统"的推动下,新疆师范大学开展面向信息处理的现代维吾尔语资源库构建的研究。面向信息处理的现代维吾尔语资源库建设,实际上建立现代维吾尔语语言知识库。为做好此项研究工作用计算语言学、语料库语言学和统计学理论作为依据,严格的工程语言学研究思想作为解决问题的切入点,以我们以往研究的成果作为基础,以计算机技术、人机互助技术、统计技

术以及方法作为手段,以严格的软件工程思想为指导,建设面向信息处理的现代维吾尔语资源库。

二 现代维吾尔语真实语料的收集与语料库建设

现代维吾尔语语料库建设工作是整个现代维吾尔语信息处理工作的一项基础建设,现代维吾尔语信息处理,不仅需要归纳、提取现代维吾尔语的表层形式结构规则,还需要对现代维吾尔语的深层结构进行研究。课题组在具体的实践过程中,根据人力、财力、时间等现有的条件,初步收集了 800 万词汇级的现代维吾尔语真实语料。在"现代维吾尔语语料库"建设过程中,采取抽样的手段,使其在类型、范围、质量、数量方面既满足普遍性,又强调规范性的原则基础上,对语料进行了选择。在数量方面要求所选语料既可靠又经济,也就是说在合理性和准确性之间找到一个最佳限量。我们在参考了国内外筛选各种自然语言常用词经验的基础上,把限量数目确定为不少于 400 万词的语料,在类型方面要求所选语料要有一定的代表性和客观性,要能够客观地反映科技、政治、经济、历史、宗教、法律、文学等语体特征,也要反映各类创作人员的用词特点,如教师、编辑、翻译、公务员、作家等等,以保证其统计结果的普遍意义。为此我们在课题酝酿过程中充分考虑到社会现状、文化传统、社会层次以及文化、科技、经济的发展水平等对一个民族语言的词汇范围和现状所起的作用,把语料按照宗教 20%、科普 20%、政论 20%、文学 40%的比例进行了组织。

三 从信息处理角度研究现代维吾尔语

任何民族的语言与该民族历史发展、文化和生活密切相关,利用信息技术处理现代维吾尔语言,从信息处理角度对现代维吾尔语言本身进行研究。

3.1 维吾尔语的特点

3.1.1 维吾尔语基本上是32个字母组成,其中元音8个,辅音24个。维吾尔语的词语是以音节为单位而构成的,音节一般都是以元音为中心的前提下,元音和辅音相互结合而构成的。当然音节,词语的构成是相当有规律性的,词与词之间有间隔。维吾尔语的构形词尾比较丰富,特别是动词词尾非常多。

3.1.2 维吾尔语是黏着性语言,无论词语的构成或构形主要是由词根或词语结合词尾(附加成分)来实现的。维吾尔语的词尾分为两种,一个是构形词尾,另一个是构词词尾。

3.1.3 维吾尔语的词有形态变化。维吾尔语动词、形容词(尤其是动词)都有形态变化。这些形态变化通过词尾变化实现。这些词尾变化是有规则的,为词性标注、词语语义理解提供了许多信息。

3.2 统计现代维吾尔语音节与建立规则库

维吾尔语词语中的元音或辅音,在发音部位和发音方法上是相互协调一致的,这种语音上的协调一致关系不仅体现在词根上,而且体现在词根后。作为形态的语音结构总是和词的语音结构形影相随,不可分离。词和形态的语音结构之间相互影响就产生了语音和谐、阴阳交替、语音增减等等语音变化。在研究维吾尔语中的词尾变体、现代维吾尔语中的语音规律、现代维吾尔语中元音的弱化问题、现代维吾尔语中辅音的协调问题、现代维吾尔语中音节规则的基础上,建立了 A,AB,ABB,BA,BAB,BABB,BBA,BBAB,BBABB,BAA,BAAB 等 11 条音节规则库、元音的弱化规则库、辅音的协调规则库和音节库。

3.3 从信息处理角度考察现代维吾尔语

3.3.1 现代维吾尔语语素的理解

从传统语言学角度观察,根据现代维吾尔语的词汇特点,在现代维吾尔语中构成的词语远远多于语素。语素(语言中能表示语义的最小单位)可以独立成为词根。因此,词根的概念主要包括语素和单纯词。语素也可独立成为单纯词,这是现代维吾尔语的一种词汇特点。构成词语的主要依据是语素。

对现代维吾尔语词根的认识:在研究或处理词根问题上,确定语素是关键。从计算语言学角度观察,不管独立语素和附加语素都认为是语素或词根,词根的最大范围限制是在构词词尾附加成分之内的所有现代维吾尔语词汇。

3.3.2 现代维吾尔语复合词语处理

一般情况下复合词语指的是两个或两个以上的单纯词(独立语素)在词形和语义上,复合而形成表示新语义的独立词语。从传统语言学的角度来看,不存在任何问题。但在计算语言学角度中,正字法中的某些规则不符合计算语言学的处理规则。

3.3.3 现代维吾尔语固定词组的分类

为解决这个问题,这类在文字上要连写成一个整体词纳入词根范围处理,在文字上要用空格分开写成一个整体词纳入固定词组范围。为了计算机处理方便,复合词语的连写部分,本课题中当作词根(词一级层次上)进行处理。没有连写的(词语与词语之间留空格的)复合词语,组成部分一起进行处理。

3.4 现代维吾尔语构词规则的构建

现代维吾尔语构词规则,对词根、构词词尾和构形词尾有严格的次序。从计算语言学角度出发,经过大量现代维吾尔语真实语料研究和部分语料的统计,本课题组提出了人和计算机都能理解的现代维吾尔语的构词规则。从现代维吾尔语句子成分词的组成(见图1所示)可以看出,词根是必有的主成分,按语境需要搭配构词词尾和构形词尾。如果两个或两个以上词尾同时存在,要先加构词词尾然后加构形词尾。其中构词词尾有改变词义功能,构形词尾起语法功能。例如:在句子成分词中:词根用 A 表示;构词词尾用 B 表示;构形词尾用 C 表示;计算语言学角度总结了 A,AB,AC,ABC 等4条规则,并描述在现代维吾尔语中的句子成分词的组成模型。模型图如下框图描述:

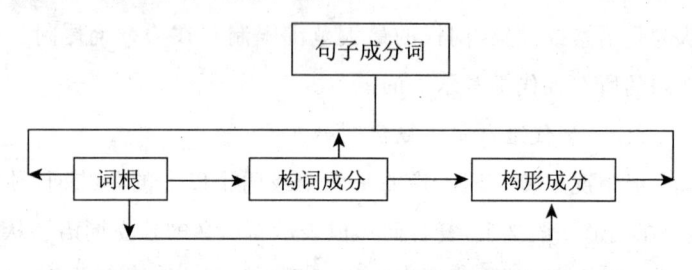

图1 现代维吾尔语中的句子成分词的组成模型

3.5 现代维吾尔语词语模型的建立

从计算语言学角度以及维吾尔语信息处理的需要建立了现代维吾尔语词语模型(Uighur_Word_Model),简称为 UWord_Model,现代维吾尔语词语模型可以通过数学公式来表示:

$$UWord = UWordRoot + [USuffix(x,y,z)]$$

3.6 现代维吾尔语歧义词的分析

(1) 在现代维吾尔语标注中词根歧义现象的处理:①服从歧义规则的歧义词,通过上下文相关规则来处理。我们在 400 万词语的语料中利用自动与人工结合的方法已经发现的 800 多条歧义词,通过规则来处理。处理效果非常好,提高了标注效率和标注正确率。下面以"ثالماس"(要不,人名,钻石)这个词为例。

W2/? V21/ثالماس n/پول a/ ئاز /r ئولار

其如下规则判断:@ + v21/ثالماس + n （不要）

经过 400 万词语的语料自动与人工结合的方法进行标注,形成了 4 000 多条歧义词规则。这些规则对提高系统自动标注准确率起到非常重要的作用。

②不服从规则的歧义词,通过人工来处理。

(2) 在现代维吾尔语标注中词尾歧义现象的处理:目前研究情况来看,还没有发现服从规则的歧义词尾。所以我们发现的 20 多个歧义词尾的处理采用人工处理方法。

四 构建现代维吾尔语资源库过程中获得的成果

4.1 从信息处理角度研究《现代维吾尔语语法信息电子词典》

从计算语言学角度考虑,在维吾尔语特点、构词规则和词语模型基础上,提出了维吾尔语机器电子词根词典结构、词根存放形式框架。经过对每一现代维吾尔语的整个语言单位(各种语言符号、标点符号、词类、各种语法形式或语法意义等)进行深入研究,在词根词典中共设计了 32 个数据表,一个总库。每一个词库表以同一个字母开头的现代维吾尔语词集作为一个数据表,所有词的共同属性包含在数据表中,数据表中的属性包括词语、词类、名词系、语义、词语来源等,共16项。其中词根词典的词汇数量达5万多个词汇,词尾词典的词尾数量有1.3万个词尾。每一个库文件都刻画了词语及其属性的二维关系。利用人机交互技术处理了6.3万词汇的16个属性。

4.2 现代维吾尔语字母频率统计情况

通过对400万词的真实语料进行统计,我们首次公布了维吾尔语字母的使用频率。在维吾尔语中ى字母,其使用频率2 842 094次,占维吾尔语字母总使用量的17%,数量最多,排在第一位。其次ﻧ字母,其使用频率1 547 472次,占维吾尔语字母总使用量的9%,排在第二位。排在第三位是ﺑ字母,其使用频率1 156 525次,占维吾尔语字母总使用量的7%,数量排在第三位。排在第四位的是ل字母,其使用频率1 096 542次,占维吾尔语字母总使用量的6%,数量排在第四位。在维吾尔语中خ字母的使用频率2 223次,占维吾尔语字母总使用量的0.012 9%,使用频率最少,排在倒数第一位。倒数第二位的是ق字母,其使用频率11 079次,占维吾尔语字母总使用量的0.064%,使用频率排在倒数第二位。倒数第三位的是ژ字母,其使用频率84 583次,占维吾尔语字母总使用量的0.49%,使用频率排在倒数第三位。

从维吾尔语中ى、ئا、ئە、ل、ق、ژ、خ等字母的键盘布局角度考虑,ى、ئا、ئە、ل等字母安排了拇指使用方便的键位,ژ、ق、خ等字母的使用频率较低,但是这些字母安排到换档键形式,安排在键盘上的D、F、J键上。这种安排考虑了使用上的方便,又考虑了有限键盘的使用效率。因此我们认为目前的维吾尔语字母的键盘上安排布局科学而合理。

4.3 现代维吾尔语音节统计情况

根据维吾尔人的习惯,维吾尔语的读写是以音节为单位进行,计算机处理维吾尔文是以维吾尔字符为单位的。经过对 400 万词汇的真实语料统计所得的结果进行分析,我们首次发现了 7 000 个左右的维吾尔语音节与使用频率。其中使用频率一次以上的有 6 065 个音节,使用频率三次以上的有 3 730 个音节,使用频率 100 次以上的有 1 682 个音节,使用频率 1 000 次以上的有 717 个音节,使用频率 10 000 次以上的有 138 个音节,使用频率 110 000 次以上的有 9 个音节。现代维吾尔语音节频率统计为维吾尔语的深入研究提供科学依据,为今后开展维吾尔语计算机信息处理工作打下了良好的基础。

4.4 现代维吾尔语词频统计情况

课题组通过对 400 万词的真实语料进行统计,发现了 24 万多条现代维吾尔语的词语,发现了常用词尾和常用词根。在维吾尔语中,ﺍ字母开头的词的数量为 24 075 条,约占语料库中总词汇量 242 195 的 10%,在维吾尔语 32 个字母中排在第一位;ﻕ字母开头的词,数量 19 004 条,占总量的 9%,排在第二位;ﺏ字母开头的词,数量 17 089 条,占总量的 7%,排在第三位;ﻉ字母开头的词语数量 0,排在倒数第一位。而ﻉ字母开头的词语的数量只有 75 条,占总量的 0.03%,在维吾尔语 32 个字母中数量排在倒数第二位。这个字母,主要用于表示从俄语借用来的词和个别拟声的词。

在现代维吾尔语 240 000 个词汇中,使用频率 100 次以上(包含 100 次)的词汇 6 554 个,占 2.73%;使用频率 1 000 次以上(包含 1 000 次)的词汇 566 个,占 0.236%;使用频率 10 000 次以上(包含

10 000次)的词汇403个,占0.016%。在高频词语中,使用频率最高的是代词ئۇ(他),频率83 453次;排在第二位的是数词بىر(壹),频率68 658次;排在第三位的是动词بول(当作),频率68 208次。他们在24万词语中的比率只有0.016%。使用频率低词条的使用范围比较狭窄,专用性强。كىشنىدى(马叫)专用马叫的声音;مىياڭلىدى(猫叫)专用猫叫的声音;ھاڭكۇۋىدى(驴叫)专用驴叫的声音等。

4.5 现代维吾尔语标注子系统的正确标注率

本系统的开发目的是从语法角度采用计算机进行维吾尔语文本词一级处理,包括歧义词处理、未登录词处理和词典自动维护等问题。为解决这些问题,采用计算语言学、统计学和计算机技术融合方法,利用规则与统计结合技术、机器学习技术,重点突破歧义词规则形成技术、规则与统计结合技术解决歧义词处理问题,利用维吾尔语的构词规则和词语模型、词尾模型解决未登录词处理问题、词典自动维护问题,我们设计与实现现代维吾尔语标注处理子系统。该系统的自动标注正确率在98%以上。

4.6 对该研究工作的评价

本项目经新疆维吾尔自治区科技厅组织的专家委员会鉴定认为:"本成果的经济和社会效益大,分析论证较科学,与原有技术相比属国内首创,难度大,工作量大,成果质量较好,应用价值很大,整体达到国内领先水平。"

五 展望

虽然面向信息处理的资源库建设取得了一定的进展,但从少数民族语言信息处理工作需求来看,还处于初级阶段,许多工作需要深入开展。

第一,各家信息处理系统词类标记集的不统一给维吾尔文信息处理系统的数据交换带来了困难。现在越来越需要有一套面向信息处理的、统一的现代维吾尔语词类标记集,以减少数据转换的麻烦。《信息处理用现代维吾尔语词类标记规范》正是为了满足这种需要而设计的。信息处理用现代汉语词类标记规范的研究与制定方面做了大量的工作,积累了许多好的经验、方法,也取得了一定的成果。这些经验、方法以及成果,在信息处理用现代维吾尔语词类标记规范的研究与制定过程中我们需要参考和利用。经过多年的研究,人们对维吾尔语信息处理系统中的词类问题,已经有了一个基本统一的认识,词类体系大类大致相同,没有实质性的分歧。不一致主要体现在大类数量、术语等,有的把某一类作为小类来处理,有的升为大类。所以,《信息处理用现代维吾尔语词类标记集规范》统一发布的时机已经成熟,发布非常必要。

第二,建设新疆少数民族语言文字信息资源共享平台,加强少数民族语言信息技术研究,推进少数民族语言文字信息化进程,特别是跨境民族语言文字信息化对提高我国国际地位,扩大国际影响力有不可忽视的积极作用。不仅仅是自然语言处理领域急需研究的科学问题,而且是关系到民族文化兴衰,促进各民族共同繁荣与发展,并涉及国家稳定与安全,以及国际影响的重要社会问题。民族语言资源是中华民族的宝贵财富,同时也是民语文信息化技术的基础,因此,加强少数民族语言资源开发和少数民族语言文化的保护、抢救,已经成为当前我国语言信息技术研究和语文现代化刻不容缓的重要使命和历史责任。加强多民族语言文化交流,是缩小乃至消除民族语言之间的鸿沟的有效途径,也是语言信息化的重要任务之一。

第三,深入开展现代维吾尔语短语标注工作,加快现代维吾尔语短语规则库、信息库与短语库构建,开展现代维吾尔语树库构建方面的研究(包括维吾尔语句法标注规范、大规模维吾尔语树库构建方法以及树库构建辅助工具),是建设维吾尔语知识库的重要基础。

第四,开展现代维吾尔语语义研究方面的工作。

参考文献

① Yusup Abaidula, Rezwangul . Progress In System Design of Contemporary Uyghur Corpus. Journal of Chinese Language and Computing. Volume 13 Number Permit No MITA(P)381/06/2003.

② Yusup Abaidula, Abdiryim . An Uyghur Syntax Parser. Journal of Chinese Language and Computing. Volume 13 Number Permit No MITA(P)381/06/2003.

③ Yusup Abaidula, Abdiryim . The development of Tagged Uyghur Corpus, PACLIC17 1 - 3 October 2003 Sentosa, Singapore.

④ Yusup Abaidula, Abdiryim. Research on System of Contemporary Uighur Word Frequency Statistics and High Frequency Words, (ICCC 2005) 21 - 23 March 2005, Singapore.

⑤ Yusup Abaidula, Rezwangul, Abdiryim Sali, The Research and Development of Computer Aided Contemporary Uighur Language Tagging System, Journal of Chinese Language and Computing 15 (4): (203 - 210) 2005.

⑥ 玉素甫·艾白都拉、阿不都热依木等《面向现代维吾尔语处理的信息库构造方法》,《民族语言文字信息技术研究》,西苑出版社2007年版。

⑦ 玉素甫·艾白都拉、阿不都热依木·沙力《现代维吾尔语语料库的词

类标注研究》,《民族语文》2005年第4期。

⑧ 玉素甫·艾白都拉等《现代维吾尔语语料库的管理》,《中国人工智能进展2003》,北京邮电大学出版社2003年。

⑨ 玉素甫·艾白都拉《维吾尔语句法分析器中的词义排歧问题的研究》,《计算机应用与软件》2002年第4期。

⑩ 玉素甫·艾白都拉、吾守尔·斯拉木《维吾中心语驱动文法句法分析器中的上下文相关处理》,《计算机应用与软件》1999年第6期。

动名兼类词及其词性标注规则

黄昌宁　李玉梅　靳光瑾
微软亚洲研究院　教育部语言文字应用研究所

摘要　动名兼类词的界定及其词性标注问题语法学界迄今未能达成共识,这给汉语文本的词性标注工作造成了一定的混乱和困难。本文通过语料库考察了动词在非述语位置上的 11 种句法模式,试图总结出一些针对动名兼类词的词性标注规则。在调查研究的基础上,本文主张把"n + v"定中词组的中心语 v 标作名词。

关键词　动名兼类词、词性标注、句法模式、"n + v"定中词组

引言

词类问题是汉语语法研究中的一个老大难问题。对"化学反应"这样一个普通的名词词组,一部词典说它的中心词"反应"是动词,另一部词典则说它是名词。名词词组"文娱活动""体育活动"中的"活动"一词,一部词典说是动词,另一部词典说是名词。即使在同一部词典中,读者也会遇到这样的困扰,比如"新书预告""节目预告"中的"预告"是名词,而"气象预报"中的"预报"和"市场预测"中的"预测"却是动词。一个时期以来,语言学家们关注的焦点似乎是确保"词有定类",因此在贯彻"兼类词只能是少数"的原则上煞费苦心,却一定程度上忽略了"类有定职"的问题。上述名词词组的中心词究竟是动词还是名词,就是淡

化"类有定职"的后果。从汉语语法的各种文献中,读者会看到句法模式"n + n","v + n","n + v",甚至"v + v",都可以构成定中式词组。也就是说,动词和名词一样,不仅可以在定中式词组中担当定语,而且可以充当这种定中式词组的中心语。可是,汉语同其他语言一样,动词和名词是文本中出现频率最高的两种词类,名词词组又是文本中出现频率最高的一种词组,如果动词和名词在名词词组中不能靠句法形式来辨识,而只能凭借词义来区分,那么把动词和名词划归两个词类的理论基础就很值得怀疑了。本文第一节通过动名兼类词的界定来说明,语言学家在这一问题上的分歧究竟有多大。

在中文信息处理中,词性标注可以认为是汉语文本在分词处理后的第二个加工步骤。而实行自动词性标注,不仅要有一个适合汉语的词性标记集,而且要有相应的可操作的词性标注规则。这正是本文研究动名兼类词及其词性标注规则的动机。本文的研究方法是语料库方法。本文第二节通过语料库对汉语非述语动词的 11 种句法模式(又称句法位置)进行了逐项的考察,从中归纳出动名兼类词在不同句法模式中的一些词性标注规则。这些规则反过来又指导我们去更正词表和实验语料库中的词性指派。换句话说,规则编制和词表、词性标注的修正是一个交互的过程。研究工作是在一个 50 万词次的实验语料库[①]上展开的。目的是在该实验语料库上期望达到更高的词性标注正确率和一致性。

---

① 实验语料库是从国家语委的平衡语料库中随机抽取的。

一 语言学家对动名兼类词的界定

1.1 语言学家对兼类词的界定

吕叔湘、朱德熙在《语法修辞讲话》中说,"一个词的意义不变的时候,尽可能让它的类也不变"。他们解释说,"这并不等于说,没有一个词能属于两类或三类,只是说,不应该完全根据它在句子里的地位来决定罢了"。这就是语言学界在考虑兼类词问题时的一条总原则:"词义不变,词性不变"。

《语法修辞讲话》通过一些例子来说明界定兼类词的具体规则,例如:

(i) 在"钉了三根钉"里头,两个"钉"字不但地位不同,意义不同,而且读音也不同,应该算是两个词;

(ii) 在"拿把锁把门锁上"里头,两个"锁"字,不但地位不同,意义也不同,是一个词属于两类,前一个是名词,后一个是动词。可见,在语言学里,同形、同音是兼类词的必要条件,不然的话,它们就算是两个词了。满足同形、同音之后,句法位置不同,不一定就是兼类,还要看意义的差异有多大。例如,词义不同,但是否有联系等等。然而大家都知道,靠意义来确定一个词在句子里的词性,见仁见智,带有很强的主观性,既不易操作,又无法期望有较高的一致性。

可是,在对中文文本进行词性自动标注阶段,一个词的音、义信息是不可知的,只要它在句子中可能有多于一个词性标记,就叫做兼类词。因此,同形不同音的"钉(ding1)"和"钉(ding4)","行(xing2)"和"行(hang2)",都是兼类词。对计算机自动词性标注的实践来说,一个词的词性主要由它在句子中的句法位置来确定,而不是依据词义可以做出判断的。由于篇幅所限,本文只讨论动名兼类词问题及其词性标注规则。

1.2 动名兼类词的范围

由于担心动名兼类词的数量太多会造成"词无定类"的不良影响,语言学家对动名兼类词的界定慎之又慎。在"兼类词只能是少数"的原则下,动词和名词所出现的句法模式(句法位置)反而成了软指标,没有一个统一的可操作的规则。

下面先来看一看语言学家对现代汉语中动名兼类词的认同率究竟有多高。

1.2.1 刘月华等的动名兼类词表

根据对外汉语教学的需要,刘月华等在北京语言学院所编的《汉英小词典》范围中挑选了大、小两个动名兼类词表。小表由74个词条组成(见附录一),它们作为动词时表示某种动作行为,作为名词时则指称具体的人或物,如"翻译、裁判、导演、报告、建筑、证明"等。大表收入动名兼类词147个(见附录二),它们作为动词时表示某种动作行为,作为名词使用时则可接受数量词及表示事物性质、数量的形容词(如"好、大、多"等)修饰。令人惊讶的是,与新版《现汉》指派的词性相比,上述小表中有62个词(83.8%)在《现汉》中也是动名兼类词,而大表中只有56个词(38.1%)在《现汉》中是动名兼类词。

1.2.2 胡明扬的动名兼类词表

胡明扬判定动词兼有名词词性的三项语法特征是:"(i)能直接受名量词修饰;(ii)能直接做'有'的宾语;(iii)能直接受名词的修饰。"他考察的动词来自孟琮等编的《动词用法词典》、国家对外汉语教学领导小组办公室的《词汇等级大纲》等资源共3 036个动词。其中有392个是动名兼类词,占12.91%。如果放宽标准,只要符合三项标准中的任何一项标准都算是动名兼类词,那就有587个是动名兼类词,占19.33%。胡明扬给出的双音节书面语动名兼类词表(见附录三),共349个词。其中只有131个动词在《现汉》中有动、名两个词性。也就是说,胡明扬的这个动名兼类词表与《现汉》相比,两者的认同率只有37.5%。

以上两项调查说明,语言学家对动名兼类词这个问题迄今没有一个共识。郭锐对既可以做准谓宾动词的宾语、又可以直接受名词修饰的动词(即"名动词")作了一番统计。他的判断条件与胡明扬大体相同。郭锐的统计表明,"具有名词性的动词在10 300个动词中共有2 381个,占23%",而"在词频最高的前3 925个(动)词中有1 220个,占到31%"。郭锐认为,这个量太大,不宜处理为兼名词。这让我们产生一个疑问:语言学家心目中的动名兼类词总数究竟是多少呢?

二 非述语动词的句法功能考察

只有搞清楚动词和名词各自的句法特征,才能在文本中按照它们的上下文正确标注其词性。由于在述宾、述补和状中等动词词组中,中心词动词的句法功能容易得到辨识,所以本文将集中考察动词在非述语位置上的句法功能。为了更清楚地说明问题,我们尽可能把所观察的动词限制在光杆动词上。李艳鸽曾把非述语动词的句法模式(或句法位置)归纳为以下11种。我们希望通过语料库的实例来进一步展示,每个句法模式中的"动词"究竟应当标动词词性还是名词词性。本文的实例选自国家语委平衡语料库,其中注有双百分号(%%)的句子是根据本文建议的词性规则进行更正后的结果。

2.1 动词做主、宾语

(1)抗战/v 刚刚/d 胜利/v,/w

％％ 抗战/n 刚刚/d 胜利/v,/w

[注]尽管动词可以担当句子的主、宾语,由于词表中"抗战"为名动兼类词,所以应标作名词。

(2)改革开放/v 使/v 人们/n 大/a 开/v 了/u 眼界/n。/w

(3)人民/n 政权/n 已经/d 建立/v 起来/vd,/w 并且/c 日益/d 得到/v 巩固/v。/w

目前,在语法学界大多数学者都同意动词或动词词组可以担当句子的主、宾语,包括部分介词宾语。为了保证词性标注的一致性,特规定如下:在主、宾语位置上出现的光杆动词,如果在词表中是动名兼类词,一律标作名词词性,否则保持动词词性不变。

2.2 动词做准谓宾动词的宾语

常见的准谓宾动词有"有、进行、作、受、受到、遭到、加以、予以、给予"等。下面是一些准谓宾动词带动词作宾语的实例:

(1)有人/r 主张/v 请/v 专业队/n 进行/v 安装/v。/w

(2)决定/v 对/p 女士/n 的/u 卖弄/v 风情/n 给予/v 应答/v,/w

(3)当/p 受到/v 恐吓/v 时/nt,/w 爪哇/ns 孔雀/n 即/d 小心/a 戒备/v 而/c 显出/v 攻击性/n。/w

[注]"安装、应答、恐吓"在词表中都只有动词一个词性。

为了保证词性标注的一致性,结合 2.1 节的规则,特规定如下:当一个光杆动词在句子中担当动词的宾语,无论该述语动词是不是准谓宾动词,如果这个光杆动词在词表中是动名兼类词,一律标作名词词性,否则保持动词词性不变。

2.3 定中式"n+v"名词词组(动词直接受名词修饰)

"n+v"是一个歧义模式,它既可以是主谓词组[例(1):"日月更迭"],又可以是偏正结构中的状中词组[例(2):"武装干涉"]或定中词组。

(1) 日月/nt 更迭/v,/w 几/m 年/nt 下来/v,/w
(2) 不能/vu 排除/v 某些/r 外部/nd 势力/n 武装/n 干涉/v
 我国/n 内政/n 的/u 可能性/n ;/w

以下是"n+v"定中式名词词组的实例:

(3) 在/p 质量/n 管理/v 上/nd 狠/d 下功夫/v
 %% 在/p 质量/n 管理/n 上/nd 狠/d 下功夫/v
(4) 受理/v 用户/n 投诉/v 八万/m 多/m 件/q。/w
 %% 受理/v 用户/n 投诉/n 八万/m 多/m 件/q。/w

[注] 在词表中"管理""投诉"都只有动词词性,这里按规定(见第三节)把它们标作名词,这意味着在今后的词表中,它们将变成动名兼类词。

(5) 被/p 树为/v "/w 路风/n 建设/v 百/m 名/q 标杆/n "/w。/w
 %% 被/p 树为/v "/w 路风/n 建设/n 百/m 名/q 标杆/n "/w。/w

[注] 词表中"建设"是动名兼类词,它在"n+v"定中式名词词组中理应标作名词。

2.4 定中式"mq+v"名词词组(动词受数量结构修饰)

(1)结果/n 我/r 挨/v 了/u 一/m 顿/q 骂/v,/w

[注]在词表中"骂"只有动词一个词性,而"顿"是动量词,所以"骂"仍标动词。

(2)这/r 种/q 理解/v 和/c 做法/n 都/d 是/vl 十分/d 错误/a 的/u,/w

%% 这/r 种/q 理解/n 和/c 做法/n 都/d 是/vl 十分/d 错误/a 的/u,/w

[注]词表中"理解"只有动词词性,"做法"只有名词词性。这里根据数量词修饰和同类并列原则(见2.11)把"理解"标为名词。这意味着今后"理解"在词表中被更改为动名兼类词。

2.5 定中式"f+v"名词词组(动词直接受区别词修饰)

温锁林认为,"根据区别词只能直接修饰名词的句法特征",可以把紧随其后的动名兼类词的词性锁定为名词。下面是几个例子:

(1)户部/n 尚书/n 翁同龢/nh 等/u,/w 支持/v 这些/r 正义/f 要求/n。/w

[注]"要求"在词表中是动名兼类词,这里受区别词修饰,应标名词。

(2)包括/v 交感神经/n 和/c 副/f 交感神经/n 双重/f 支配/v。/w

%%包括/v 交感神经/n 和/c 副/f 交感神经/n 双重/f 支配/n。/w

[注]在词表中"支配"只有动词词性,这里受区别词修饰,应标作名词。这意味着今后"支配"在词表中被更改为动名兼类词。

姜自霞在语委词表的 4 583 个非兼类形容词中筛选出"一系列、日常、公共、新型、法定"等 58 个能用来鉴别动名兼类词词性的区别词。看来要把区别词的句法特征锁定为"只能直接修饰名词",并将它们从形容词词表中筛选出来,还有许多工作要做。因此,这条规则目前还没有条件在实验语料库上实施。

2.6 定中式"a＋v"名词词组(动词直接受形容词修饰)

"a＋v"既可以是状中式动词词组[例(1):"适当控制";例(2):"重复建设""分散投资"],也可以是定中式名词词组[例(3),(4)]。前者的中心词词性是动词,后者的中心词词性应标为名词。本文只限于讨论"a＋v"定中式名词词组。

(1) 她/r 一方面/n 适当/a 控制/v 了/u 演员/n 的/u 表演/v,/w

(2) "/w 重复/a 建设/v "/w、/w "/w 分散/a 投资/v "/w 等/u 我国/n 经济/n 建设/n 中/nd 的/u "/w 老大难/n "/w 现象/n,/w

(3) 只要/vu 学生/n 所/u 习/v 功课/n 切合/v 实际/a 需要/v,/w

　　%% 只要/vu 学生/n 所/u 习/v 功课/n 切合/v 实际/a 需要/n,/w

(4) 有关/v 试验/v 机/n 及/c 试验/v 方法/n 的/u 详细/a 报道/v

　　%% 有关/v 试验/v 机/n 及/c 试验/v 方法/n 的/u 详细/a 报道/n

[注] 在词表中"需要""报道"都是动名兼类词,作为定中式名词词组的中心词理应标作名词。

2.7 "XP+的+v"名词词组(动词受"的"字定语修饰)

这种结构同定中式"n+v"名词词组不同,作为名词词组中心词的动词词性在词汇层不改,而在句法层将根据定语标记"的"统一转变成名词词性。据此,在这个结构中的中心词,如果是动名兼类词,一律标作名词,否则保持动词词性不变。

(1) 实现/v 了/u 人生/n 的/u <u>跨越/v</u>。
(2) 要/vu 想/v 得到/v 别人/r 的/u <u>尊重/v</u>,/w
(3) 进行/v 适当/a 的/u <u>调整/v</u>。/w

[注] 词表中"跨越、尊重、调整"等词都只有动词一个词性。它们受"的"字定语修饰后将在句法层转变成名词词组。

(4) 教/v 是/vl 教师/n 的/u <u>活动/v</u> ,/w
　　%% 教/v 是/vl 教师/n 的/u <u>活动/n</u> ,/w
(5) 我们/r 的/u <u>教育/v</u> 正/d 向/v 着/u 科学/n 与/c 人文/n 的/u <u>整合/v</u> 而/c 发展/v。/w
　　%% 我们/r 的/u <u>教育/n</u> 正/d 向/v 着/u 科学/n 与/c 人文/n 的/u <u>整合/v</u> 而/c 发展/v。/w

[注] 在词表中"活动""教育"是动名兼类词,作为名词词组的中心词统一标作名词。"整合"只有动词词性,所以保持不变。

2.8 定中式"v+n"名词词组(动词直接修饰名词)

语料库调查说明,动词词组可以直接修饰名词而构成定中式名词词组,如例(1),(2)。由此推论,光杆动词直接修饰名词构成"v+n"定中式名词词组也是合理的。在定语位置上的动词如果是动名兼类词,一律标作名词,否则仍保持动词词性不变。

(1) <u>跨/v 世纪/n</u> 人才/n
(2) <u>驻/v 莫斯科/ns</u> 记者/n

(3)携/v 着/u 各种/r <u>修理/v 器具/n</u> 来到/v 位于/v 西长安街/ns 的/u 茂林小区/ns。/w

(4)这/r 成了/v 一/m 条/q 新/a 的/u <u>运输/v 规律/n</u>。/w

[注] 在词表中"修理""运输"都只有动词一个词性。

(5)从而/c 大面积/n 地/u 提高/v <u>教育/v 质量/n</u>,/w

　　%%从而/c 大面积/n 地/u 提高/v <u>教育/n 质量/n</u>,/w

[注] 词表中"教育"是动名兼类词,按规则作为"v＋n"定中词组的定语应标名词。

2.9　"v＋的"构成"的"字定语

由于名、动、形等实词及其词组都可以构成"的"字定语,所以光杆动词在这个定语位置上是完全合理的。但为了词性标注的一致性,这个定语位置上的光杆动词,如果是动名兼类词一律标作名词,否则保持动词词性不变。

(1)<u>生产/v 的/u</u> 发展/v 必然/a 带来/v 商业/n 贸易/v 的/u 繁荣/a,/w

(2)许多/a 先进/a 单位/n 还/d 发扬/v 了/u <u>互助/v 的/u</u> 高尚/a 风格/n,/w

[注] "生产""互助"在词表中都只有动词词性。

(3)提高/v <u>教育/v 的/u</u> 整体/n 效益/n。/w

　　%%提高/v <u>教育/n 的/u</u> 整体/n 效益/n。/w

[注] 在词表中"教育"是动名兼类词,按规则在"的"字定语中应标名词。

2.10　定中式"v＋v"名词词组(动词直接修饰动词)

"v＋v"结构可能形成连动、动词并列、状中、述宾、述补、定中等多种结构。作为非述语动词,"v＋v"动词并列结构将在2.11讨论,这里集中考察定中式"v+v"名词词组。

(1) 王鲁光/nh 昨天/nt 上午/nt 在/p 举行/v 的/u 新闻发布会/n 上/nd 代表/v 这/r 四/m 个/q 单位/n 宣布/v <u>上述/v 决定/v</u>。/w

%% 王鲁光/nh 昨天/nt 上午/nt 在/p 举行/v 的/u 新闻发布会/n 上/nd 代表/v 这/r 四/m 个/q 单位/n 宣布/v <u>上述/v 决定/n</u>。/w

［注］"决定"在词表中是动名兼类词。这里,名词词组"上述决定"的中心词"决定"应标作名词。

(2) <u>劳动/v 生产/v</u> 和/c 政治/n 教育/n 相/d 结合/v 的/u 方针/n;/w

%% <u>劳动/n 生产/n</u> 和/c 政治/n 教育/n 相/d 结合/v 的/u 方针/n;/w

［注］在词表中"劳动"是动名兼类词,而"生产"只有一个动词词性。"劳动生产"和"政治教育"组成一个名词性的并列词组,因此"生产"的词性应该标作名词(参见2.3)。这意味着今后"生产"在词表中被更改为动名兼类词。

2.11 动词参与的并列词组

在由连词("和、与、或")和顿号构成的实词并列词组中,如果并列成分的词性不尽相同,按照并列的词类或结构相同的原则应使各并列成分的词性取齐。取齐的原则是:(i)假如多数成分在词表中只有一个词性x,则其余并列成分的词性也取x;(ii)依据并列词组的句法功能。

(1) 它/r 包括/v 地图/n 的/u 坐标/n 网/n、/w 控制/v 点/n、/w 比例尺/n 和/c <u>定向/v</u> 等/u 内容/n。/w

%% 它/r 包括/v 地图/n 的/u 坐标/n 网/n、/w 控制/v 点/n、/w 比例尺/n 和/c 定向/n 等/u 内容/n。/w

［注］尽管"定向"在词表中只有动词一个词性,由于其他并列成分都是名词,所以要标作名词。这意味着今后"定向"在词表中被更改为动名兼类词。

(2)我军/n 的/u 指导/v 思想/n、/w 部队/n 编成/v、/w 兵力/n 部署/v、/w 作战/v 方法/n 等/u 方面/n 的/u 转变/v 和/c 改进/v,/w

%% 我军/n 的/u 指导/v 思想/n、/w 部队/n 编成/n、/w 兵力/n 部署/n、/w 作战/v 方法/n 等/u 方面/n 的/u 转变/v 和/c 改进/v,/w

［注］在词表中"编成"只有动词一个词性,"部署"是名动兼类词。由于"部队/n 编成/v""兵力/n 部署/v"都是"n + v"定中式名词词组(见 2.3),其中心词应分别标成名词,以便同另外两个名词词组"指导/v 思想/n""作战/v 方法/n"形成同类并列关系。

三 "n + v"定中结构的再认识

对"n + v"定中式词组的中心词究竟是动词还是名词,语法学界有两种对立的观点:

(i) 朱德熙认为定中词组的中心词可以是动词,并起名为"名动词",是动词的一个子范畴。齐沪扬也认为定中式"n + v"词组的中心词的词性仍然是动词。北京大学的带标语料库用 vn 来表示名动词。不过这样一来,在北大《人民日报》语料库①中,一个动词往往会出现 v、n 和 vn 三个词性标记,其中后两个标记(n 和 vn)似乎是重叠的。例如,为什么"武装飞行"的"武装"是 v〔例(2)〕,而"武装冲突"的"武装"就成了 n〔例(3)〕?为什么"尼加拉瓜反政府武装"中的"武装"是 vn〔例(4)〕,而"反政府武装泰米尔伊拉姆猛虎解放组织"中的"武装"就成了 n〔例(5)〕?

(1)要/v 逐步/d 用/p 现代/t 科学技术/n 武装/v 农业/n,/w

(2)在/p 意大利/ns 国土/n 上空/s 武装/v 飞行/v 的/u 意大利/ns 飞机/n 和/c 盟国/n 飞机/n,/w

(3)格/j 阿/j 双方/n 武装/n 冲突/vn 不/d 断/v。/w

(4)尼加拉瓜/ns 反/v 政府/n 武装/vn 全部/m 被/p 遣散/v

(5)他们/r 都/d 是/v 斯里兰卡/ns 的/u 反/v 政府/n 武装/n〔泰米尔伊拉姆/nz 猛虎/nz 解放/vn 组织/n〕nt 的/u 成员/n 或/c 同情者/n。/w

(ii) 吕叔湘曾用"挨批评"和"文艺批评"来说明前者的"批评"是动词,后者的"批评"是名词。请注意,"批评"这个词在上述两个词组中的词义并没有明显的差异,吕叔湘把"批评"一词视为动名兼类词所依据的正是它们的不同句法模式。遗憾的是,在新版《现汉》中,"批评"只有一个动词词性,它的第一个词义是"指出优点和缺点;评论好坏",而给的例句恰好就是吕叔湘视为名词的那个例子:"文艺批评"。类似例子还有"教育 v/n"。在语委的词表中收录了大量以"教育"为中心词的复合名词或名词词组:"国民教育、基础教育、职工教育、家庭教育、社会教育、文化教育、素质教育、思

---

① http://www.icl.pku.edu.cn/.

想政治教育、革命传统教育"等。按照2.3,这些词条的中心词"教育"都是名词。胡明扬也曾建议把"动词直接受名词修饰"作为判定动名兼类词的三个条件之一,因此作为定中式"n + v"名词词组中心词的v应当指派名词词性。

本文主张在中文文本的词性标注工作中采用上述第二种观点,即把定中式"n + v"名词词组的中心词标作名词。一是它符合X标杆理论(X-Bar Theory),名词词组的中心词应当是名词。二是这条规则使得"n + v"的主谓词组、状中词组同"n + v"定中词组得以区分,在后续的句法分析中不至于因为相同的词类序列而产生句法层的歧义。下面是一些实例:

(1) 举办/v 医德/n 教育/v 和/c 专题/n 业务/n 培训班/n 37/m 个/q,

%% 举办/v 医德/n 教育/n 和/c 专题/n 业务/n 培训班/n 37/m 个/q,

[注]"教育"是名动兼类词,所以"医德教育"的中心词"教育"应标名词。

(2) 深入/a 开展/v 社会主义/n 理想/n、/w 道德/n 和/c 法制/n 教育/v,

%% 深入/a 开展/v 社会主义/n 理想/n、/w 道德/n 和/c 法制/n 教育/n,

(3) 参观/v 国家/n "/w 七五/nt "/w 科技/n 攻关/v 成果/n 展览/v。

%% 参观/v 国家/n "/w 七五/nt "/w 科技/n 攻关/n 成果/n 展览/n。

[注]在词表中"攻关"只有动词词性,"展览"是动名兼类词。

"国家'七五'科技攻关成果"是一个嵌套的定中名词词组:"[国家'七五'科技攻关]成果",因此根据2.3,"攻关"的词性是名词。整个名词词组修饰"展览",所以后者的词性也应标作名词。

(4)他们/r 进行/v 了/u 预算外/n 资金/n 清理/v 检查/v,/w
％％ 他们/r 进行/v 了/u 预算外/n 资金/n 清理/n 检查/n,/w

[注]这是一个定中式"np+vp"名词词组。

(5)已/d 被/p 用于/v 电子/n 照像/v 和/c 静电/n 复制/v 方面/n ;/w
％％ 已/d 被/p 用于/v 电子/n 照像/n 和/c 静电/n 复制/n 方面/n ;/w

[注]词表中"照像""复制"都只有动词词性。

(6)围绕/v 观念/n 创新/v、/w 内容/n 创新/v、/w 机制/n 创新/v 等/u 问题/n
％％ 围绕/v 观念/n 创新/n、/w 内容/n 创新/n、/w 机制/n 创新/n 等/u 问题/n

[注]"创新"在词表中只有动词词性。

(7)在/p 初步/a 完成/v 对/p 非/ns 政策/n 调整/v 之后/nt,/w

[注]在这个例句中,"政策/n 调整/v"是主谓词组,所以"调整"的动词词性不变。

(8)首次/n 成为/v 上海/ns 服装/n 设计师/n 竞赛/v 的/u 主题/n。/w

[注]"上海/ns 服装/n 设计师/n 竞赛/v"可以看作一个主谓词组做"的"字定语,修饰名词"主题"(参见2.9)。

283

四 结论

我们的初步调查说明,语言学家之间对动名兼类词的看法有相当大的差距。随之而来,关于动名兼类词的数量就有很大的出入。例如,在《现汉》和刘月华、胡明扬分别提供的动名兼类词表之间,认同率均只有 38% 左右。

本文通过语料库对 11 种非述语动词的句法模式逐个进行了考察,从中归纳出动名兼类词词性标注的若干规则。我们主张,当"动词直接受名词修饰"时应当把它的中心词标作名词。这样做既符合 X 标杆理论,又把"n + v"的主谓词组、状中词组同"n + v"定中词组加以区分,使得句法分析时,不至于因相同的词类序列而引起句法层的歧义。

以上的调查和由此归纳出来的词性标注规则都是初步的,我们正在一个实验语料库上进行词性标注实验。完成这个实验之后,也许能定量地回答这样的问题:根据本文建议的词性标注规则,词表中的动名兼类词数量会有多大的增加?在如此加工的语料库中,动名兼类词的词性标注一致性会有多大的提升?这些也是我们最关注的问题。

附录一:刘月华动名兼类词小表:共 74 个
摆 v/n/q 包 v/n/q 病 v/n 刺 v/n 点 v/n/q 垛 v/n/q 堆 v/n/q
保管 v/n 报道 v/n 报告 v/n 裁判 v/n 参谋 v/n 残废 v/n 沉淀 v/n
陈设 v/n 称呼 v/n 代办 v/n 代表 v/n 导演 v/n 调度 v/n 雕塑 v/n
对话 v/n 翻译 v/n 俘虏 v/n 规划 v/n 贿赂 v/n 祸害 v/n 计划 v/n

记录 v/n 鉴定 v/n 剪辑 v/n 间隔 v/n 建筑 v/n 警卫 v/n 看守 v/n 练习 v/n 领导 v/n 命令 v/n 批示 v/n 批注 v/n 设计 v/n 声明 v/n 说明 v/n 速记 v/n 随从 v/n 通报 v/n 通告 v/n 通令 v/n 通知 v/n 突起 v/n 侦探 v/n 证明 v/n 指挥 v/n 批示 v/n 主编 v/n 主演 v/n 注解 v/n 注释 v/n 装备 v/n 装置 v/n 组合 v/n 组织 v/n

（以上为《现汉》认同的动名兼类词 62 个）

笔译 v 合唱 v 合奏 v 汇报 v 检讨 v 口译 v 埋伏 v 陪同 v 统计 v 统帅 v 写生 v 展览 v

（以上为《现汉》只给动词词性的词 12 个）

附录二：刘月华动名兼类词大表：共 147 个

爱好 v/n 保障 v/n 保证 v/n 比喻 v/n 标志 v/n 表示 v/n 成就 v/n 处分 v/n 打算 v/n 对比 v/n 发明 v/n 反应 v/n 感受 v/n 负担 v/n 工作 v/n 贡献 v/n 顾虑 v/n 规定 v/n 幻想 v/n 纪念 v/n 记载 v/n 假定 v/n 建议 v/n 教训 v/n 教育 v/n 决定 v/n 警告 v/n 开始 v/n 判断 v/n 陪衬 v/n 偏向 v/n 评价 v/n 评论 v/n 企图 v/n 倾向 v/n 区别 v/n 缺欠 v/n 认识 v/n 实验 v/n 收获 v/n 体会 v/n 退步 v/n 妄想 v/n 误会 v/n 希望 v/n 习惯 v/n 限制 v/n 象征 v/n 行动 v/n 演说 v/n 要求 v/n 预感 v/n 运动 v/n 作用 v/n 反复 v/n/d 活动 v/n/a

（以上为《现汉》认同的动名兼类词 56 个）

爱护 v 安排 v 报复 v 帮助 v 变化 v 表演 v 部署 v 参考 v 尝试 v 惩罚 v 刺激 v 触动 v 创造 v 答复 v 打击 v 调查 v 锻炼 v 发现 v 反映 v 飞跃 v 分析 v 讽刺 v 改变 v 改革 v 改进 v 改善 v 干扰 v 革新 v 更正 v 构思 v 估计 v 关怀 v 号召 v 回答 v 会战 v 寄托 v

奖励 v 教导 v 揭发 v 结合 v 解释 v 借鉴 v 抗议 v 考查 v 考虑 v
考验 v 拉拢 v 捏造 v 判决 v 批判 v 批评 v 迫害 v 欺骗 v 启发 v
迁就 v 牵制 v 谴责 v 曲解 v 声援 v 胜利 v 失败 v 失算 v 示范 v
试探 v 试验 v 束缚 v 探索 v 提高 v 体现 v 体验 v 挑衅 v 突变 v
突破 v 推测 v 歪曲 v 威胁 v 诬蔑 v 污辱 v 侮辱 v 消遣 v 信任 v
休息 v 宣传 v 演习 v 优待 v 援助 v 折磨 v 诊断 v 震动 v 支援 v
转折 v

（以上为《现汉》只给动词词性的词 91 个）

附录三：胡明扬双音节书面语动名兼类词表：共 349 个

爱好 包装 保管 保障 报导 报告 比赛 编辑 标点 表现 拨款 补贴
补助 储备 储蓄 处分 创作 代表 地震 雕刻 定义 对比 发言 罚款
翻译 反应 俘虏 负担 感觉 感冒 根据 工作 公告 贡献 顾虑 规则
广播 规定 滑雪 幻想 贿赂 汇款 活动 积累 记录 记载 假定 假设
监督 检查 简称 鉴定 建议 建筑 讲话 校对 教授 教训 教育 借口
津贴 进步 警告 聚会 捐款 觉悟 决定 开支 礼拜 恋爱 练习 领导
录音 录像 旅行 论证 命令 摩擦 判断 批示 评价 评论 评审 企图
设计 声明 实践 实验 收获 收入 说明 损耗 损失 提议 体会 通报
通告 通知 投入 投资 推论 误会 误解 武装 舞蹈 需要 训练 研究
演说 掩护 要求 依据 议论 影响 应酬 预告 预言 约会 战斗 证明
支出 指示 主编 主张 注解 注释 装备 总结 组织 作用 座谈

（以上为《现汉》认同的动名兼类词 131 个）

安排 暗示 罢工 拜访 伴奏 报复 报销 变动 变革 变化 变迁 辩论
表演 表扬 表彰 搏斗 剥削 补偿 部署 裁决 采访 参观 操练 测验
冲击 冲突 储存 刺激 磋商 答复 担保 调查 调动 动员 斗争 发展

反攻 反击 反抗 反馈 反映 飞行 分工 分析 辅导 复辟 复习 改编
改革 改建 改组 概述 干扰 感染 革新 攻击 供应 共鸣 勾结 构思
估计 鼓励 寒暄 号召 合唱 合作 呼吸 呼吁 化验 回答 会见 会谈
会晤 汇报 计算 检测 检举 检修 检验 简化 讲解 讲演 奖励 交代
交换 交流 交谈 交涉 交替 较量 接洽 结算 解答 解剖 解释 戒严
介绍 进攻 进修 精简 警惕 竞赛 拘留 决口 勘探 抗议 考察 考核
考虑 考试 考验 亏损 扩建 扩散 联欢 联络 联系 联想 旅游 描写
赔偿 批发 批复 批改 批判 批评 评比 评选 普查 歧视 起义 洽谈
牵连 牵制 迁移 签名 侵略 清查 让步 闪电 设想 审查 审判 省略
胜利 失误 实习 示范 示威 试验 输出 输入 束缚 谈判 探索 讨论
提示 提问 体验 听写 通信 统计 突击 妥协 威胁 维修 污染 袭击
下放 协商 信仰 修改 叙述 选择 学习 巡逻 压迫 压缩 演唱 演出
演讲 演算 演习 演奏 游行 游泳 游览 预报 预测 预防 预习 预约
援助 约束 赞助 展览 展示 侦察 诊断 振荡 镇压 争吵 争夺 争论
整顿 整理 支援 执政 制裁 治疗 转变 转播 转移 追求 准备 咨询
资助 走私

（以上为《现汉》只给动词词性的词218个）

参考文献

① 吕叔湘、朱德熙《语法修辞讲话》，开明书店1951年版。

② 刘月华、潘文娱、故韡《实用现代汉语语法》（增订本）第168—170页，商务印书馆2002年版。

③ 胡明扬《动名兼类词的计量考察》，胡明扬主编《汉语词类问题》第258—285页，北京语言大学出版社2000年版。

④ 中国社会科学院语言研究所编《现代汉语词典》（第五版），商务印书

馆 2005 年版。

⑤ 郭锐《现代汉语词类研究》第 161—162 页,商务印书馆 2002 年版。

⑥ 李艳鸽《从词性自动标注看汉语动名兼类词》,《中国社会科学院研究生院硕士论文》2007 年 4 月。

⑦ 靳光瑾、肖航、富丽等《现代汉语语料库建设及深加工》,《语言文字应用》2005 年第 2 期。

⑧ 朱德熙《关于动词形容词"名物化"的问题》,《北京大学学报·人文科学》1961 年第 4 期;朱德熙《现代汉语语法研究》,商务印书馆 1980 年版。

⑨ 朱德熙《语法讲义》,商务印书馆 1982 年版。

⑩ 齐沪扬等《与名词动词相关的短语研究》,北京语言大学出版社 2004 年版。

⑪ 温锁林《从词性标注看小句的中枢地位》,《汉语学报》2004 年第 4 期。

⑫ 姜自霞、陈晓等《试论区别词的词性鉴别能力》,《全国第九届计算语言学学术会议(JSCL2007)论文集》,清华大学出版社 2007 年版。

⑬ 郭锐《表述功能的转化和"的"字的作用》,《当代语言学》2000 年第 1 期。

⑭ 吴云芳《V+V 形成的并列结构》,《语言研究》2004 年第 3 期。

⑮ 吕叔湘《汉语语法分析问题》,商务印书馆 1979 年版。

基于计量研究的现代汉语常用词库的构建[①]

俞士汶 朱学锋 支流

北京大学计算语言学研究所

一 汉语词汇计量研究的发展轨迹

1.1 汉语词汇计量研究的目标及早期成果

汉语词汇计量研究期望得到的最重要的物化成果之一是汉语常用词库。最简单的词库仅仅是一份词语的清单(又叫"词表",其中的词语是排序的,如果未排序,则叫"词袋")。拟建的汉语常用词库将富含词语的各种信息:读音、词类、义项以及其他句法、语义信息等等。立足于可靠的常用词库,无论是自然语言处理研究还是汉语教学,都会收到事半功倍的效果。汉语常用词库的制作是一项庞大的工程,北京大学计算语言学研究所(以下简称 ICL/PKU)研制的《现代汉语语法信息词典》(GKB)、《现代汉语语义词典》(CSD)以及"大规模基本标注语料库"(STC)等语言数据资源已经为它做了大量的前期准备工作。不过,制作一部精品常用词库依然不是一件轻而易举的事。选词是首先碰到的难题。词的

[①] 本文相关研究得到国家 973 课题"文本内容理解的数据基础"(2004CB318102)和自然科学基金项目(60503071)的支持。

使用频度自然是首要考虑的因素。

对于书面汉语,字符串层次的统计数据(最简单的是字频)可以基于原始语料求得。1928年商务印书馆便出版了教育学家陈鹤琴先生编的《语体文应用字汇》。该书收录了由554 478个汉字的语料统计所得到的4 261个不同的汉字,书末还附有"字数次数对照表",按字频排列。这是汉语计量研究的第一个成果,全靠手工完成,难能可贵。现在,可以轻而易举地在互联网上查询基于更大规模语料的汉字频度(例如:http://fhpi.yingkou.net.cn/bbs/1951/messages/2903.html)。

得到词频统计数据就不容易了。最早的使用计算机的词频研究成果当推北京语言学院完成的《现代汉语频率词典》和北京航空航天大学等单位完成的"信息处理用现代汉语常用词词表"。

对于汉语计量研究来说,字频要向词频发展,不过字频是最可靠的,字频与词频应相互补充、印证。

1.2 汉语词汇计量研究的深入方向

现在从事汉语词汇计量研究,条件大为改善。获取大规模电子版原始语料已经没有技术上的困难了,也有了比较成熟的适用的电子词典,如GKB,CSD等。尽管如此,汉语词汇计量研究成果并不多见,原因在于原始语料中词汇知识的表现方式是隐性的,只有对语料进行加工,使隐含的信息显性化,才便于统计,而大规模高质量汉语语料的加工是一项高难度、高投入的语言工程。现在虽然已有多个这样的千万字量级的基本加工语料库,基于这些语料库得到词频以及带词性的词频这类数据原则上应该没有困难。不过,一种语言的计量研究成果具有全局的宏观的特性,比针对具体词的微观研究,影响面广,因此发布这类成果一般都相当谨慎。

随着语料库加工的不断深入,显性化的信息越来越多,词汇计量研究不断深入,成果也会越来越丰富。完成了词语切分的语料,词的知识显性化,可以进行词频统计。词频是词汇的所有计量研究的基础。完成了词性标注的语料,词性的知识显性化,可以进行带词性的词频统计。对文本注音,就可以进行多音词、同音词统计以及声调分布与迁移规律的探讨。对词加注《现代汉语语法信息词典》中的"同形"信息,就可以进行粗粒度的词义频度统计。加注"现代汉语语义词典"中的"义项代码"信息,就可以进行细粒度的词义频度统计。进一步,还可以在各类短语标注的基础上,对词的各种语法属性进行计量研究。

二 常用词表与"部件词"

2.1 常用词表的定义

常用词表 L 是任意有限语料库 C 和覆盖系数 $\delta(0 \leqslant \delta \leqslant 1)$ 的二元函数 $L = L(C, \delta)$。下此抽象定义的目的是不指望某一个常用词表对任何语料都是适用的,而且常用词表对特定语料库的覆盖面也要有量化指标。

语料库 C 简化为集合 $C = \{(u_j, f_j) \mid 1 \leqslant j \leqslant m\}$。其中,$u_j$ 代表 C 中的词语,当 $i \neq j$,则 $u_i \neq u_j$;f_j 为 u_j 在语料库 C 中出现的频次。将 f_j 按降序排列,于是有:当 $s < t$ 时,$f_s \geqslant f_t (1 \leqslant s \leqslant m, 1 \leqslant t \leqslant m)$。

给定常数 $\delta(0 \leqslant \delta \leqslant 1)$ 作为覆盖系数,只要找到一个 $k(1 \leqslant k \leqslant m)$,使

$$\frac{\sum_{j=1}^{k} f_j}{\sum_{j=1}^{m} f_j} \geqslant \delta,$$

集合 C 的子集 L = $\{u_j, f_j \mid 1 \leqslant j \leqslant k, k \leqslant m\}$ 就是语料库 C 关于覆盖系数 δ 的常用词表,即前 k 个词语。

频次又叫绝对频率。词语 u_j 的相对频率(有时简称频率)的定义为 p_j,

$$p_j = \frac{f_j}{\sum_{j=1}^{m} f_j}$$

使用相对频率 p_j,语料库 C 关于覆盖系数 δ 的常用词表要求找到一个 $k(1 \leqslant k \leqslant m)$,使

$$\sum_{j=1}^{k} p_j \geqslant \delta$$

2.2 词频统计与"部件词"的引入

以上介绍的词汇计量研究都是立足于如下假设:"切分单位"就是"词"。这个假设并不完全符合事实。且不说不同的语言学著作和词典对于汉语词的界定不同,不同的应用需求对切分单位的规定也不同,就是在 ICL/PKU,《现代汉语语法信息词典》GKB 中的词语(词典的登录项)同基于 GKB 制作的基本标注语料库 STC 的切分单位之间也有各种差异。

首先,差异表现在汉字串的大小:句法词与词典词。

STC 的切分单位基本上是句法词,GKB 登录项的绝大部分是词典词,两者有差别。STC 定义的"句法词"可以比较长,"八千八百八十八/m"、"一九九七/m"、"一九九八/m"是切分单位,也都

是数词,"一九九八年/t"、"一九九七年/t"、"1997年/t"、"1998年/t"都是时间词,这些切分单位或句法词本身不宜作为词频统计对象,但它们又包含了应当作为统计对象的GKB中的名词"年"以及基本数词"一、七、八、九、十、百、千"。根据对1998年全年《人民日报》基本加工语料库(STC,约2 600万字)的统计,单独使用的名词"年"只有822次,居2 174位,比"病、楼、家乡、能源、对手"的频次还低,不符合人们对新闻语料的认知。其实很多的"年"包含在"一九九八年、一九九七年、1997年、1998年"中。"1997年、1998年、一九九八年、一九九七年"的频次分别是5 418,2 813,267,238。人们通常认为,名词"年"的频次不仅是它单用的次数,也包括在这些句法词中的频次。基本数词的情况也是如此。

另一方面,如果一律以GKB中的词典词作为统计对象,也有不合理的情况。GKB收了"积极""积极分子"和"积极性"这3个词,《现代汉语词典》和《现代汉语规范词典》也收了它们。它们又是切分单位,够资格作为统计对象。但是,如果各自独立地统计,就少计了形容词"积极"的次数,因为"积极分子"是由"积极"和"分子"、"积极性"是由"积极"和"性"构成的。如果"积极"的频次过少,也不符合人们的认知。GKB收了后接成分"性",但根据切分规范,"性/k"一般不会单独出现,但不能说后接成分"性"的频次不高,因为"积极性、创造性、重要性、历史性、建设性"等词的频次很高,它们既收在GKB中,也是切分单位,"性"的频次实际上分散到了其他词的统计数据中去了。如果将"积极分子、积极性、创造性、重要性、历史性、建设性"拆开,对"积极、分子、积极、性、创造、性、重要、性、历史、性、建设、性"分别进行统计,再做同类项合并,就可以得到更基本的词语"积极、分子、创造、重要、历史、建设、

293

性"的频次。因此,无论对于在语料库中出现的切分单位(句法词)还是对 GKB 中的"词语"(词典词)都还有一个进一步甄别并合理划分的问题。一类是基本的,很像机械或电子设备的"部件",不妨称它们为"部件词",另一类则是由"部件词"构成的"非部件词"。无论把一部词典中所有的登录项看作词的全集还是把所有切分单位看作词的全集,都有如下 3 个关系:

① 部件词∪非部件词 = 词的全集;

② 部件词∩非部件词 = θ(空集);

③在语料库中,部件词 W 的实际频次 = W 本身频次 + 所有包含 W 的非部件词的频次。

GKB 只有 1—4 个字的词语,STC 有 5 个字以上的切分单位。

按照切分规范,自由短语要切分。GKB 将一些常用短语作为词语收入了,这样的单位要切分成部件词。

GKB 有"毛泽东""邓小平"这样的姓名,而 STC 中切分规范规定姓氏和名字要切开。

其次,STC 的切分单位的词性标注和 GKB 的词语归类之间也有差异。

加在 STC 的切分单位上的词性标记多于 GKB 的 26 个词类代码。多对一的情况居多,不难转换。如:v,vn,vd 对应于 v;a,an,ad 对应于 a。也有更复杂的情况。如:姓氏 nr 或 nrf 对应语素 Ng。人名 nr 或 nrg 虽然可以归入名词,但通常不会是词典的登录项。组成人名的各个汉字不再是相应的词或语素,只能作为汉字来统计。

为了让词频统计更准确,更符合人们的日常认知,有必要引进"部件词"的概念。

2.3 部件词与基本词、核心词的异同

"常用词"是日常用语。语言学家通常使用"基本词""核心词"这些术语以界定自己的研究范围。关于"基本词""核心词"的论著十分丰富。最新的成果应当是赵小兵 2007 年完成的博士论文《基于动态流通语料库的现代汉语基本词汇自动识别与提取方法研究》,该文界定"语言工程用现代汉语基本词"具有如下特征：全民常用性；时间的使用稳定性；构词能力强。黄居仁等于 2005 年发表的《基本词汇的预测与验证：由分布均匀度激发的研究构想》介绍并区分"基本词汇(basic lexicon)"和"核心词汇(core lexicon)"。语言学家所说的"基本词""核心词"都涉及语言的历时演变和共时比较,乃至多种语言。笔者理解,如果仅以现代汉语为对象,特别是针对 2.1 节定义的"常用词表","基本词"和"核心词"并无本质区别,而且 2.2 中所引进的"部件词"与它们有基本的相同之处,也有不同之处。之所以引进"部件词"这个术语,纯粹是为了避免质疑,此前也曾尝试过使用"基本词、核心词、语文词、元素词"等等术语。

构建常用词库的第一步就是基于大规模语料库的词语使用频次列出部件词表。

尝试采用构造性方法对于一种语言的有限集探索表达该语言的满足充分必要条件的词表的存在。不妨从任意一个初始词表开始。对于该有限集,首先看该词表够不够用,若不够用,则往里加新的词语,直到够了为止,从而扩充到一个"充分"的词表。然后逐个审查该词表中的每个词,对于表达该有限集,如果某个词是不必要的,则可把它删去,从而留下必要的。对于充分性,可预设初始词表很小,由小而大,得到一个"最小充分"的词表；对于必要性,可

预设初始词表很大,由大而小,得到一个"最大必要"的词表。如果"最小充分集"与"最大必要集"相等,即他们的交集就是它们自身,那么,它们就是所需要的"充分必要集"。不过,这里所说的"够用不够用"和"能不能删去"的判断标准也存在弹性,并不是一件容易的事。

本项研究选择 ICL/PKU 的"基本标注语料库"STC 作为现代汉语的有限集。首先从《现代汉语语法信息词典》GKB 的 8 万词语出发,或者拆分,或者紧缩,得到无序的部件词袋,据此处理 STC 中的切分单位,得到按词频排序的部件词表,补充少许有典型意义的非部件词,形成常用词表,再依据 GKB,现代汉语语义词典 CSD 和多级加工的语料库,补充词法、句法、语义信息(可否型或概率型),最后得到常用词库。

三 部件词的判定准则

3.1 部件词提取规则的样例

如"积极性/n"可拆分为"积极/a"和"性/k",从词表中删去"积极性/n"无妨。"积极/a"和"性/k"是部件词,"积极性/n"不是。相应的拆分规则是:

AB 性/n →AB/a + 性/k。

本规则的含义是某个名词的词形为"AB 性",且"AB"为词表中的形容词 a,则"AB 性"不是必要的,它可以拆分为形容词"AB"和后接成分"性"。

又如"马里马虎"可紧缩为"马虎",删去"马里马虎"也无妨,"马虎/a"是部件词,"马里马虎/z"不是。

又抽象出 1 条紧缩规则：A 里 AB/z →AB/a。

从 GKB 和 STC 中获取部件词,需要拆分和紧缩这两类规则,大多数情况是拆分。

3.2 详细的部件词判定准则

(1)排除规则

① 单纯词既不拆分,也不紧缩;② 成语不拆,如"龙飞凤舞、远走高飞、说三道四",尽管其中包含部件词,如数词"三""四";③ 合成词或习用语的意义难以根据其构件词的意义的简单组合来理解,则不拆分。如"狮子头、老虎凳、千斤顶、打秋风、二百五、背黑锅";④ 作为一个合成词或习用语,根据③是不宜拆分的,但在语料中,其词形并不作为合成词或习用语使用,当然要切分,这是切分问题,并非是部件词拆分问题,如"这/ 块/ 表/ 值/ 二/ 百/五/";⑤ 二字词拆分概率小,3 字以上的合成词拆分概率大。

(2)紧缩规则

二字词 AB 通过重叠变形得到的 AAB,ABB,AABB,A 里 AB 这种形式的合成词不是部件词,应予紧缩。如:"挥挥手/v"对应的部件词是"挥手/v","亮堂堂/z""哗啦啦/o"对应的分别是"亮堂/z""哗啦/o","慌慌张张/z"对应的是"慌张/a","马里马虎/z"对应的则是"马虎/a"。

(3)拆分规则

① 尽管二字词拆分的可能性小,但对于数词"第一""一个",代词中的"本人""各地",方位词中的"以南""北边"等这样一些合成词,应该拆分。

② 作为词语收入 GKB 的短语要拆分,如:"西安事变/n——西安/n 事变/n。"

③ 对于拆分可能性大的三个字以上的词语,存在拆分歧义。对三字词,就有 2+1,1+2,1+1+1 这 3 种不同的潜在情况。多数是容易决定的,如"科学家/n——科学/n 家/k"、"超音速/n——超/v 音速/n"、"中日韩/j——中/j 日/j 韩/j"。也有少数难以确定的情况,如"超薄型/b——超/v 薄型/b 或 超薄/b 型/k 或 超/v 薄/a 型/k"似乎都可以,由于 GKB 未收"超薄/b",确定为"超薄型/b——超/v 薄/a 型/k"。是比较妥当的。不过,对于"文学士/n",该拆分成"文学/n 士/k"还是"文/n 学士/n"呢?从大规模语料中,还查到"法学学士""商学学士"等用语,才可以判定应该是"文学士/n——文/Ng 学士/n"。

④ 拆分后会出现部件词的词性歧义问题。如"管理科学/n——管理/n 科学/n",而"科学管理/n"——"科学/a 管理/n"。

⑤ 拆分后也会出现部件词的同形歧义问题。如"保管员/n——保管/v! 1 员/k",因为 GKB 中,"保管"的同形字段区分为"1""2",这里应该选用"1"。

⑥ "部件词"并非一定是词,也可以是语素,如"夏熟作物/n——夏/Tg 熟/a 作物/n"。

⑦ 与其他词汇知识库建设一样,部件词提取也依赖语言知识和专业知识,也是一项知识工程。

四 结语

"概率型语法信息词典"的研制是作者承担的 973 课题"文本内容理解的数据基础"的子任务之一。以计量研究为基础建立常用词表是必要的,也是"概率"的首要表现。在实践中认识到,常用词表的建立并不容易。"部件词"概念的提出以及"部件词"提取的实践或许为条条道路皆可通达的目标又开辟了一条新路。继续前行,是否顺利,结果如何,有待实践的检验。

或许有人质疑 STC 和 GKB 的局限性。不过这里的方法具有普遍意义。如果作为覆盖对象的现代汉语语料库足够大,词语的相对频率可以近似地看作是词语在现代汉语中出现的概率,那么如此确定的常用词表就可以近似地认为是现代汉语常用词表。再者,选择 GKB 作为初始词表,选择 STC 作为现代汉语的有限集,都附带了丰富的词法、句法、语义信息,为常用词库的建设带来了便利。

本项研究是在 ICL/PKU 诸多成果的基础上进行的,最后成果还依赖更多成果的集成和融合。谨向为相关研究做过贡献的同仁和学生致以谢意!曾立英博士检查了 GKB 的初步拆分结果,王萌同学协助研究,谨致谢意!

参考文献

① 俞士汶、朱学锋等《现代汉语语法信息词典详解》(第二版),清华大学出版社 2003 年版。

② 王惠、詹卫东、俞士汶《现代汉语语义词典规格说明书》,《汉语语言与计算学报》Vol. 13(No. 2):159—176 页。

③ 俞士汶、段慧明、朱学锋、孙斌《北京大学现代汉语语料库基本加工规范》,《中文信息学报》2002 年,第 16 卷第 5 期 49—64 页;第 6 期 58—65 页。

④ 冯志伟《数学与语言》,湖南教育出版社 1991 年版。

⑤ 北京语言学院语言教学研究所《现代汉语频率词典》,北京语言学院出版社 1986 年版。

⑥ 刘源、谭强、沈旭昆《信息处理用现代汉语分词规范及自动分词方

法》,第五章"信息处理用现代汉语常用词词表",清华大学出版社1994年版。

⑦ 俞士汶《建设综合型语言知识库的理念与成果的价值》,《中文信息学报》2007年第6期。

⑧ 靳光瑾、肖航、富丽、章云帆《国家语委十五科研重大项目"语料库建设及深加工"研究成果汇报》,《语言文字应用》2005年第2期。

⑨ 俞士汶、段慧明、朱学锋、孙斌、常宝宝《北大语料库加工规范:切分·词性标注·注音》,《汉语语言与计算学报》Vol.13(No.2):121—158页。

⑩ Shizuo Hiki, Kazuko Sunaoka, Liming Yang and Yasuyo Tokuhiro. Occurrence frequency and transition probability of the Chinese tones, Proceedings of International Symposium on Tonal Aspects of Languages: With Emphasis on Tonal Languages, TAL2004, March 2004, Beijing, China (Poster P06).

⑪ 俞士汶、段慧明、朱学锋、张化瑞《综合型语言知识库的建设与利用》,《中文信息学报》2004年第5期。

⑫ 俞士汶、朱学锋、段慧明、吴云芳、刘扬《汉语词汇语义研究及词汇知识库建设》,CLSW2006特邀报告,2006年5月:台湾新竹台湾交通大学,将刊载于台北:《语言与语言学》2007专刊"Lexicon, Grammar and Natural Language Processing"。

⑬ Wu Yunfang, Jin Peng, Zhang Yangsen, Yu Shiwen. 2006. "A Chinese corpus with word sense annotation", Proc. of International Conference on the Computer Processing of Oriental Languages 2006, Singapore 414—421.

⑭ 俞士汶、段慧明、朱学锋《词的概率语法属性描述研究及其成果》,许嘉璐、傅永和主编《中文信息处理——现代汉语词汇研究(第五章)》,广东教育出版社2006年版。

⑮ 赵元任《汉语口语语法》,商务印书馆1979年版。

⑯ 朱德熙《语法讲义》,商务印书馆1982年版。

⑰ 中国社科院语言研究所词典编辑室《现代汉语词典》(第5版),商务印书馆2005年版。

⑱ 李行健主编《现代汉语规范词典》,外语教学与研究出版社、语文出版社2004年版。

⑲ 赵小兵《基于动态流通语料库的现代汉语基本词汇自动识别与提取

方法研究》,《北京语言大学博士学位论文》2007年。

⑳ 黄居仁、张化瑞、俞士汶《基本词汇的预测与验证:由分布均匀度激发的研究构想》,何大安、曾志朗编辑《永远的POLA——王士元先生七秩寿庆论文集》,台湾中研院语言学研究所2005年12月。

自然语言处理中的理性主义和经验主义

冯志伟 教育部语言文字应用研究所

摘要 本文分析了理性主义和经验主义及其在自然语言处理的研究中的影响,对比了自然语言处理中基于规则的理性主义方法和基于统计的经验主义方法的优点和缺点,主张把这两种方法结合起来以推动自然处理研究的发展。

关键词 理性主义、经验主义、基于规则的方法、基于统计的方法

一 引言

许嘉璐先生在《语言文字应用》2006年第2期发表了《研究中文信息处理,需要仰望一下天空》的论文,主张我们中文信息处理工作者不要只埋头于具体的研究,而应当抬起头来仰望一下天空。这个"天空",就是哲学。他大声疾呼,"必须进行形而上老者与形而下智者的对话"。

这是高瞻远瞩的主张! 我非常赞同。我在《语言文字应用》2005年第4期曾经发表过《从知识本体看自然语言处理的人文性》,也正是这个意思。我们这些埋头于具体研究的人("形而下智者"),确实应当仰望一下哲学这片无比广阔的天空,与"形而上老者"(哲学研究者)进行对话,用哲学来指导我们的研究工作。

为了促进"形而上老者与形而下智者的对话",开拓我们的思路,许先生在文章中首先指出了"理性主义"(rationalism)君临天

下的局面,他对于自然语言处理中的理性主义进行了严厉的批评。他的批评是一针见血的。我很赞同这样的批评。

1992年6月在加拿大蒙特利尔举行的第四届机器翻译的理论与方法国际会议(即TMI-92)上,宣布会议的主题是"机器翻译中的经验主义和理性主义的方法"。所谓"理性主义",就是指以转换生成语言学为基础的方法;所谓"经验主义",就是指以大规模语料库的分析为基础的方法。可见,在国外的自然语言处理研究中,从上世纪90年代开始,也注意到了理性主义与经验主义,也试图从哲学的高度,来考察当前自然语言处理的发展趋势与动向。我认为,许嘉璐先生提出"必须进行形而上老者与形而下智者的对话"的呼吁,与国际自然语言处理的研究和发展紧密接轨,因此,他的这个呼吁是非常及时的。

为了响应许先生关于"必须进行形而上老者与形而下智者的对话"的呼吁,在本文中,我们也仰望一下哲学这一片饱含了人类聪明和智慧的天空,从哲学中的理性主义与经验主义的角度,来考察自然语言处理中的理性主义和经验主义,并进一步分析它们的利弊得失。

二 哲学中的理性主义与经验主义

语言学中的理性主义来源于哲学中的理性主义。在欧洲,这种理性主义源远流长,16世纪末至18世纪中期更加成熟,出现了笛卡儿(Rene Descartes,1596—1650)、斯宾诺莎(Benetict de Spinoza,1632—1677)、莱布尼茨(Cottfried Wilhelm Leibniz,1646—1716)等杰出的理性主义哲学家。笛卡儿改造了传统的演绎法，制定了理性的演绎法。他认为，任何真理性的认识，都必须首先在人的认识中找到一个最确定、最可靠的支点，才能保证由此推出的知识也是确定可靠的。他提出在认识中应当避免偏见，要把每一个命题都尽可能地分解成细小的部分，直待能够圆满解决为止，要按照次序引导我们的思想，从最简单的对象开始，逐步上升到对复杂事物的认识。斯宾诺莎把几何学方法应用于论理学研究，使用几何学的公理、定义、命题、证明等步骤来进行演绎推理，在他的《论理学》的副标题中明确标示"依几何学方式证明"。莱布尼茨把逻辑学高度地抽象化、形式化、精确化，使逻辑学成为一种用符号进行演算的工具。笛卡儿是法国哲学家，斯宾诺莎是荷兰哲学家，莱布尼茨是德国哲学家，他们崇尚理性，提倡理性的演绎法。他们都居住在欧洲大陆，因此，理性主义也被称为"大陆理性主义"。

仰望一下哲学这片无比广阔的天空，我们发现，与此同时，除了许先生严厉批评的"理性主义"之外，在欧洲还存在着"经验主义"（empiricism）哲学。经验主义以培根（Francis Bacon, 1561—1626）、霍布斯（Thomas Hobbes, 1588—1679）、洛克（John Locke, 1632—1704）、休谟（David Hume, 1711—1776）为代表，他们都是英国哲学家，因此，经验主义也被称为"英国经验主义"。培根批评理性派哲学家。他说："理性派哲学家只是从经验中抓到一些既没有适当审定也没有经过仔细考察和衡量的普遍例证，而把其余的事情都交给了玄想和个人的机智活动。"[1]他提出"三表法"，制定

---

[1] 北京大学哲学系外国哲学教研室《十六—十八世纪西欧各国哲学》，第23页，三联书店1958年版。

了经验归纳法,建立了归纳逻辑体系,对于经验自然科学起了理论指导作用。霍布斯认为归纳法不仅包含分析,而且也包含综合,分析得出的普遍原因只有通过综合才能成为研究对象的特殊原因。洛克把理性演绎隶属于经验归纳之下,对演绎法作了经验主义的理解,他认为,一切知识和推论的直接对象是一些个别、特殊的事物,我们获取知识的正确途径只能是从个别、特殊进展到一般,他说:"我们的知识是由特殊方面开始,逐渐才扩展到概括方面的。只是在后来,人心就采取了另一条相反的途径,它要尽力把它的知识形成概括的命题。"①休谟运用实验推理的方法来剖析人性,试图建立一个精神哲学体系,他指出:"一切关于事实的推理,似乎都建立在因果关系上面,只要依照这种关系来推理,我们便能超出我们的记忆和感觉的见证以外。"②他认为:"原因和结果的发现,是不能通过理性,只能通过经验的。"③经验是我们关于因果关系的一切推论和结论的基础。

现代自然科学的代表人物牛顿(Isaac Newton,1642—1727)建立了经典力学的基本定律即牛顿三定律和万有引力定律,使经典力学的科学体系臻于完善。他的哲学思想也带有明显的经验主义倾向。他认为自然哲学只能从经验事实出发去解释世界事物,因而经验归纳法是最好的论证方法。他说:"虽然用归纳法来从实验和观察中进行论证不能算是普遍的结论,但它是事物本性所许可的最好的论证方法,并随着归纳的愈为普遍,这种论证看来也愈

---

① 洛克《人类理解论》,第598页,商务印书馆1959年版。
② 休谟《人类理解研究》,第27页,商务印书馆1957年版。
③ 北京大学哲学系外国哲学教研室《十六—十八世纪西欧各国哲学》,第634页,三联书店1958年版。

有力。"①他把经验归纳作为科学研究的一般方法论原理,认为,"实验科学只能从现象出发,并且只能用归纳来从这些现象中推演出一般的命题"②。正是由于牛顿遵循经验归纳法,才在物理学上取得了划时代的伟大成就。

法国启蒙运动的代表人物伏尔泰(Voltaire,1694—1778)也有明显的经验主义倾向。他以洛克的经验主义为武器去反对教会至上的权威,否定神的启示和奇迹,否认灵魂不死。他赞美经验主义哲学家洛克:"也许从来没有一个人比洛克头脑更明智,更有条理,在逻辑上更为严谨。"③他积极地把英国经验主义推行到法国,推动了法国的启蒙运动。

因此,当我们仰望天空的时候,除了理性主义,还不能忽视经验主义。我们应当使用唯物辩证法的武器来分析和评价西方哲学中的理性主义和经验主义,权衡它们的利弊和得失,汲取"形而上老者"的智慧,从而推动自然语言处理研究的发展。

三 自然语言处理中的理性主义与经验主义

早期的自然语言处理研究带有鲜明的经验主义色彩。1913年,俄国科学家马尔可夫(A. Markov,1856—1922)使用手工查频的方法,统计了普希金长诗《欧根·奥涅金》中的元音和辅音的出现频度,提出了马尔可夫随机过程理论,建立了马尔可夫模型,他

---

① 塞耶编《牛顿自然哲学著作选》,第212页,商务印书馆1963年版。
② 塞耶编《牛顿自然哲学著作选》,第8页,商务印书馆1963年版。
③ 北京大学哲学系外国哲学教研室《十八世纪法国哲学》,第59页,商务印书馆1963年版。

的研究是建立在对于俄语的元音和辅音的统计数据的基础之上的，采用的方法主要是基于统计的经验主义的方法。

1948年，山农（Shannon）把离散马尔可夫过程的概率模型应用于描述语言的自动机。他把通过诸如通信信道或声学语音这样的媒介传输语言的行为比喻为"噪声信道"（noisy channel）或者"解码"（decoding）。山农还借用热力学的术语"熵"（entropy）作为测量信道的信息能力或者语言的信息量的一种方法，并且他采用手工方法来统计英语字母的概率，然后使用概率技术首次测定了英语字母的熵为4.03比特。山农的研究工作基本上是基于统计的，也带有明显的经验主义倾向。

这种基于统计的经验主义的倾向到了乔姆斯基（Noam Chomsky）那里出现了重大的转向。

1956年，乔姆斯基从山农的工作中吸取了有限状态马尔可夫过程的思想，首先把有限状态自动机作为一种工具来刻画语言的语法，并且把有限状态语言定义为由有限状态语法生成的语言，建立了自然语言的有限状态模型。乔姆斯基根据数学中的公理化方法来研究自然语言，采用代数和集合论把形式语言定义为符号的序列，从形式描述的高度，分别建立了有限状态语法、上下文无关语法、上下文有关语法和0型语法的数学模型，并且在这样的基础上来评价有限状态模型的局限性，乔姆斯基断言：有限状态模型不适合用来描述自然语言。这些早期的研究工作产生了"形式语言理论"（formal language theory）这个新的研究领域，为自然语言和形式语言找到了一种统一的数学描述理论，形式语言理论也成为计算机科学最重要的理论基石。乔姆斯基在他的著作中明确地采用理性主义的方法，他高举理性主义的大旗，把自己的语言学称之为"笛卡儿语言学",充分地显示出乔姆斯基的语言学与理性主义之间不可分割的血缘关系。乔姆斯基完全排斥经验主义的统计方法。在1969年的《*Quine's Empirical Assumptions*》一文中,他说:"然而应当认识到,'句子的概率'这个概念,在任何已知的对于这个术语的解释中,都是一个完全无用的概念。"[1]他主张采用公理化、形式化的方法,严格地按照一定的规则来描述自然语言的特征,试图使用有限的规则描述无限的语言现象,发现人类普遍的语言机制,建立所谓的"普遍语法"。转换生成语法在20世纪60年代末到70年代时期在国际语言学界风靡一时,转换生成语法对于自然语言的形式化描述方法,为计算机处理自然语言提供了有力的武器,大力推动了自然语言处理的研究和发展。

转换生成语法的研究途径在一定程度上克服了传统语言学的某些弊病,推动了语言学理论和方法论的进步,但它认为统计只能解释语言的表面现象,不能解释语言的内在规则或生成机制,远离了早期自然语言处理的经验主义的途径。这种转换生成语法的研究途径实际上全盘继承了理性主义的哲学思潮。

在自然语言处理中的理性主义方法是一种基于规则的方法(rule-based approach),或者叫做符号主义的方法(symbolic approach)。这种方法的基本根据是"物理符号系统假设"(physical symbol system hypothesis)。这种假设主张,人类的智能行为可以使用物理符号系统来模拟,物理符号系统包含一些物理符号的模式(pattern),这些模式可以用来构建各种符号表达式以表示符

---

[1] Chomsky, N. Quine's Empirical Assumptions, In *Words and Objections*, Dordrecht: Reidel, 1969.

号的结构。物理符号系统使用对于符号表达式的一系列的操作过程来进行各种操作,例如,符号表达式的建造(creation)、删除(deletion)、复制(reproduction)和各种转换(transformation)等。自然语言处理中的很多研究工作基本上是在物理符号系统假设的基础上进行的。

这种基于规则的理性主义方法适合于处理深层次的语言现象和长距离依存关系,它继承了哲学中理性主义的传统,多使用演绎法(deduction)而很少使用归纳法(induction)。

在自然语言处理中,在基于规则的方法的基础上发展起来的技术有:有限状态转移网络、有限状态转录机、递归转移网络、扩充转移网络、短语结构语法、自底向上剖析、自顶向下剖析、左角分析法、Earley算法、CYK算法、富田算法、复杂特征分析法、合一运算、依存语法、一阶谓词演算、语义网络、框架网络等。

在20世纪50年代末期到60年代中期,自然语言处理中的经验主义也兴盛起来,注重语言事实的传统重新抬头,学者们普遍认为:语言学的研究必须以语言事实作为根据,必须详尽地、大量地占有材料,才有可能在理论上得出比较可靠的结论。

自然语言处理中的经验主义方法是一种基于统计的方法(statistic-based approach),这种方法使用概率或随机的方法来研究语言,建立语言的概率模型。这种方法表现出强大的后劲,特别是在语言知识不完全的一些应用领域中,基于统计的方法表现得很出色。基于统计的方法最早在文字识别领域取得很大的成功,后来在语音合成和语音识别中大显身手,接着又扩充到自然语言处理的其他应用领域。

基于统计的方法适合于处理浅层次的语言现象和近距离的依存关系,它继承了哲学中经验主义的传统,多使用归纳法(induction)而很少使用演绎法(deduction)。

这个时期自然语言处理中的经验主义派别,主要是一些来自统计学专业和电子学专业的研究人员。在 20 世纪 50 年代后期,贝叶斯方法(Bayesian method)开始被应用于解决最优字符识别的问题。1959 年,布来德索(Bledsoe)和布罗宁(Browning)建立了用于文本识别的贝叶斯系统,该系统使用了一部大词典,计算词典的单词中所观察的字母系列的似然度,把单词中每一个字母的似然度相乘,就可以求出字母系列的似然度来。1964 年,墨斯特莱(Mosteller)和华莱士(Wallace)用贝叶斯方法成功地解决了在《联邦主义者》(*The Federalist*)文章中的原作者的分布问题,显示出经验主义方法的优越性。

20 世纪 50 年代还建立了世界上第一个联机语料库:布朗美国英语语料库(Brown corpus)。这个语料库包含 100 万单词的语料,样本来自不同文体的 500 多篇书面文本,涉及的文体有新闻、中篇小说、写实小说、科技文章等。这些语料是布朗大学(Brown University)在 1963—1964 年收集的。随着语料库的出现,使用统计方法从语料库中自动地获取语言知识,成为了自然语言处理研究的一个重要方面。

20 世纪 60 年代,统计方法在语音识别算法的研制中取得成功。其中特别重要的是隐马尔可夫模型(Hidden Markov Model)和噪声信道与解码模型(Noisy channel model and decoding model)。这些模型是分别独立地由两支队伍研制的。一支是杰里内克(Jelinek)、巴勒(Bahl)、梅尔塞(Mercer)和 IBM 的华生研究中心的研究人员,另一支是卡内基梅隆大学(Carnegie Mellon University)的拜克(Baker)等。AT&T 的贝尔实验室(Bell laboratories)也是语音识别和语音合成的中心之一。

在自然语言处理中,在基于统计的方法的基础上发展起来的技术有:噪声信道理论、贝叶斯方法、最小编辑距离算法、加权自动机、Viterbi 算法、A* 解码算法、隐马尔可夫模型、概率上下文无关语法、同步上下文无关语法、反向转录语法等。

不过,在 60 年代至 80 年代初期的这一个时期,在自然语言处理领域的主流方法仍然是基于规则的理性主义方法,经验主义方法并没有受到重视。

这种情况在 80 年代初期发生了变化。在 1983—1993 年的十年中,自然语言处理研究者对于过去的研究历史进行了反思,发现过去被忽视的有限状态模型和经验主义方法仍然有其合理的内核。在这十年中,自然语言处理的研究又回到了 50 年代末期到 60 年代初期几乎被否定的有限状态模型和经验主义方法上去,之所以出现这样的复苏,其部分原因在于 1959 年乔姆斯基对于斯金纳(Skinner)的"言语行为"(Verbal Behavior)的很有影响的评论在 80 年代和 90 年代之交遭到了学术界在理论上的强烈反对,人们开始注意到基于规则的理性主义方法的缺陷。

这种反思的第一个倾向是重新评价有限状态模型,由于卡普兰(Kaplan)和凯依(Kay)在有限状态音系学和形态学方面的工作,以及丘奇(Church)在句法的有限状态模型方面的工作,显示了有限状态模型仍然有着强大的功能,因此,这种模型又重新得到自然语言处理学界的注意。

这种反思的第二个倾向是所谓的"重新回到经验主义"。这里值得特别注意的是语音和语言处理的概率模型的提出,这样的模型受到 IBM 公司华生研究中心的语音识别概率模型的强烈影响。这些概率模型和其他数据驱动的方法还传播到了词类标注、句法剖析、名词短语附着歧义的判定以及从语音识别到语义学的联接主义方法的研究中去。

从 20 世纪 90 年代开始,自然语言处理进入了一个新的阶段。1993 年 7 月在日本神户召开的第四届机器翻译高层会议(MT Summit IV)上,英国著名学者哈钦斯(J. Hutchins)在他的特约报告中指出,自 1989 年以来,机器翻译的发展进入了一个新纪元。这个新纪元的重要标志是,在基于规则的技术中引入了语料库方法,其中包括统计方法、基于实例的方法、通过语料加工手段使语料库转化为语言知识库的方法,等等。这种建立在大规模真实文本处理基础上的机器翻译,是机器翻译研究史上的一场革命,它将会把自然语言处理推向一个崭新的阶段。

在过去的四十多年中,从事自然语言处理系统开发的绝大多数学者,基本上都采用基于规则的理性主义方法,这种方法主张,智能的基本单位是符号,认知过程就是在符号的表征下进行符号运算,因此,思维就是符号运算。

著名语言学家弗托(J. A. Fodor)在《*Representations*》一书(MIT Press, 1980)中说:"只要我们认为心理过程是计算过程(因此是由表征式定义的形式操作),那么,除了将心灵看作别的之外,还自然会把它看作一种计算机。也就是说,我们会认为,假设的计算过程包含哪些符号操作,心灵也就进行哪些符号操作。因此,我们可以大致上认为,心理操作跟图灵机的操作十分类似。"[1]弗托的这种说法代表了自然语言处理中的基于规则(符号操作)的理性主义观点。

这样的观点受到了学者们的批评。舍尔(J. R. Searle)在他的论文《*Minds, Brains and Programmes*》[2]中,提出了所谓"中文屋子"的质疑。他提出,假设有一个懂得英文但是不懂中文的人被关在一个屋子中,在他面前是一组用英文写的指令,说明英文符号和中文符号之间的对应和操作关系。这个人要回答用中文书写的几个问题,为此,他首先要根据指令规则来操作问题中出现的中文符号,理解问题的含义,然后再使用指令规则把他的答案用中文一个一个地写出来。比如,对于中文书写的问题 Q1 用中文写出答案 A1,对于中文书写的问题 Q2 用中文写出答案 A2,如此等等。人并不是计算机,这样的事情对于计算机来说也许易如反掌,但是,对于一个活生生的人来说,这显然是非常困难的几乎是不能实现的事情,而且,这个人即使能够这样做,也不能证明他懂得中文,只能说明他善于根据规则做机械的操作而已。舍尔的批评使基于规则的理性主义的方法受到了普遍的怀疑。

理性主义方法的另一个弱点是在实践方面的。自然语言处理的理性主义者把自己的目的局限于某个十分狭窄的专业领域之中,他们采用的主流技术是基于规则的句法分析技术和语义分析技术,尽管这些应用系统在某些受限的"子语言"(sub-language)中也曾经获得一定程度的成功,但是,要想进一步扩大这些系统的

---

[1] J. A. Fodor, Representations, MIT Press, 1980.
[2] J. R. Searle, Minds, Brains and Programmes, In *Behavioral and Brain Sciences*, Vol. 3, 1980.

覆盖面,用它们来处理大规模的真实文本,仍然有很大的困难。因为从自然语言系统所需要装备的语言知识来看,其数量之浩大和颗粒度之精细,都是以往的任何系统所远远不及的。而且,随着系统拥有的知识在数量上和程度上发生的巨大变化,系统在如何获取、表示和管理知识等基本问题上,不得不另辟蹊径。这样,就提出了大规模真实文本的自然语言处理问题。1990年8月在芬兰赫尔辛基举行的第13届国际计算语言学会议(即COLING'90)为会前讲座确定的主题是"处理大规模真实文本的理论、方法和工具",这说明,实现大规模真实文本的处理将是自然语言处理在今后一个相当长的时期内的战略目标。为了实现战略目标的转移,需要在理论、方法和工具等方面实行重大的革新。1992年6月在加拿大蒙特利尔举行的第四届机器翻译的理论与方法国际会议(即TMI-92)上,宣布会议的主题是"机器翻译中的经验主义和理性主义的方法"。这里的所谓"理性主义",就是指以转换生成语法为基础的基于规则的方法;所谓"经验主义",就是指以大规模语料库的分析为基础的基于统计的方法。从中可以看出当前自然语言处理关注的焦点。当前语料库的建设和语料库语言学的崛起,正是自然语言处理战略目标转移的一个重要标志。随着人们对大规模真实文本处理的日益关注,越来越多的学者认识到,基于语料库的分析方法(即经验主义的方法)至少是对基于规则的分析方法(即理性主义的方法)的一个重要补充。因为从"大规模"和"真实"这两个因素来考察,语料库才是最理想的语言知识资源。

在这样的情况下,人们开始深入地思考,乔姆斯基的"普遍语法"是否是真正的语言规则?是否能够经受大量的语言事实的检验?语言规则是否应该和语言事实结合起来考虑,而不是一头钻入理性主义的牛角尖?

乔姆斯基作为一位求实求真、虚怀若谷的语言学大师,最近他也开始对理性主义进行反思,表现了与时俱进的勇气。在最近他提出的"最简方案"中,他认为,所有重要的语法原则直接运用于表层,不同语言之间的差异通过词汇来处理,把具体的规则减少到最低限度,开始注重对具体的词汇的研究。可以看出,乔姆斯基的转换生成语法也开始对词汇重视起来,逐渐地改变了原来的理性主义的立场,开始与经验主义妥协,或者悄悄地向经验主义复归。

在20世纪90年代的最后五年(1994—1999),自然语言处理的研究发生了很大的变化,出现了空前繁荣的局面。概率和数据驱动的方法几乎成为了自然语言处理的标准方法。句法剖析、词类标注、参照消解和话语处理的算法全都开始引入概率,并且采用从语音识别和信息检索中借过来的评测方法。理性主义君临天下的局面已经被打破了,基于统计的经验主义方法逐渐成为自然语言处理研究的主流。

可以看出,在自然语言处理发展的过程中,始终充满了基于规则的理性主义方法和基于统计的经验主义方法之间的矛盾,这种矛盾时起时伏,此起彼伏。自然语言处理也就在这样的矛盾中逐渐成熟起来。

四 自然语言处理中理性主义方法和经验主义方法的利弊得失

仰望天空,总结历史,我们认为,基于规则的理性主义方法和基于统计的经验主义方法各有千秋,我们应当用科学的态度来权衡它们的利弊得失,来分析它们的优点和缺点。

基于规则方法的优点是:

- 基于规则的方法中的规则主要是语言学规则,这些规则的形式描述能力和形式生成能力都很强,在自然语言处理中有很好的应用价值。
- 基于规则的方法可以有效地处理句法分析中的长距离依存关系(long-distance dependencies)等困难问题,如句子中长距离的主语和谓语动词之间的一致关系(subject-verb agreement)问题、wh 移位(wh-movement)问题。
- 基于规则的方法通常都是明白易懂的,表达得很清晰,描述得很明确,很多语言事实都可以使用语言模型的结构和组成成分直接地、明显地表示出来。
- 基于规则的方法在本质上是没有方向性的,使用这样的方法研制出来的语言模型,既可以应用于分析,也可以应用于生成,这样,同样的一个语言模型就可以双向使用。
- 基于规则的方法可以在语言知识的各个平面上使用,可以在语言的不同维度上得到多维的应用。这种方法不仅可以在语音和形态的研究中使用,而且在句法、语义、语用、篇章的分析中也大显身手。
- 基于规则的方法与计算机科学中提出的一些高效算法是兼容的,例如,计算机算法分析中使用 Earley 算法(1970年提出)和 Marcus 算法(1978年提出)都可以作为基于规则的方法在自然语言处理中得到有效的使用。

基于规则的方法的缺点是:

- 基于规则的方法研制的语言模型一般都比较脆弱,鲁棒性很差,一些与语言模型稍微偏离的非本质性的错误,往往会使得整个语言模型无法正常地工作,甚至导致严重的后果。不过,近来已经研制出一些鲁棒的、灵活的剖析技术,这些技术能够使基于规则的剖析系统在剖析失败中得到恢复。

- 使用基于规则的方法来研制自然语言处理系统的时候,往往需要语言学家、语音学家和各种专家的配合工作,进行知识密集的研究,研究工作的强度很大;基于规则的语言模型不能通过机器学习的方法自动地获得,也无法使用计算机自动地进行泛化。

- 使用基于规则的方法设计的自然语言处理系统的针对性都比较强,很难进行进一步的升级。例如,斯罗肯(Slocum)在1981年曾经指出,LIFER自然语言知识处理系统在经过两年的研发之后,已经变得非常之复杂和庞大,以至于这个系统原来的设计人很难再对它进行一点点的改动。对于这个系统的稍微改动将会引起整个连续的"水波效应"(ripple effect),以至于"牵一发而动全身",而这样的副作用是无法避免和消除的。

- 基于规则的方法在实际的使用场合,其表现往往不如基于统计的方法那样好。因为基于统计的方法可以根据实际训练数据的情况不断地优化,而基于规则的方法很难根据实际的数据进行调整。基于规则的方法很难模拟语言中局部的约束关系,例如,单词的优先关系对于词类标注是非常有用的,但是基于规则的方法很难模拟这种优先关系。

不过,尽管基于规则的方法有这样或那样的不足,这种方法终究是自然语言处理中研究得最为深入的技术,它仍然是非常有价值和非常强有力的技术,我们绝不能忽视这种方法。事实证明,基于规则的方法的算法具有普适性,不会由于语种的不同而失去效应,这些算法不仅适用于英语、法语、德语等西方语言,也适用于汉语、日语、韩国语等东方语言。在一些领域针对性很强的应用中,在一些需要丰富的语言学知识支持的系统中,特别是在需要处理长距离依存关系的自然语言处理系统中,基于规则的方法是必不可少的。

基于统计的方法的优点是:
- 使用基于统计的方法来训练语言数据,从训练的语言数据中获取语言的统计知识,可以有效地建立语言的统计模型。这种方法在文字和语音的自动处理中效果良好。
- 基于统计的方法的效果在很大的程度上依赖于训练语言数据的规模,训练的语言数据越多,基于统计的方法的效果就越好。
- 基于统计的方法很容易与基于规则的方法结合起来,从而处理语言的约束问题,以提高系统的效能。
- 基于统计的方法很适合用来模拟那些有细微差别的、不精确的、模糊的概念(如"很少、很多、若干"等),而这些概念,在传统语言学中需要使用模糊逻辑(fuzzy logic)才能处理。

基于统计的方法的缺点是:
- 使用基于统计的方法研制的自然语言处理系统,其运行时间是与统计模式中所包含的符号类别的多少成比例线性地增长的,不论在训练模型的分类中或者是在测试模型的分类中,情况都是如此。因此,如果统计模式中的符号类别数量增加,系统的运行效率会明显地降低。
- 在当前语料库技术的条件下,要使用基于统计的方法为某个特殊的应用领域获取训练数据,还是一件费时费力的工作,而且很难避免出错。基于统计的方法的效果与语料库的规模、代表性、正确性以及加工深度都有密切的关系,可以说,用来训练数据的语料库的质量决定了基于统计方法的效果。
- 基于统计的方法很容易出现数据稀疏的问题,随着训练语料库规模的增大,数据稀疏的问题会越来越严重,这个问题需要使用各种平滑(smoothing)的方法来解决。

自然语言中既有深层次的现象,也有浅层次的现象,既有远距离的依存关系,也有近距离的依存关系,自然语言处理中既要使用演绎法,也要使用归纳法。因此,我们主张把理性主义和经验主义结合起来,把基于规则的方法和基于统计的方法结合起来。我们认为,强调一种方法,反对另一种方法,都是片面的,都无助于自然语言处理的发展。近年来,在统计机器翻译(Statistical Machine Translation,简称 SMT)中,一些学者开始把短语知识、句法知识逐渐地导入到系统中,致力于研制"基于句法的统计机器翻译"(Syntax-based Statistical Machine Translation,简称 SSMT),有效地改善了统计机器翻译的译文质量,这是非常可喜的。

美国南加州大学信息系统研究所的 Kevin Knight 教授对于机器翻译从 1954 年到 2004 年的发展过程做了如下总结:

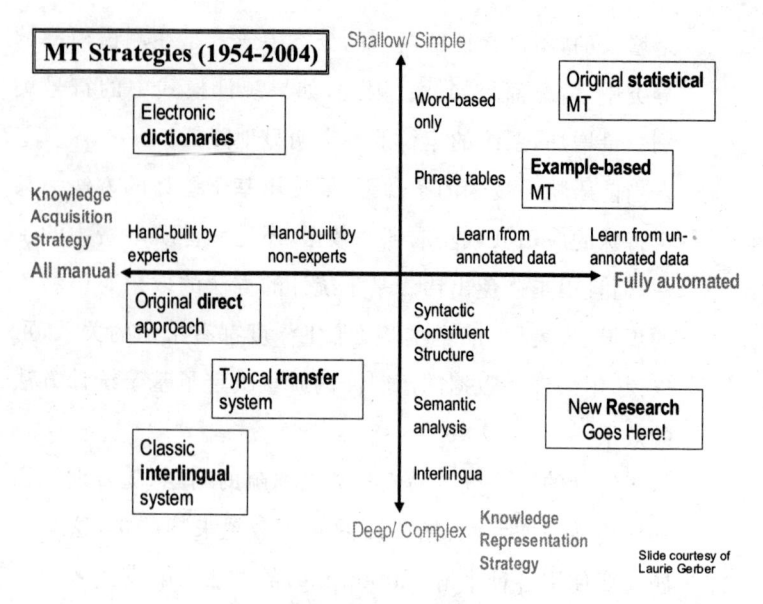

MT Strategies (1954-2004)

Shallow/ Simple

- Word-based only
- Phrase tables

Electronic **dictionaries**

Original **statistical** MT

Example-based MT

Knowledge Acquisition Strategy
All manual

Hand-built by experts | Hand-built by non-experts | Learn from annotated data | Learn from un-annotated data

Fully automated

Original **direct** approach

Syntactic Constituent Structure

Typical **transfer** system

Semantic analysis

New **Research** Goes Here!

Classic **interlingual** system

Interlingua

Deep/ Complex   Knowledge Representation Strategy

Slide courtesy of Laurie Gerber

机器翻译发展 50 年的图式

横轴表示自动化的程度，从 1954 年到 2004 年，由 full manual 发展到 fully automated；纵轴表示加工的深度，从 1954 年到 2004 年，由 shallow/simple 发展到 deep/complex。当前的任务是，自动化程度要高，加工的程度要深。这就应当把语言知识融入到统计机器翻译中，把理性主义的方法和经验主义的方法结合起来。

英国经验主义哲学家培根既反对理性主义，也反对狭隘的经验主义，他指出，由于经验能力和理性能力这两方面的"离异"和"不和"，给科学知识的发展造成了严重的障碍，为了克服这样的弊病，他提出了经验能力和理性能力联姻的重要原则。他说："我以为我已经在经验能力和理性能力之间永远建立了一个真正合法的婚姻，二者的不和睦与不幸的离异，曾经使人类家庭的一切事务陷于混乱。"[1]他生动而深刻地说道:"历来处理科学的人,不是实验家,就是教条者。实验家像蚂蚁,只会采集和使用;推论家像蜘蛛,只凭自己的材料来织成丝网;而蜜蜂却是采取中道的,它在庭园里和田野里从花朵中采集材料,用自己的能力加以变化和消化。哲学的真正任务就正是这样,它既非完全或主要依靠心的能力,也非只把从自然历史和机械实验收来的材料原封不动,囫囵吞枣地累置于记忆当中,而是把它们变化过和消化过放置在理解力之中。这样看来,只要把这两种机能、即实验的和理性的这两种机能,更紧密地和更精纯地结合起来(这是迄今还未做到的),我们就可以有很多的希望。"[2]

培根是著名的"形而上老者",他的主张是值得我们深思的。我们不能采取像蜘蛛那样的理性主义方法,单纯依靠规则,也不能采取像蚂蚁那样的经验主义方法,单纯依靠统计,我们应当像蜜蜂那样,把理性主义和经验主义两种机能更紧密地、更精纯地结合起来,推动自然语言处理的发展。

参考文献

① 许嘉璐《研究中文信息处理,需要仰望一下天空》,《语言文字应用》2006年第2期。

② 冯志伟《从知识本体看自然语言处理的人文性》,《语言文字应用》2005年第4期。

③ D. Jurafsky and J. Martin, Speech and Language Processing. 中译

---

[1] 北京大学哲学系外国哲学教研室《十六—十八世纪西欧各国哲学》,第8页,三联书店1958年版。
[2] 培根《新工具》,第75页,商务印书馆1984年版。

本:《自然语言处理综论》(冯志伟等译),电子工业出版社2005年版。

④ Feng Zhiwei, Evolution and Present Situation of Corpus Research in China. *International Journal of Corpus Linguistics*. pp. 174—211. 11:2. 2006. John Benjamin Publishing Company. Amsterdam.

关于语文教科书编选问题的思考

顾之川　教育部课程教材研究所

中小学语文教育是应用语言学研究的一个重要领域,从2001年启动的语文新课程改革根据新课程的基本理念,制订了新的语文课程标准,出版了新中小学语文教科书,中小学语文教学出现了一些新变化。但是,毋庸讳言,存在的问题也不少。有的是积久难返的"老大难"问题,也有新课程实施以来出现的新问题。语文教育仍不能尽如人意,是经常遭人诟病的话题之一。比如,最近北京高中语文课本"大换血"就引起了网民争议。一方面说明全社会都在关心语文教育,另一方面,在语文教育界,语文教育的目的、任务,语文教科书的选文标准以及语文教育的继承与发展等问题,都还值得我们深入探讨。

一　语文教育的目的与任务

作为基础教育的一门学科,语文是最重要的交际工具,是学好其他各门学科的基础。语文素养是一个人学习、工作和生活中必不可少的基本素养,也是一个现代公民的应有品质。语文教育是一种"生计教育"。语文素养主要表现为语文能力,语文能力是一个人最重要的基本能力。语文教育的重要性,无论怎么强调都不过分。语文教育受到全社会的重视也是理所当然的。语文教育改革，包括课本篇目的变化也总会引起社会的广泛关注。

我国语文教育有着优良的传统，不宜轻易否定。语文教育需要发展，需要与时俱进，而不能背负历史的沉重包袱，食古不化。但发展和前进必须尊重历史，尊重现实。语文教育的基本任务应该是相对稳定的，在确定语文教育基本任务不变的前提下，语文教育的理论和理念，语文教学的设计和方法，等等，尽可以不断变化，推陈出新。变的目的是为了让学生学得更有效、更便捷，更快乐，更能增进聪明才智和开拓创新的精神。

语文教学的基本任务，就是要让学生掌握中华民族的母语——汉语这一基础工具，正确理解和熟练运用祖国的语言文字，在识字写字、阅读、写作、口语交际等方面达到合格的程度。同时，通过语文教学，丰富学生的精神世界，提高学生的文化素养。这一基本任务决不能改变，改变了就不再是语文了，必然给语文教学造成混乱，将无法完成语文教育的基本任务。

语文新课程提出"工具性与人文性"的统一，具有调和世纪之交语文大讨论的特殊背景。工具性的内涵老师们都很清楚，但"人文性"究竟指什么？如何在语文教学上体现人文性？课程标准及其相关解读语焉不详，一线教师更是一头雾水。从新课程的实践来看，人文性并不是语文教育的特殊属性，反而容易导致一线教师模糊语文教学的基本任务。近年有关语文教材选文的争论，也是崇尚"人文"、求新求异思维的一种反映。事实上，语文教学从来也没有排斥学生在学习语文的过程中，通过范文获得人文精神的滋养和哺育，获得中华民族精神和优秀传统文化的熏陶和感染。"文道统一"不是"文"加"道"，而是"文"中有"道"，"道"中有"文"，水乳交融,难分彼此。人文性作为人类文化的一般价值,体现了"以人为本"、以学生的发展为本的教育理念。但它体现的是教育理想,而不是语文教育独有的价值追求。人文性与工具性是包容与被包容的关系,而非并列关系,不在同一个层面上,不宜相提并论。

二 语文教科书的选文标准

语文教科书是根据国家制订的语文教学大纲(课程标准)的要求编写的,是供教学使用的课本,是教师讲授和学生学习的基本依据。课文是语文教科书的重要组成部分,课文的面貌决定着一套教科书的整体面貌。选文质量的高低,直接决定着一套语文教科书的编写质量。因此,语文教科书有特定的选文标准。既不能像一般供成人阅读的选本那样,也不能一味迎合学生的趣味。因为语文教科书中的课文是学生学习语文的主要材料,课文的选择首先要为语文学科的教学目的服务,即必须有利于培养学生正确理解和运用祖国语言文字的能力和水平。我国老一辈语文教育家,在长期从事语文教科书编写的具体实践中,在语文教科书选文上做了积极的探索,形成一套严谨科学,符合中小学语文教育实际的选文传统:一是思想内容健康,二是语言文字规范,三是适合教学。后两条恐怕没有多少争议,关键是对第一条,人们的看法多有不同。

教育部历次颁布的语文教学大纲或语文课程标准,也都对选文作出规定。在以"阶级斗争为纲"的极"左"年代,"突出政治"就成了语文教材选文的首要标准。"文革"结束以后,"突出政治"的色彩逐渐淡化。进入新时期,强调选文的"人文性"。如,2001年版《全日制义务教育语文课程标准》:"教材选文要具有典范性,文质兼美,富有文化和时代气息,题材、体裁、风格丰富多样,难易适度,适合学生学习。"可见,在语文教材的选文标准中,"思想内容健康"会随着时代的发展而发生变化,时代的印记比较明显,而"语言文字规范"和"适合教学"的要求却是一直坚持的。

语文教科书的课文主要选编现成的文章。著名教育家叶圣陶指出,教科书"编辑的成功与否自然要看选材的得当不得当"。那么,如何从浩如烟海的文苑里选出合适的课文呢?他说:

"我尝谓凡选文必不宜如我苏人所谓'拉在篮里就是菜'。选文之际,眼光宜有异于随便浏览,必反复讽诵,潜心领会,质文兼顾,毫不含糊。……吾人首须措意者,所选为语文教材,务求文质兼美,堪为模式,于学生阅读能力写作能力之增长确有助益,绝不问其文出自何人,流行若何,而唯以文质兼美为准。"

根据叶老"文质兼美,堪为范式,于学生阅读能力写作能力增长确有助益"的精神,人教版语文教科书坚持"守正出新"的编写方针,在选文上,坚持经典性与时代性兼顾的原则,即课内教科书更加注重经典性,供学生课外阅读的语文读本更注重选文的时代性,更多地考虑学生的阅读趣味。

三　中小学语文教育的特殊性

3.1　作为母语的特殊性

语文作为学校教育中一门独立的学科,与其他学科不同,不能简单照搬别国的东西。语文教育是中华民族的母语教育,必须尊重中国的国情和语情实际,尊重汉民族语言文字的特点和规律。

比如,汉语汉字表意性强的特点,决定了识字写字必然在语文教学中占有非常突出的地位;中华民族优秀传统文化的博大精深为语文学科提供了丰厚的教育资源,汉语言文字本身就是中华民族优秀传统文化的一个重要组成部分,重内敛、重涵咏、重陶冶感染的思维特性,决定了汉语书面语的学习和掌握是语文教育的主要内容,培养学生较强的阅读能力和写作能力是语文教育的主要任务;当今信息技术的广泛应用,人与人交际交往的日益频繁的时代特点,又决定了口语交际能力在语文教育中的重要作用。

提高语文教学效率需要一般的教育学、语言学、文学的理论指导,包括国外的理论。但是,相对于理论研究,语文教育更需要的是千百万一线语文教师的语文教育教学实践。任何有关语文教育的理论、理念都必须接受语文教育实践的检验。语文教育研究,固然需要吸收和借鉴世界各国母语教育的成功经验,吸收一切对我们有益的东西,但要划清两条线:一条是有益与无益乃至有害的界限,一条是适应与不适应的界限。我们不能全盘照搬外国语文教学的理论和经验,一是国情不同,二是语情不同。汉语是一种历史悠久、使用广泛、又十分独特的语言,与其他语种有共同处也有很大差异。外来的好东西一定要吸取,但不能喧宾夺主,"中学为体,西学为用"。作为中华民族母语教育,立足点应该是本国的语文教育传统,包括语文教育大家的理论和优秀的教学成果与经验。

3.2 作为教育的特殊性

语文教育是整个教育的一部分,而任何一个国家的教育,无不有着鲜明的政治目的,就是要为国家的根本利益服务,为国家的未来发展服务,培养国家各项事业的接班人,而不是掘墓人。在中小学的各学科中,语文又是与社会现实联系最为密切的学科。学生在语文学习的过程中,在学习语言文字,感受祖国语言文字魅力的同时,也会受到情感态度价值观的熏陶和感染,对学生的成长具有潜移默化的作用。因此,我国的语文教育又有着强烈的育人功能。这就决定了语文教育的问题不是一个简单的学术问题,不能从语言学、文学的纯粹学理的角度来看待语文教育问题。比如,关于语文教科书要不要选领袖的作品,学术界与教科书的审查者看法就很不同。

3.3 作为基础教育的特殊性

中小学语文教育作为我国基础教育的一部分,有其独特的性质和规律。作为基础教育阶段的语文教育,可以借鉴和吸收高等教育的特点和规律,但是决不能生吞活剥,用高等教育的眼光看待中小学语文教育,大学语文与中小学语文教育具有不同的教学目的和方法。研究中小学语文教育,必须深入研究中小学生的年龄特点和心理特点,研究中小学学习语文的认知规律,以提高其学习效率为宗旨。

语文教育与语言学、文学、文艺学、教育学、心理学有着密切的关系,语文教育研究需要从相关学科吸取养分,研究借鉴其理论与研究方法,但研究借鉴的目的是为了充实、完善和发展自己,不能在研究借鉴中迷失了自己。语文教育研究必须充分尊重语文教育的实际,充分尊重语文教育的特点和规律,语文教育才能健康发展。

3.4 构建"和谐语文"

正是因为语文的教育属性,与政治有着天然的联系,导致新中国成立以来的语文教育历经挫折,受到过来自外部的粗暴干涉,不仅使语文教育元气大伤,而且造成语文教育质量大滑坡,教训惨痛。20世纪50年代～60年代,来自权力机关过多的行政干预,语文教育经历了大喜大悲、大起大落,千疮百孔,遍体鳞伤。语文的"政治化",曾使语文教育工作者战战兢兢,如履薄冰,显然不利于语文教育的发展。而新时期"人文主义"思潮的侵入,又使语文教育趋向"人文化",以为语文教育只要做到"以人为本",学生的素质确实提高了,语文能力不需要训练也就自然而然地提高了,这是违背语文教育基本规律的。这种"人文化"思潮,过分强调情感态度价值观的熏陶感染,知识与能力退居次要地位,实际上是使语文走向"虚无化",使语文教育形同虚设,荡然无存。当前,语文教育既要防止重蹈"政治化"的覆辙,又要防止"虚无化"的危险,语文教育研究与实践迫切需要一个宽松和谐的环境。

四 几点建议

4.1 语文教育工作者应有发言权

语文教育的改革,最有发言权的应该是从事与语文教育有关的实际工作者,包括语文教育教学研究人员、语文教材编者、教研员和一线教师。但是,我国目前有关语文教育教学改革的决策,恰恰将语文教育工作者排除在外,基本上是政府官员和语言文学专家们的意见,这是一种很不正常的现象。在这种体制下,决策者们只需要向上级负责,而不必考虑是否符合中小学语文教育的规律、是否符合语文教育的实际。语文课程标准的研制与修订,语文教科书的审查,以及有关语文教育的文件发布,都应有语文教育实际工作者参加,而不应完全依靠政府官员和学科专家。

4.2 应建立和完善三级教材的编写、选用体制

应建立和完善"国家教材、地方教材、校本教材"三级教材编写和选用体制。应建立一套严格的教科书编写资格准入制度、教科书审查制度、教材选用制度,既要体现国家意志,又给地方和学校在教材的编写、选用上留有充分的自主权。减少品种,提高质量,降低成本,防止利用教科书非法牟利。

首先,要建立一支精干的语文教材研究编写的"国家队"。"国家队"应由从事语文教育研究和教材编写的专业工作者为主,同时吸收部分语言学、文学方面的专家学者和中学语文教师、教研员参加。"国家队"负责制订"语文教科书编写规范",研究编写"国家教材",对"地方教材"和"校本教材"的编写具有引领与指导作用。"地方教材"的编写者也应有一定的资质要求。其次,应破除教材选用上的"地方保护主义"。"国家教材"在全国范围内使用,"地方教材"在本地部分地区使用,"校本教材"在本校使用。

4.3 语文课程标准应尽快修订

教育部于2001年颁布《全日制义务教育语文课程标准(实验稿)》,2003年颁布《普通高中语文课程标准(实验)》。前者已经实验6年,后者也已实验4年。语文新课程给语文教学带来了新气象,取得的成绩有目共睹。但毋庸讳言,语文课程标准乃至新课程有许多理念实践证明不符合我国语文教育的实际,容易对语文教学产生误导。比如,忽视中国语文教育传统,片面追求国外的理论,不顾国情语情。尤其是忽视"双基",淡化基础知识、鄙弃能力训练等,已经给语文教学带来相当严重的后果。因此,应尽快开展调查研究,总结经验教训,及时修订课程标准,以保证语文教育沿着正确的方向发展。

参考文献

① 《中学语文教材研究资料》(上、下),人民教育出版社中学语文编辑室编(内部参考),人民教育出版社1979年版。

② 《吕叔湘论语文教学》,山东教育出版社1987年版。

③ 顾黄初、李杏保编《二十世纪前期中国语文教育论集》,四川教育出版社1991年版。

④ 张志公《传统语文教育教材论——暨蒙学书目和书影》,上海教育出版社1992年版。

⑤ 《叶圣陶教育文集》,人民教育出版社1994年版。

⑥ 张志公《张志公语文教育论集》,人民教育出版社1994年版。

⑦ 刘国正《刘征文集》,人民教育出版社1997年版。

⑧ 顾黄初、李杏保主编《二十世纪后期中国语文教育论集》,四川教育出版社2000年版。

⑨ 顾黄初主编《中国现代语文教育百年事典》,上海教育出版社2001年版。

⑩ 《20世纪中国中小学课程标准教学大纲汇编·语文卷》,人民教育出版社2001年版。

现代汉语词汇通用度及其计算方法研究初步[①]

赵小兵[1]　张普[2]　唐宁[3]　田寄远[3]

[1] 中央民族大学数学与计算机科学学院
[2] 北京语言大学应用语言学研究所
[3] 内蒙古师范大学计算机与信息工程学院

摘要　本文主要讨论了汉语词汇的层级关系，提出了在大众媒体的各领域内、各地区以及使用的各时间段内使用程度高的"语言工程用现代汉语通用词CCWE"的概念，进而提出了CCWE词汇的通用程度的计算方法，给出了CCWE的提取实验分析，为词汇的量化统计分析提供一种新的研究途径。

关键字　语言工程用现代汉语通用词CCWE、词汇通用度、词汇领域通用度、词汇地域通用度、词汇时间通用度

从一个民族的语言系统来说，词汇是承载语言信息的基本载体，它是语言系统中最活跃、最具生命力的元素。人们在日常生活的语言交流使用中，会接触到各种类型及特性的词汇，如方言词、外来词、专门术语等。语言词汇的内容尽管五花八门，门类来源繁多，但是一个民族的群体在日常交流的词汇使用中，主要涉及的是那些使用频率高，在各领域内、各地区间以及使用的各时间段中通用程度高的词汇。这类词汇我们称之为通用词汇。

通用词汇具有全民通用性特征，我们认为，这主要表现在如下

[①] 本论文研究为国家自然科学基金资助项目（批准号：60663008）。

三个方面:

- 领域通用性:通用词汇具有在各领域、各行业普遍使用的特性;
- 地域通用性:通用词汇具有在使用汉语进行交流的不同地域的人们所普遍使用的特性;
- 时间通用性:通用词汇具有时间上使用稳定的特性。

基于通用词汇的上述特性,用量化的"词汇通用度"指标来表示词汇通用的程度,用统计的方法考察大众媒体所使用词汇的通用程度,我们把这类通用词汇统称为"语言工程用现代汉语通用词"(Contemporary Chinese Common-used Words for Language Engineering,英文简称 CCWE)。

一 汉语词汇的层级关系

汉语词汇层级关系如图1,图中无论是"专业术语、方言词、外来词",还是"古语词",当它们在日常交流的使用中不再以"引用性"方式,而是以"使用性"的方式出现时,我们说这些词语就可能已经进入到大众流通领域而成为"通用词汇"[1],如果这些词语满足在各领域类中通用程度高,且在考察时间内使用稳定的条件,我们认为,这些词语就构成"通用词汇";而位居"通用词汇"的核心,是那些更为常用,且构词能力强的词汇,即"基本词汇";反之,如果

---

[1] "通用词汇"和"一般词汇"是不同角度的两个概念。"通用词汇"是相对于其外层的专业术语、方言词汇、外来词汇、古语词汇等而言,它具有通用程度高的特点;"一般词汇"则相对于其核心的"基本词汇"而言,"基本词汇"之外的所有词汇都属于"一般词汇"的范畴。"基本词汇"相比较"通用词汇"而言通用程度更高,所以"基本词汇"是"通用词汇"的子集,而"通用词汇"与"基本词汇"的差集是"一般词汇"的子集。

词语的常用性下降,则呈反向变化趋势。总之,词汇越靠近内核,如"基本词汇",其变化相对越小,词汇越稳定。

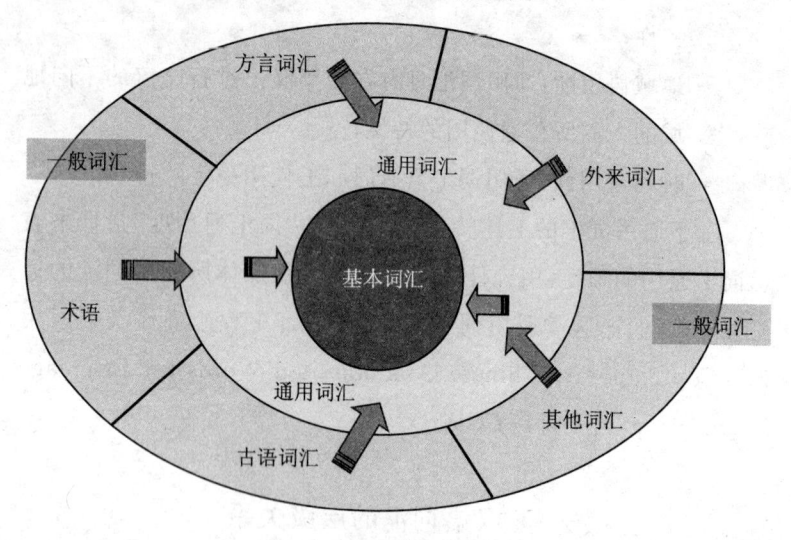

图1 汉语词汇的层级关系

二 词语通用度的计算方法

2.1 词语的领域通用度

词语领域通用度是用来衡量词语在语言各流通领域的通用程度,即词语常用程度的量化指标。其计算公式不仅应该考察词汇的词频,同时还应该考虑词语在不同文本及不同领域的分布是否均匀。主要包括定性及定量两种考察方式:

定性考察:依靠领域词汇相交,获得各领域及所有领域的共用词汇。

定量考察:根据词汇在各领域出现的词语频度及词语分布是

否均匀等情况,计算词汇的领域通用度。

定性考察方式相对比较简单,对词语的领域分布情况也是一目了然,其缺点是忽略了衡量词语常用程度的重要指标——词频信息,所以这种考察方式只是作为辅助方式提供参考。对词语领域通用度的分析我们将采用定量计算的方式,我们所提出的领域通用度,基于以下几点认识:

- 报纸媒体语料需要按照领域进行分类,以便进行词语的领域通用程度考察。
- 因为领域的分类体系呈树状结构,即领域又可包含若干分领域,分领域又可包含子领域。树的每个节点对应一个分领域或子领域类型,因而每个节点内都可能对应属于该领域的文本语料。由每个节点所构成的子树内所有子节点包含的文本语料所使用的词汇,即为该节点领域所使用的词汇集。
- 属于同一层级的节点领域,不一定在衡量词语通用程度方面具有相等的地位。如,处于同一层级的"生活""社会"领域类中的词语通用程度更大,而"科技""军事"领域类中所使用的词语通用程度相比较而言较小。
- 子领域节点在领域结构树中的节点深度越大(即越靠近树的叶节点),所使用的词语专业性越强,因而其通用程度越小。
- 子领域节点广度越大,它所构成的子树包含的子节点就越多,即该领域的分类数越多,则在该领域各根节点位置词语的通用程度就越大。
- 本研究在计算词汇的领域通用度时,不仅要考虑词汇的词频信息,还应该考虑词汇散布到文本文件的数量及分布到各分类领域中的词频量,即词汇在文本文件及领域分类中分布的均匀程度。另外还应该考虑上述三点因素对词汇领域通用度的影响程度,以便更加客观地反映词汇的真实使用情况。

2.2 词语的领域通用度计算方法

(1)计算领域类词语频度 F_k:

F_k 为 k 号词语在领域类语料中出现的总频次。

(2)计算 k 号词语文本使用度 $U1_k$:

采用 A.Juilland 公式计算词语的文本使用度:

$$S_k = \sqrt{\sum_{i=1}^{n}(N_k^i - N_k)^2/n}$$

$$D_k = 1 - S_k/(N_k \times (n-1)^{\frac{1}{2}}) \quad (0 \leqslant D_k \leqslant 1)$$

词的文本使用度 $U1_k = D_k \times F_k$ (取整数值)

其中,N_k^i 表示 k 号词在第 i 类领域中出现的相对频度,N_k 表示 k 号词在所有类中出现的平均相对频度,n 是语料的文本总数,D_k 表示 k 号词的散布系数,F_k 表示 k 号词的词频。

(3)计算 k 号词语的领域通用度 U_k:

采用分布均匀度(Distributional Consistency,英文简称 DC)计算词语在各领域类分布的均匀程度,计算公式为:

分布均匀度 $DC_k = SMR / Mean$ $(0 \leqslant DC_k \leqslant 1)$

SMR 及 $Mean$ 分别定义如下:$SMR = (\sum_{i=1}^{n}\sqrt{Fk_i}/n)^2$

$$Mean = (\sum_{i=1}^{n} Fk_i/n)$$

k 号词语的领域通用度 $U_k = DC_k \times U1_k$

上式中，n 表示领域类数，要求各领域类语料库语料等量；Fk_i 是词语在第 i 领域类 k 号词的频度，$U1_k$ 表示 k 号词的文本使用度，DC_k 表示 k 号词的领域类分布均匀度。

2.3 词语的时间通用度

词语的时间通用度是词语在考察时间内通用程度的量化衡量指标。它需要观察词语在考察期内使用是否稳定，即词语词频在各月分布的均匀程度。

(1) 计算词语月频度 F_k：

F_k 为 k 号词语在各月语料中出现的总频次。

(2) 计算 k 号词语的时间通用度 T_k：

采用分布均匀度（Distributional Consistency，简称 DC）计算词语在考察时间内各月分布的均匀程度，计算公式为：

$$SMR = (\sum_{i=1}^{n} \sqrt{Fk_i}/n)^2$$

$$Mean = (\sum_{i=1}^{n} Fk_i/n)$$

k 号词语的时间通用度 $Tk = SMR / Mean$ （$0 \leqslant Tk \leqslant 1$）

上式中，n 表示考察时间内月个数，要求各月中语料库语料等量；Fk_i 是词语在第 i 个月的词频度。

2.4 词汇的地域通用度

词汇的地域通用度从共时的角度观察词语在不同地域的媒体使用情况，即在考察时间内，词汇在不同地域媒体中使用的稳定程度。

地域通用度类似于时间通用度，它们均是考察词汇在不同分类体系中分布的均匀程度,即使用的稳定程度,区别在于时间通用度按年度中月份进行分类,而地域通用度则按不同地域的媒体进行分类。

因为我们的原始语料来源是大陆地区发行的主流报纸,所以具有如下两个特点:

- 用词相对比较规范,较少使用生僻、自造及方言词。
- 报纸大多数为全国发行,在地域内发行的主流报纸相对较少,例如我们选择的报纸只有《北京青年报》和《羊城晚报》属于地域发行,其他报纸都是全国发行,所以地域的代表性不足。

我们认为,只有进一步扩大媒体领域范围,例如加入海外媒体,按不同地域媒体进行分类,如台湾、大陆、香港地区,用地域通用度分别考察词汇在这些地域媒体中的使用是否均匀,才可描述词汇的地域通用性,对地域通用度的计算才有意义。

基于上述几点原因,在本课题的研究中,地域通用度对词汇通用度的影响暂时没有纳入到我们的考虑范围。

地域通用度的计算公式请参考时间通用度。

2.5 词汇通用度的计算及试验分析

"词语通用度 O_k"是综合考虑词语的领域使用度及时间稳定度而提出的,并未考虑地域通用度对词语通用度的影响,以后在考虑较大地域范围流通语料时,应纳入地域通用度的考察。

词汇通用度的计算方法为:

$$词语通用度\ O_k = T_k \times U_k$$

T_k 表示 k 号词的时间通用度,U_k 表示 k 号词的领域通用度。O_k 表示词语的通用程度,该值越大,k 号词的常用性特征及考察时间内使用稳定性特征表现就越好。

我们可以从下面的对照试验分析中验证上述结论。

- 词语通用度位频比较

表 1 词语通用度向后调整幅度大的词语（节选）

word	词性	Fk	FkId	文本数	U1k	Uk	Tk	Ok	OkId	OkId:FkId
连续剧	n	65371	395	5649	210067	68902	0.642146	44245	30475	77.1519
00	NUM	104985	204	10252	384120	207514	0.752795	156216	11394	55.85294
比赛	vn	123384	172	47408	509357	194808	0.974027	189749	9010	52.38372
85202199	NUM	22530	1332	22527	72605	58571	0.113835	6667	63015	47.30856
85201972	NUM	22530	1333	22527	72605	58571	0.113835	6667	63016	47.27382
wbrxb@vip.sina.com	nx	22530	1334	22527	72605	58571	0.113835	6667	63017	47.23913
85202188	NUM	22530	1335	22527	72605	58571	0.113835	6667	63018	47.20449
8008108440	NUM	22531	1331	22528	73301	59134	0.114266	6757	62778	47.16604
人民日报	nz	81154	296	40636	349837	310358	0.415251	128876	13937	47.08446
北京日报报业集团	ORG	66769	382	66714	272838	235498	0.420189	98954	17727	46.40576
篇	q	106275	201	49276	518369	456081	0.423584	193189	8799	43.77612
晚报	n	108032	198	70930	481146	422501	0.474725	200572	8392	42.38384
球员	n	39379	717	17159	248673	59386	0.946147	56188	26497	36.95537
人民网	ORG	48668	558	42752	258429	230682	0.373526	86166	19777	35.44265
球队	n	36281	798	16833	245991	56639	0.944197	53478	27287	34.19424
中国队	ORG	32192	911	10566	208255	51740	0.847149	43832	30621	33.61251
联赛	n	37004	777	15406	261809	74467	0.89042	66307	23866	30.71557
主场	n	23525	1273	10467	171862	34534	0.876168	30258	36906	28.99136
伊拉克	LOC	56157	474	10628	399203	192374	0.761502	146493	12215	25.77004
剧场	n	25194	1191	6087	211891	85558	0.732149	62641	24733	20.76658
案件	n	76685	321	24047	485335	265043	0.945876	250698	6061	18.88162
The	nx	8712	3107	1138	117251	22396	0.541856	12136	52608	16.93209
姚明	PER	11229	2484	2773	158311	46331	0.796314	36894	33603	13.52778

word	词性	Fk	FkId	文本数	U1k	Uk	Tk	Ok	OkId	OkId:FkId
BBS	nx	9556	2880	9357	161457	132596	0.209698	27805	38347	13.31493
■	nx	202994	91	81335	628918	603112	0.796748	480528	1175	12.91209
比赛	v	24957	1201	17712	350129	121470	0.959639	116567	15319	12.7552
大盘	n	10176	2727	4086	170109	41487	0.85065	35291	34336	12.59113
05	NUM	20570	1449	5961	244808	126369	0.759991	96039	18180	12.54658
股东	n	28549	1028	7677	344233	157547	0.904571	142512	12587	12.24416
萨达姆	PER	15832	1833	3303	253855	104878	0.693986	72784	22353	12.19476
刘翔	PER	5585	4513	1110	99746	29273	0.577822	16915	46753	10.35963
to	nx	4751	5154	941	104113	23857	0.55771	13305	50986	9.892511
前锋	n	7793	3418	5150	144453	40883	0.890476	36405	33808	9.891164
CBA	nx	3539	6509	1582	93434	21421	0.716974	15358	48415	7.438163
end	nx	2572	8255	679	77719	48907	0.14941	7307	61402	7.438159

词语通用度向后调整的词语主要包括：

> 领域专用词,如体育类的"比赛、球员、主场"等;文化类的"晚报、连续剧、剧场"等;经济类的"大盘、股东"等;军事类的"阵亡、导弹"等;法律类的"案件、刑事"等词语。

> 专有名词,如组织机构名"人民网、北京日报报业集团"等;人名"姚明、萨达姆"等;国家地区名"伊拉克、雅典"等词语。

> 英文单词或词组:如"and,to,BBS"等;

> 数字及符号:"85202199,05,■"等。

表2 词语通用度向前调整幅度大的词语(节选)

word	词性	FkId	Fk	文本数	U1k	Uk	Tk	Ok	OkId	OkId:FkId
不可或缺	l	11541	1619	1573	316309	306661	0.920041	282141	4901	0.42466
能	n	2442	11444	10425	508418	504018	0.979584	493728	1037	0.424652
只能	v	759	37721	31143	615541	609630	0.985134	600567	322	0.424242
难以	d	1084	27209	22698	581535	578841	0.988188	572004	459	0.423432

word	词性	FkId	Fk	文本数	Ulk	Uk	Tk	Ok	OkId	OkId:FkId
得益于	v	9607	2095	1922	343170	324991	0.954317	310145	4067	0.423337
足以	d	4594	5467	5055	439925	425072	0.97367	413880	1944	0.423161
整个	b	709	39537	32272	623929	617010	0.984727	607587	300	0.423131
只有	c	428	61368	49087	654225	652654	0.989893	646058	181	0.422897
一半	NUM	2268	12410	10384	522788	514749	0.975964	502376	959	0.42284
组成	v	1287	23262	19403	577562	568313	0.981274	557670	544	0.422688
得以	v	2938	9344	8481	492776	488063	0.971087	473952	1238	0.421375
势必	d	6741	3379	3130	392310	383345	0.950247	364273	2840	0.421302
仅仅	d	2020	14193	12646	536798	530986	0.971365	515781	851	0.421287
尽管如此	l	9361	2173	2128	344425	336232	0.935601	314579	3942	0.421109
所在	n	2183	13056	11401	524782	515194	0.983702	506797	919	0.42098
只有	v	4754	5239	5062	441741	434075	0.9465	410852	2001	0.420909
完全	a	4717	5277	4720	435904	424338	0.970916	411997	1981	0.41997
详细	a	4179	6136	5681	453870	444376	0.961061	427073	1752	0.419239
几乎	d	742	38554	32221	623200	613005	0.985987	604415	311	0.419137
为止	v	3135	8612	8132	499221	491197	0.952196	467715	1308	0.417225
影响	v	688	40656	31361	625674	617521	0.990098	611406	287	0.417151
正是	v	1010	29095	24711	592951	588112	0.987885	580987	421	0.416832
局限	v	9054	2268	2143	352067	341731	0.941647	321790	3772	0.416611
为	d	7906	2722	2667	367096	363757	0.938255	341296	3291	0.416266
次	a	9704	2069	1871	342356	338934	0.91752	310979	4039	0.41622
至关重要	l	7357	3013	2907	387185	376673	0.93657	352781	3058	0.415659
近	a	556	48917	40286	639535	632121	0.993597	628074	231	0.415468
仍然	d	894	32826	27112	606461	600561	0.982009	589757	371	0.414989
另	r	490	54986	45501	648750	645139	0.989914	638632	203	0.414286

词语通用度向前调整的词语主要是：

➢ 虚词,如副词的"几乎、仍然、尽可能"等;连词的"然而、另一方面、此外"等;

➢ 常用实词,如动词"担心、足够、影响"等;形容词"详细、完全、近"等;数词如"一半、大部分"等;名词如"所在"等。

前调幅度大的词语的共同特征是不具备领域特征,为各领域所共用。

- 词语通用度的收敛速度比较

不同词语度量指标的累计覆盖率的收敛速度可以反映词语集合的整体覆盖达到某种比率的快慢程度,表3为改进后公式收敛速度比较。

表3 词语通用度的收敛速度比较(节选)

词	词性	F_k	F_k覆盖率	文本数	Ul_k	Ul_k覆盖率	U_k	U_k覆盖率	T_k	O_k	O_k覆盖率
熟知	v	170	0.87053	163	164.504	0.882285	98.9739	0.951465	0.972	96.204	0.960075
通	a	190	0.87053	166	172.449	0.882291	99.0591	0.95147	0.9712	96.2038	0.96008
扭曲	v	192	0.87054	179	182.246	0.882296	98.9633	0.951475	0.9719	96.1844	0.960084
长安	nz	305	0.87055	201	236.085	0.882304	98.6164	0.951479	0.9752	96.1726	0.960089
君子	n	216	0.87055	181	193.597	0.88231	98.557	0.951484	0.9758	96.1683	0.960093
西城区	LOC	297	0.87056	207	227.41	0.882317	102.982	0.951488	0.9338	96.1673	0.960098
特使	n	354	0.87057	220	276.843	0.882326	102.744	0.951493	0.936	96.1658	0.960102
村级	b	409	0.87058	201	296.994	0.882335	101.376	0.951498	0.9485	96.1542	0.960107
柴	n	311	0.87059	167	210.797	0.882341	103.935	0.951502	0.9251	96.1489	0.960111
工作室	n	267	0.8706	188	211.466	0.882348	97.5441	0.951507	0.9855	96.1254	0.960116
银	b	256	0.87061	195	206.633	0.882355	98.9226	0.951511	0.9715	96.1047	0.96012
予	Vg	228	0.87061	199	207.763	0.882361	97.6667	0.951516	0.984	96.1009	0.960125
统筹	vd	229	0.87062	196	204.25	0.882367	99.5251	0.951521	0.9655	96.0952	0.960129
野蛮	a	283	0.87063	191	228.789	0.882375	103.923	0.951525	0.9245	96.0819	0.960134
高官	n	257	0.87064	203	218.734	0.882381	99.7175	0.95153	0.9635	96.0731	0.960138
吸毒	v	351	0.87065	197	266.894	0.88239	108.775	0.951535	0.8831	96.0565	0.960143
人马	n	203	0.87065	184	187.453	0.882396	97.5731	0.951539	0.9844	96.0527	0.960147
胜诉	v	289	0.87066	216	251.668	0.882404	100.701	0.951544	0.9538	96.0514	0.960152
富豪	n	406	0.87067	164	280.427	0.882412	114.82	0.951549	0.8364	96.0367	0.960156

词	词性	F_k	F_k覆盖率	文本数	$U1_k$	$U1_k$覆盖率	U_k	U_k覆盖率	T_k	O_k	O_k覆盖率
矣	y	211	0.87068	199	201.468	0.882419	96.9647	0.951554	0.9901	96.0073	0.960161
难看	a	197	0.87068	184	186.15	0.882425	97.0814	0.951558	0.9888	95.9907	0.960165
脂肪	n	391	0.87069	204	270.623	0.882433	99.5422	0.951563	0.9639	95.9522	0.96017
二年	TIM	256	0.8707	196	212.519	0.88244	96.8286	0.951567	0.9905	95.9108	0.960174
湖南省	LOC	265	0.87071	197	222.319	0.882447	100.592	0.951572	0.9534	95.9072	0.960179
优劣	n	175	0.87071	162	164.123	0.882452	98.2021	0.951576	0.9763	95.8734	0.960183
交费	v	270	0.87072	180	203.553	0.882458	98.8742	0.951581	0.9696	95.8708	0.960188
幸亏	d	191	0.87072	184	184.61	0.882464	97.4096	0.951585	0.9841	95.856	0.960192
因特网	n	214	0.87073	159	169.944	0.882469	98.2245	0.95159	0.9758	95.8513	0.960197
涨幅	n	460	0.87074	293	388.038	0.882481	100.231	0.951594	0.9559	95.8064	0.960201
茫茫	z	195	0.87075	189	190.125	0.882487	97.4895	0.951599	0.9826	95.7917	0.960206

表3为同等数量词语的词频F_k、文本使用度$U1_k$、领域通用度U_k和词语通用度O_k的覆盖率比较结果,可以看到,以O_k的覆盖率收敛速度最快。相比较而言,F_k和$U1_k$的覆盖率收敛速度相仿,U_k和O_k的覆盖率收敛速度相仿,但$U1_k$和U_k的覆盖率收敛速度相差较为明显,说明词语的文本散布程度及词语的时间稳定程度对O_k的位序影响相对较小,而词语的领域分布程度对词语的O_k位序产生了较大的影响。我们相信,更长时间范围的词语通用度考察会使时间稳定度对词语的通用度O_k位序的影响力度加大。

参考文献

① 黄居仁、张化瑞、俞士汶《基本词汇的预测与验证:由分布均匀度激发的研究构想》,黄居仁主编《中文词汇意义的区辨与描述原则》,2006年台北出版。

② 贾宝书《词汇学研究的必然趋势》,《山东大学学报》(哲社版)1999年

第2期。

③ 曹炜《现代汉语词汇研究》,北京大学出版社2004年版。

④ 王宁、邹晓丽主编《词汇应用通则》,春风文艺出版社1999年版。

⑤ 徐国庆《关于汉语词汇层的研究》,《北京大学学报》(社科版)1999年第2期。

⑥ 徐国庆《再论现代汉语词汇层》,THE NO RTHERN FO RUM.1998年第6期。

⑦ 杨蓓《吴语五地词汇相关度的计量研究》,《语言文字应用》2003年第1期。

⑧ 孙茂松、黄昌宁、方捷《汉语搭配定量分析初探》,《中国语文》1997年第1期。

⑨ 孙茂松、陈群秀主编《语言计算与基于内容的文本处理》,清华大学出版社2003年版。

⑩ 方经民《现代语言学方法论》,河南人民出版社1993年版。

⑪ 于根元主编《应用语言学理论纲要》,华语教学出版社1999年版。

⑫ 李航《统计学习与自然语言处理》,徐波、孙茂松、靳光瑾主编《中文信息处理若干重要问题》,2005年。

⑬ 桂诗春、宁春岩《语言学方法论》,外语教学与研究出版社1997年版。

⑭ Christopher D.Manning,Hinrich Schutze.《统计自然语言处理基础》苑春法、李庆中等译,电子工业出版社2005年版。

⑮ 孙茂松《关于词汇使用度的初步研究》,《语言文字应用》2000年第1期。

⑯ 张普《关于语感与流通度的思考》,《语言教学与研究》1999年第2期。

⑰ 黄昌宁《关于处理大规模真实文本的谈话》,《语言文字应用》1993年第2期。

⑱ 张普《关于控制论与动态语言知识更新的思考》,《语言文字应用》2001年第4期。

⑲ 冯志伟《计算语言学基础》,商务印书馆2001年版。

⑳ 吴蔚天等《汉语计算语言学》,电子工业出版社1994年版。

㉑ 张凯《汉语构词基本字的统计与分析》,《语言教学与研究》1997年第1期。

㉒ 常宝儒《关于现代汉语频率词典的编纂问题》,《辞书研究》1986年第4期。

㉓ 罗赛塔计划(Rosetta Project). *http://www.rosettaproject.org*。

对外汉语初级教材义类分布研究
——以"性质与状态"义类为例[①]

柯丽芸　杨艳　杜晶晶　李安　田立宝　苏新春

国家语言资源监测与研究中心教育教材语言分中心

厦门大学中文系

摘要　本文在教材语料库的基础上,对三部对外汉语初级教材课文的义类分布情况进行研究。通过对"性质与状态"类词语在数量、类型、分布和梯度、复现等情况的调查分析,呈现教材义类系统的外部概貌和内部建构,以探求教材义类分布的合适状态和方式,为以后的教材编写提供参考。

关键词　初级汉语教材、义类分布

一　引言

词汇教学是语言教学中的一项重要内容,词语的习得和积累也是学习第二语言的关键。早在上个世纪 80 年代,就有人倡导进行以意义为中心的外语教学;近几年来,越来越多的学者都注意到了利用语义进行词汇教学的重要性。但是,如何在教材编写中科学体现词语的义类及语义场分布,却很少人给予关注,研究成果中

[①]　本项研究是在国家语言资源监测与研究中心教育教材语言分中心的立项课题"对外汉语教材的共时研究"基础上进行的。部分研究成果,已作为《中国语言生活状况 2006》下编中的一部分数据出版。感谢厦门大学中文系教育教材中心语言研究部成员的意见。

也缺少教材义类体系的数据统计资料。究其原因,主要是以往的研究尚未从学习者的角度,对教材——这个留学生学习词汇最主要也是最直接的载体来考察其中的义类分布情况。

笔者认为,为了全面考察对外汉语教材的义类分布问题,首先要明确在教材中搭建一个合理的义类体系的重要性,然后从国内现有的有影响的对外汉语教材入手,对其义类的分布情况加以细致地定量统计分析,以探求教材义类分布的最佳状态和最佳方式,为以后的教材编写提供参考。

二 理论依据和现实意义

对于语言学习者来说,词汇的学习归根到底落实在对词义的学习上。按照语义场的理论,一个词的意义取决于与它邻近的及相对立的词语的意义。因此,第二语言的学习者习得词汇时,必然离不开对这种语言的语义系统有一个整体的概貌认识。我们认为,在教材中建构一个合理、有效、兼容性强的义类体系是必要的。对于初级阶段的对外汉语教材来说,从认知的角度来看义类的归属,更深一层是看教学者引进的这些概念和类别对汉语的语义系统有没有一个基本的、概貌式的反映,能不能使初学者对汉语世界形成一个基本的认识。

通过考察教材对基本义类的涵盖,我们可以知道学生对这种语言的普通认知程度是什么,还可以知道教材的义类体系能够为学生的词汇习得提供怎样的结构支撑,兼容性强不强？是否具有宽广的可联想空间？提出和分析这些问题,对于完善教材体系,修订词汇表,安排教学次序都有着非常重要的意义。

三　语料及研究方法

3.1　研究对象

本文以三套长期精读型对外汉语教材作为研究对象,基于统计思想,把考察范围限定在初级阶段的教材课文词汇。

表1　教材信息

教　材	出版社	出版时间	对象年龄程度	初级册数（册）	课文数（课）
汉语初级教程	北京大学	1987	成人零起点	3	65
汉语教程	北京语言大学	1999	成人零起点	6	100
博雅汉语	北京大学	2004	成人零起点	2	55

选择初级汉语教材进行考察的原因是,初级教材适用于打基础阶段,相对来说拥有更多的学习者,最能体现对外汉语的学科性质、特点和发展水平,因而最值得研究。从词汇学习的角度来看,初级阶段的学习者刚开始接触汉语,尚未建立起中文心理词库,与中高级学习者相比,自学能力相对较差,受课堂以外目的语的刺激也比较少,教材里词汇出现的种类和编排体系状况乃是影响其词汇学习的最重要的因素。因此初级教材具有研究的典型性意义。

3.2　参照语料

本文的研究将以《现代汉语分类词典》作为词语分类的参照系。《现代汉语分类词典》是国家语言资源监测与研究中心教育教材语言分中心在《同义词词林》(以下简称《词林》)[①]等已有实践的

---

① 梅家驹、竺于鸣、高蕴绮、殷鸿翔《同义词词林》,上海辞书出版社1983年版。

有力探索的基础上编纂出来的一部新的语文分类词典。它在很大程度上继承了《词林》语义分类框架,在系统的编排上克服《词林》的不足之处,力求在体例上充分反映现代汉语词义系统的类别层级特征,在编纂中遵循以下原则:

> 以词项和代表词为基本单位;以当代汉语通用词汇为对象范围;根据词的概念义指向进行总体分类;保证系统层级之间的对应与和谐。①

一级类有九个:一、生物;二、具体物;三、抽象物;四、时空;五、人物动作;六、社会活动;七、运动与变化;八、性质与状态;九、辅助。

3.3 研究方法

先对教材的课文部分进行分词及标注,然后以《现代汉语词典》②为依据进行义项匹配,形成教材词语义项库。在此基础上,添加与《分类词典》的分类体系进行匹配而得到的标注字段。最终形成如下电子版数据表:

表2 语料库示例

词条	义项	一级类	一级名	二级类	二级名	三级类	三级名	教材
好	容易。	捌	性质与状态	四	性质	K	难易	北大
好	优点多的;使人满意的。	捌	性质与状态	四	性质	B	好坏	北大
好	(身体)健康,(疾病)痊愈。	捌	性质与状态	三	性状	I	健弱	北大

---

① 林进展《试论汉语词义系统的类别层级性及其实现》,厦门大学硕士学位论文,2007年6月。
② 中国社会科学院语言研究所词典编辑室《现代汉语词典》,商务印书馆1996年版。

四 统计分析

4.1 课文"性质与状态"义类系统的总体架构

表3 "性质与状态"义类内部第二层级系统

	形貌	知觉	性状	性质	品行	情状	总义项词
北大	13	23	28	43	11	12	131
北语	20	44	46	96	57	33	296
博雅	9	25	26	49	16	13	138

三部教材中表示"性质与状态"的义项词覆盖了其下一级即二级类的每一个类别。三部教材的分布态势呈现出极大的一致性,峰值都在"性质"类,最低值在"形貌"类,"性状"类所占的比重也不小,接下来是"知觉"类和"品行"类。从"外形、感觉、表象"到"性质",正好遵循了认识事物的客观进程,即从外到内、从现象到本质、从感观接触到对内在特质的把握。通常我们认为形象浅白的词语比抽象的词语更容易教学,这是从第一语言教学出发的观点,在第二语言教学中,我们面对的学生是已经熟练掌握至少一种语言的成年人,有成熟的语言机制和丰富的生活经验,面对这样的群体进行教学就要注意和第一语言教学的差异性。应该说这三套教材都很好地体现了这种理念。

可以看出,三套教材课文的"性质与状态"义类体系总体架构还是比较合理的。

4.2 共有与独有义类

前面我们调查分析了教材"性质与状态"义类在第一、第二层级的构建情况,现在我们再深入第三个层级,从三套教材共有和独有的角度来进一步将研究细化。

表4 教材"性质与状态"类内部第三层级义类分布情况

	三级类数量	共有	独有	缺
形貌	10	5	2	2
知觉	15	6	1	3
性状	16	12	1	2
性质	22	15	1	3
品行	16	4	8	0
情状	19	5	0	0

从表4可以明显地看出，不同义类在教材中的分布还是比较丰富多样的。在二级类"性质"和"性状"中，三套教材共有的义类数是最多的，其次是"知觉"类，再次是"情状""形貌"，共有类最少的是"品行"类。这样的走势和前面提到的二级类的分布走势基本相似。从"形貌"类到"情状"类，三部教材都不含有的义类的比例越来越低。看来课文中"情状""品行"类的词语虽然在数量上不占优势，但是三部教材基本上都有涉入这些义类的词语。这也在某种程度上反映出教材义类分布面上具有一定的广度。

再看表4三套教材都不含有的三级类，我们选取每一义类中有代表性的词语，如"清浊"这一类，选取"清澈"和"浑浊"这两个词，对照《汉语水平词汇与汉字等级大纲》[①]，查出"清澈"和"浑浊"分别属于大纲乙级和丁级的词汇，由此大体判断出该义类的教学次序应该是在初级以后。照此办法得出：

甲级义类：深、浅、响　　　　　　　　　　　　　　3个

乙级义类：正、歪、清、软、硬、雄、详、略、荣　　9个

[①] 国家汉语水平考试委员会办公室考试中心《汉语水平词汇与汉字等级大纲》，经济科学出版社2001年版。

丙、丁级义类:浊、哑、稠、稀、雌、亲、姻、辱　　　8个

可见,在三部教材都不含有的三级类中,有一半以上是适合在初级阶段教学的义类,应该涵括到初级教材中。

4.3 单一义类词与跨义类词

上面我们分析了"性质与状态"义类在教材词汇中的分布状况,现在我们来看看教材词汇在《分类词典》义类体系中的分布状况。

表5　教材词汇义类数统计

	义类数	词数	总词种数	百分比(%)
北　大	4	1	123	0.81
	3	0		0
	2	5		4.07
	1	117		95.12
北　语	4	1	286	0.35
	3	0		0
	2	6		2.10
	1	279		97.55
博　雅	4	1	132	0.76
	3	0		0
	2	3		2.27
	1	128		96.97

义类数是指一个词所在的义类的数目,由于调查对象为初级教材,这里只调查到三级类的种数。词数是指有多少义类数一样的词目,百分比=词数/总词种数。

三部教材中,单一义类词(即只归属一种义类的词)占到了总词种数的95%甚至更多,而跨义类词的总数都只占有几个百分点。教材中单一义类的词汇占主体,对于学习者来说方便学习,特别是初级汉语学习者在词汇框架和汉语的义类系统还未完全建立

起来的时候,尽量多引入单一义类的词汇对于建立学生汉语词汇基础是必要的。但稍显不足的是,参见目前对《现代汉语词典》已有的研究成果,会发现《现汉》中义项数为一的词汇比例占全书词汇的78.849%,①也就是有将近20%的词汇是多义词。这样,教材中仅百分之几的跨义类词就和现代汉语的词汇状况显得不相对应了。从教学实践的效果来看,教材中确实应该引入一定量的跨义类词语,因为义类丰富的词语往往可以达到较高的教学效率。如果引导学生利用义类的归类功能,把多义词根据义项的不同性质归入相应的语义场中,与具有各种语义关系的词语联系在一起,多次、反复、互相识记,则可以帮助理解和加深记忆。从这个意义上说,引入一定量的跨义类词语,对于提高学生的词汇习得效率和扩充词汇量是大有裨益的。

五 结论

本文的研究以"性质与状态"义类为例,考察了三部初级对外汉语教材课文义类的总体分布情况,并深入调查了义类系统的内部层级架构,内容包括:数量调查、类型调查、分布调查、梯度性和复现情况调查。大致可以得出以下几个结论:

第一,所选初级教材的义类在内容的取舍和编排上较好地遵循学习者的习得规律以及教材的实践性原则,义类体系的总体架构比较合理。

第二,教材义类在范围上涵盖得较为广阔,但仍有一部分现代

---

① 苏新春《汉语词汇计量及其实现》,待出版。

汉语的基本义类未被涵括进来。今后的教材在编写过程中,编者如果能对教材内部的义类种类进行一番计量考察,相信编写出来的教材所涵盖的义类将会更加严密、充实。

第三,所选教材引进的单一义类词语极其丰富,而跨义类词语过于稀少,没有准确反映现代汉语词义的真实面貌,也不利于提高词汇教学和习得效率。建议在保持教材单一义类词语占优势的框架基础上,适当加大跨义类词语的比重。

参考文献

① 苏新春《汉语词义学》,广东教育出版社1992年版。

② 杜晶晶《汉语作为第二语言初级教材词汇计量研究——基于北京语言大学本科系列一年级教材》,厦门大学硕士论文,2005年。

③ 康艳红、董明《初级对外汉语教材的词汇重现率研究》,《语言文字应用》2005年第4期。

基于动态流通语料库通用词语的字词语关系考察[①]

韩秀娟　北京第二外国语学院国际文化交流学院

摘要　"通用词语"是语言的稳态部分。本文基于中国主流报纸动态流通语料库(DCC—Dynamic Circulating Corpus),对1万通用词语进行了词语用字及字词语关系考察。我们建立了"通用词语用字等级数据库"和"通用字词关系数据库",希望能给语言教学和语言研究提供宏观的参考资源。

关键词　DCC、稳态、通用词语、字词语关系

一　基于DCC通用词语的界定及自动提取

"通用词语"是相对于使用范围较窄的"专用词语"而言的,指那些使用频率高、在各个领域、各个地区、各个时间段内都通用的词语。"通用词语"是词汇的稳态部分。本文的研究对象就是词汇系统中的"稳态部分"——通用词语的用字研究及字词语关系考察。

"通用词语"具有全民通用性特征,主要表现在如下三个方面(赵小兵2007):

领域通用性:通用词汇具有在各领域、各行业普遍使用的

[①] 本文得到国家语言资源监测与研究中心项目"基于动态语料库的通用词语用字及基本词汇用字调查与研究"经费资助。

特性；

空间通用性：通用词汇具有在使用汉语进行交流的不同地域的人们普遍使用的特性；

时间通用性：通用词汇具有时间使用的稳定性特征。①

赵小兵用量化的"词汇通用度"指标来表示词汇通用的程度，用统计的方法考察大众媒体所使用词汇的通用程度，进而实现基于动态流通语料库的通用词语自动提取目标，她把这类通用词语统称为"语言工程用现代汉语通用词"（Contemporary Chinese Common-used Words for Language Engineering，英文简称CCWE）。本文研究正是基于此词语表的。

CCWE是基于中国主流报纸动态流通语料库（DCC）得出的。CCWE研究具体选取的原始实验语料为2002—2006年大陆地区发行的主流报纸6份，包括《人民日报》、《北京青年报》、《北京晚报》、《法制日报》、《环球时报》、《羊城晚报》。最后得到的通用词语表，按照词频覆盖率90%截取已有22 929词。

本文研究选取1万通用词语作为实验性研究的对象，并按照《汉语水平词汇与汉字等级大纲（修订本）》（以下简称《大纲》）②的词语分级定量原则和CCWE的"通用度"排序对通用词语做了以下五个等级的划分：

一级通用词语：即通用度降序排列前1 000号词语；

二级通用词语：即通用度降序排列1 001—3 000号的2 000个

---

① 赵小兵《基于动态流通语料库的现代汉语基本词汇自动识别与提取方法研究》，北京语言大学博士学位论文，2007年。
② 《汉语水平词汇与汉字等级大纲（修订本）》，国家汉语水平考试委员会办公室考试中心制定，经济科学出版社2001年版。

词语；

三级通用词语：即通用度降序排列 3 001—5 000 号的 2 000 个词语；

四级通用词语：即通用度降序排列 5 001—8 000 号的 3 000 个词语；

五级通用词语：即通用度降序排列 8 001—10 000 号的 2 000 个词语。

二 基于 DCC 的通用词语用字研究

2.1 基于 DCC 的通用词语用字定位

本文中的"通用词语用字"是指基于动态流通语料库的通用词语所用的字。

2.2 通用词语用字等级数据库

我们根据每级通用词语的用字情况，编程设计了"通用词语用字等级数据库"，如下表所示（限于篇幅只列表头）：

表 1 通用词语用字等级数据库

zi	gcc shu	zi1	gcc shu1	zi2	gcc shu2	zi3	gcc shu3	zi4	gcc shu4	zi5	gcc shu5	sum
不	189	1	14	2	38	3	25	4	74	5	38	5
一	169	1	27	2	33	3	38	4	44	5	27	5
人	136	1	8	2	27	3	25	4	42	5	34	5
大	124	1	13	2	26	3	23	4	36	5	26	5
出	103	1	8	2	19	3	26	4	31	5	19	5
上	97	1	9	2	17	3	18	4	39	5	14	5
有	95	1	17	2	22	3	17	4	24	5	15	5

zi	gcc shu	zi1	gcc shu1	zi2	gcc shu2	zi3	gcc shu3	zi4	gcc shu4	zi5	gcc shu5	sum
年	88	1	12	2	18	3	13	4	26	5	19	5
来	82	1	17	2	20	3	13	4	18	5	14	5
定	70	1	7	2	12	3	14	4	20	5	17	5
动	69	1	3	2	11	3	17	4	23	5	15	5
力	69	1	4	2	16	3	11	4	24	5	14	5
生	69	1	6	2	15	3	7	4	25	5	16	5
时	68	1	12	2	18	3	11	4	16	5	11	5
行	68	1	4	2	14	3	12	4	27	5	11	5
发	67	1	8	2	11	3	11	4	23	5	14	5

字段说明：

字段1(zi)：2002-2006年1万通用词语的用字，共2 249字。

字段2(gccshu)：通用词语用字(2 249字)在2002-2006年1万通用词语表中的构词次数。

字段3(zi1)：标"1"的字是一级通用词语用字，共613字。

字段4(gccshu1)：一级通用词语用字(613字)在一级通用词语中的构词次数。

字段5(zi2)：标"2"的字是二级通用词语用字，共1 091字。

字段6(gccshu2)：二级通用词语用字(1 091字)在二级通用词语中的构词次数。

字段7(zi3)：标"3"的字是三级通用词语用字，共1 280字。

字段8(gccshu3)：三级通用词语用字(1 280字)在三级通用词语中的构词次数。

字段9(zi4)：标"4"的字是四级通用词语用字，共1 649字。

字段10(gccshu4)：四级通用词语用字(1 649字)在四级通用词语中的构词次数。

字段 11(zi5)：标"5"的字是五级通用词语用字,共 1 470 字。

字段 12(gccshu5)：五级通用词语用字(1 470 字)在五级通用词语中的构词次数。

字段 13(sum)：对通用词语用字所出现的等级数统计。标"5"则表明此字在通用词语的五个等级中都出现了,依次类推。

基于"通用词语用字等级数据库",我们可进行很多考察、统计和分析工作,例如：

(1)各等级通用词语用字

1万通用词语共用到 2 249 个字,五个等级的通用词语用字情况如下：

表 2　1万通用词语用字等级统计表

	通用词语数	通用词语用字数	逐级增加字数
一级通用词语	1000	613	613
二级通用词语	2000	1091	577
三级通用词语	2000	1280	387
四级通用词语	3000	1649	436
五级通用词语	2000	1470	236
总　计	10000	2249	

(2)五个等级通用词语的共用字

据统计,2 249 字中有 409 个字在五个等级的通用词语中都出现了。这 409 个汉字共用于五个等级的通用词语,对构词贡献大。对于教学来说,首先学习了这一批字,有助于以后所学词语的理解和记忆。教师在教学过程中,应有意识地引导学生注意前后联系,利用已学帮助未学。在数据库中,我们可以统计出 409 字所构通用词语在五个等级中的词语数量分布,从而进一步了解这些字对构词的贡献。数据库如下面的表头所示：

表3 五个等级通用词语共用字的构词分布

zi	gcshu	level	clevel
不	185	1	14
不	185	2	36
不	185	3	25
不	185	4	73
不	185	5	37
一	166	1	27
一	166	2	33
一	166	3	37
一	166	4	43
一	166	5	26
人	135	1	8
人	135	2	26
人	135	3	25
人	135	4	42
人	135	5	34

注：zi：通用词语的用字。

gcshu：在"通用字词关系数据库"中，通用词语用字的构词数。

level：字所构通用词语的等级。

clevel：字所构通用词语在每个等级中的构词数。

在这样的统计表中，我们可以通过每个字的构词总数和在每个等级内的构词数，看出其对构词的贡献，便于选择单字及其所构相应等级的词语。

(3) 各等级通用词语特用字

每个等级的通用词语特用字，即指只被本级通用词语所用的字。

经考察，各级特用字主要有以下两种情况：

> 记录单词性的单音词,如"啊、吹、哭"。
> 参与构词,但只有一种搭配方式出现在某一等级内,如"慧(智慧)""绪(情绪)"都只出现在二级通用词语中。

对于这些等级词语特用字的学习可以注意这两种情况:第一,某个字在 1 万通用词语表中只能用作单词性的单音词。第二,某个单字所构的词语差不多都集中在某个通用度段内,相互之间的使用情况差不多,在教学中可以安排在相同的阶段一起学习,并关注它们的常用搭配方式和固定搭配方式。

2.3 "字用度"的提出

汉字是记录汉语的视觉符号系统,它以汉语中词的意义作为构形依据;字形是汉字的本体,字音和字义是汉语赋予汉字的。作为第二性的书写符号,汉字必须以自己的字形关联了语音、语义才能称为文字。对于研究和教学来说,汉字都必须结合具体字符使用的环境和所记录的词语才能起到全面的效果。

"通用度"是衡量词语在语言应用的各个领域里常用性的综合指标,是继"频度""使用度"之后提出的。"通用度"兼顾到词语的分布率和频率两个方面,并且把两者有机地结合起来。这种方法可以从类散布空间和时间轴两个方向上对字、词的使用情况进行统计。赵小兵在提取 CCWE 时,对"通用度"做了进一步改进(具体改进参见赵小兵博士论文),使它能更科学地衡量每个通用词语使用情况。

所以,通过"通用度",我们既可以知道通用词语用字在记录单音词时的使用情况,也可以知道其参与构成的多音节词的使用情况,因此,单字所构全部通用词语的"通用度"之和就可作为此字是否常用、通用的重要衡量指标之一,我们称之为"字构词通用度",

简称"字用度",计算公式如下:

字用度 = $T_a + T_b + T_c + T_d + \cdots\cdots + T_n$

("T"代表通用词语的通用度,下标"a、b、c、d……n"表示字所构的通用词语,"T_a"即指通用词语 a 的通用度,依次类推。)

"字用度"通过汉字所记录词语的使用情况来反映汉字的字用属性,可作为现代汉语常用字和通用字研究新的参考指标。本文把所提出的"字用度"应用于通用词语的字词语关系考察等方面。

三 基于 DCC 通用词语的字词关系考察

为了进一步地考察通用词语的字词语关系,并把考察信息汇总在一起,我们建立了"通用字词关系数据库",作为工作的平台和研究的成果之一。

3.1 "通用字词关系数据库"介绍

"通用字词关系数据库"中包含了我们关于字词语关系的多种研究结果,它将成为深入研究的基础和投入实践应用的平台(数据库中的词语直接基于中科院自动化所分词软件的切分结果)。数据库的设计如下面的表头所示(限于篇幅只列部分表头):

表 4 通用字词关系数据库

zydnum	zi	word	oknum1w	cx1	cx2	cxnum1w	fircx	yinjie	level	loc	gcshu	yydw
1	一	一	6	NUM	数	4	*	1	1	0	166	dansu
1	一	一直	163	d	副	1	*	2	1	L21	166	dansu
1	一	一样	368	a	形	3	*	2	1	L21	166	dansu
1	一	一定	375	d	副	2	*	2	1	L21	166	dansu

zyd num	zi	word	oknum 1w	cx1	cx2	cxnum 1w	fir cx	yin jie	level	loc	gcshu	yydw
1	一	一同	2614	d	副	1	*	2	2	L21	166	dansu
5	有	没有	78	d	副	2	*	2	1	R21	95	dansu
5	有	没有	81	v	动	2		2	1	R21	95	dansu
7	上	上	11	f	名	3	*	1	1	0	97	dansu
7	上	上	161	v	动	3		1	1	0	97	dansu
7	上	上午	671	TIM	名	1	*	2	1	L21	97	dansu
619	候	时候	215	n	名	1	*	2	1	R21	10	su
2231	鸭	鸭	9807	Ng	名	1	*	1	5	0	1	dan

字段说明(随着研究的进行,数据库的结构会有适当的添加和调整):

字段1(zydnum):通用词语用字的"字用度"排序,序号越小,"字用度"越高。整个数据库中,单字按此序排列。

字段2(zi):1万通用词语的全部用字,共2 249字。

字段3(word):2 249字在1万通用词语范围内所涉及的词语,每个字所涉及的全部词语均按词条的形式列于单字后,这样数据库共形成18 798条记录。

字段4(oknum1w):通用词语的"通用度"排序,序号越小,表明词语的"通用度"越高。

字段5(cx1):通用词语的词性。此列词性完全是切分软件的自动标注结果,均以英文字母标注。

字段6(cx2):根据《大纲》的词性标注系统,我们把通用词语的英文字母标注转换为汉字标注。加入此列词性标注的目的是便于数据库使用者与《大纲》词表做出比较和选择。

字段7(Cxnum1w):每个通用词语在本数据库中所出现的词性数。当字段7中的数字为"1"时,则说明此词语在本数据库中只出现了一种词性;当字段7中的数字大于"1"时,则说明此词语为"多词性词语"。

字段8(fircx):通用词语按"通用度"排序后,给每个通用词语"通用度"最高的词性标上"*"。

字段9(yinjie):通用词语的音节数。当数据库使用者对词语的音节数有要求时,可使用此列数据,例如,挑选单音节的词语。

字段10(level):通用词语按照"通用度"排序确定的五个等级标注。如"1"代表着一级通用词语,依次类推。此列按照"通用度"等级升序排列,便于使用者明了字所构词语的等级分布。

字段11(loc):通用词语用字在所构词语中的位置。标注规则如下:

单音节词:标"0"。

双音节词:前置标"L21",后置标"R21"。

三音节词:前置标"L31",中间的标"M3",后置标"R31"。

四音节词:按从左到右的顺序依次标为"L41,L42,R42,R41"。

五音节词:按从左到右的顺序依次标为"L51,L52,M5,R52,R51"。

六音节词:按从左到右的顺序依次标为"L61,L62,L63,R63,R62,R61"。

七音节词:按从左到右的顺序依次标为"L71,L72,L73,M7,R73,R72,R71"。

字段12(gcshu):2 249字在1万通用词语中的构词数。

字段13(yydw):字与语言单位的对应标注。标"dansu",说明此字在本数据库中记录既可单用又可与其他语素结合构词的成词语素;标"dan",说明此字在本数据库中记录只单用的成词语素;标"su",说明此字在本数据库中只记录不成词语素。

"通用字词关系数据库"共包括 18 798 条记录。

基于"通用字词关系数据库"我们进行了多项考察,例如:单字与语言单位的对应、单字构词等级分布、单字构词位置、单字构词词性等。①

3.2 "通用字词关系数据库"面向对外汉语教学的用途

词汇教学在对外汉语教学中有相当重要的地位。词汇是语言的建筑材料,是句子的基本结构单位。而汉字教学也是整个对外汉语教学中不可缺少的一部分,其学习效果直接影响到汉语水平的提高。作为学生学习语言听说读写能力全面提高的要求,词汇和汉字应该相辅相成、配合教学。基于 DCC 的通用词语用字研究及字词语关系考察,能为词语教学及其与汉字的配合教学提供宏观的参考资源,例如:

(1)依据通用词语的等级及其用字等级,选择不同阶段字词语的学习对象。例如,选择一级 1 000 个通用词语为学习对象,配套的有一级通用词语所用的 613 字作为汉字学习对象;如果进入二级 2 000 个通用词语的学习,在已学 613 字基础上,需再补充 577 个新字配合词语的学习;依次类推,每个等级的词语及其用字都能配合起来。

(2)以单字为主线形成词语聚合,有助于建立词语之间的联系,并利于给单字学习选择词语。例如,在"通用字词关系数据库"

---

① 具体统计数据可参见韩秀娟《基于动态流通语料库的通用词语用字研究及字词语关系考察》,北京语言大学博士学位论文,2007 年。

中,单字"生"共构了69个通用词语,这69个词语以单字"生"为关联聚合一起,在"通用度"、词性等各方面都可以作出比较。如果按"通用度"从高到低为单字"生"选择词语,那么"生活、发生、产生、生命、生产"……可依次选择。

(3)单字与语言单位的对应考察,帮助我们了解汉字记录汉语的具体职能。例如,在1万通用词语用2 249字中,记录只能单用的成词语素的单字约占9%,如"又、吗、呢";记录不成词语素的单字约占33%,如"然、程、么";记录既可单用又可与其他语素结合构词的成词语素的单字约占57%,如"一、不、人"。

(4)单字构词的等级分布,可帮助了解汉字对词语的贡献。例如,单字"一"参与了五个等级的通用词语构词,其中四级通用词语最多;单字"呈"只构了2个词,但是都属于二级通用词语;单字"爬"则只构了1个二级通用词语。

(5)单字构词位置信息。例如,通过统计可以知道:1万通用词语用2 249字中,出现在构词左起第一位置的单字有1 611个;出现在构词右起第一位置的单字有1 479个;既可出现在左起第一位置又可出现在右起第一位置的单字有1 065个;而同时出现在两个位置上的单字有81个;构词位置固定的单字有512个……

(6)单字与构词词性的关系。例如,单字"一"参与17种词性的构词,最常参与副词的构词;单字"到"参与6种词性的构词,最常参与名词的构词;单字"克"参与2种词性的构词,而形容词性语素和名词都是其最常记录的词类;单字"兼"只构了1种词性的词语,即动词。

(7)单字(语素)在每种义项上的构词。例如,单字"意"在义项"意思、心思"上的构词有"意义、注意、意思、随意"等;在义项"心愿、愿望"上的构词有"愿意、满意、特意"等；在义项"见解，看法"上的构词有"意见"等。

(8)依据通用度，给"多词性词语"分出词性等级。例如，在"通用字词关系数据库"中"爱"有2种词性，动词"爱"属于二级通用词语，名词"爱"是四级通用词语；"按"也有2种词性，介词"按"是一级通用词语，动词"按"是五级通用词语。

……

除了教学领域，本文研究也可用于中文信息处理领域，例如，可为"由字构词的中文分词方法"①提供更多更全面的"词位"信息；把基于静态训练集的"学习"变成基于动态大规模真实文本语料库的"学习"。

本文概括介绍了基于DCC通用词语的字词语关系考察工作，更多的研究成果和后续工作将另文撰述。

参考文献

① 《汉语水平词汇与汉字等级大纲(修订本)》，国家汉语水平考试委员会办公室考试中心制定，经济科学出版社2001年版。
② 王宁《汉字构形学讲座》，上海教育出版社2002年版。
③ 王宁《论汉字规范的社会性与科学性》，《中国社会科学》2004年第3期。
④ 于根元《应用语言学概论》，商务印书馆2005年版。
⑤ 张普《关于动态语言知识更新与流通度研究》，《语言文字应用》2001

---

① Hai Zhao, Changning Huang and Mu Li. 2006. An Improved Chinese Word Segmentation System with Conditional Random Fied. Proceedings of the Fifth SIGHAN Workshop on Chinese Language Processing, 162—165. Sydney, Australia, July 2006.

年第 4 期至 2002 年第 1 期。

⑥ 张普《当前字、词、语量化研究的五个深化方向》,第三届两岸四地中文数字化合作论坛论文集。

⑦ 赵小兵《基于动态流通语料库的现代汉语基本词汇自动识别与提取方法研究》,北京语言大学博士学位论文,2007 年。

⑧ 韩秀娟《基于动态流通语料库的通用词语用字研究及字词语关系考察》,北京语言大学博士学位论文,2007 年。

⑨ Hai Zhao, Changning Huang and Mu Li. 2006. An Improved Chinese Word Segmentation System with Conditional Random Fied. Proceedings of the Fifth SIGHAN Workshop on Chinese Language Processing, 162—165. Sydney, Australia, July 2006.

基于词汇时间分布信息的未登录词提取

何伟 侯敏

中国传媒大学国家语言资源监测与研究中心

有声媒体语言分中心

摘要 语言监测必然要面对大量的未登录词。本文依据词汇的时间分布信息,提出了未登录词提取的新方法。词汇的时间分布信息是语料本身所蕴涵的基本分布信息,但常常被忽略或者说难以运用。本文从语言符号的线性特点出发,研究了如何以词汇的时间分布信息建模,并提出了新的度量指标——同步衰减频率,以自动提取未登录词。实验结果表明该方法不受词长限制,对低频词尤其具有良好的鲁棒性,同时验证了词汇的时间分布信息在词汇处理中的有效性。

关键词 时间分布信息、同步衰减频率、未登录词

1 引言

索绪尔以他语言大师的眼光敏锐地指出,语言符号的能指"只在时间上展开,而且具有借自时间的特征:(a)它体现一个长度,(b)这长度只能在一个向度上测定:它是一条线"。依据语言符号的这种线性特点,语料中的词汇是有排列顺序的,这种顺序体现在时间轴上就是一种先后关系,本文称之为词语的时间分布信息。索绪尔认为,语言符号的这种线性特征"是一个基本原则,……语言的整个机构都取决于它"。但也正像索绪尔指出的那样:"这个

原则是显而易见的,但似乎常为人所忽略,无疑是因为大家觉得太简单了。"因而人们在进行语言信息处理时,词汇的这种时间分布信息并没有体现在一般的词汇处理方法中。

在词汇处理方法中经常使用到词频,词频是一项可由语料获取的基本词汇信息,由词频通过最大似然估计可以得到相关的概率参数,在此基础上推导出各种常用的概率统计量。词频反映的只是词汇在语料中的空间分布信息,表示了该词在整个语料中总共出现的次数,由该频次估计得到的概率参数也只是平均值,我们并不知道该词每个样本在语料中的分布情况,究竟是集中出现还是分散出现?是在语料集的前部还是后部?

因此除了词频之外,应该并且也能够从语料中获取其他的词汇基本信息,来更加具体地刻画词汇在语料中的分布情况。词汇的时间分布信息就是这样一种让我们感兴趣的基本信息,即使是同频次的不同词汇,其在语料中的前后排列顺序也必然是不相同的。接下来的问题是,如何在词汇处理过程中实现词汇时间分布信息的计算。

2 词汇的时间分布信息

语料本身已经包含了丰富的时间信息。语料可以被看成是由一篇篇文本顺序排列组成,文本中的语句(以任意分隔符划分的自然串)同样是顺序排列的,以每个句子代表一个时刻,则整个语料可以统一地标记上时刻。假设语料中包含 K 个文本,每个文本中的句子数分别为 $(L, M, \cdots\cdots, N)$,则所有句子被标上 $(t_1, t_2, \cdots\cdots, t_{L+M+\cdots\cdots+N})$ 的相对时刻标记,如图 1 所示。

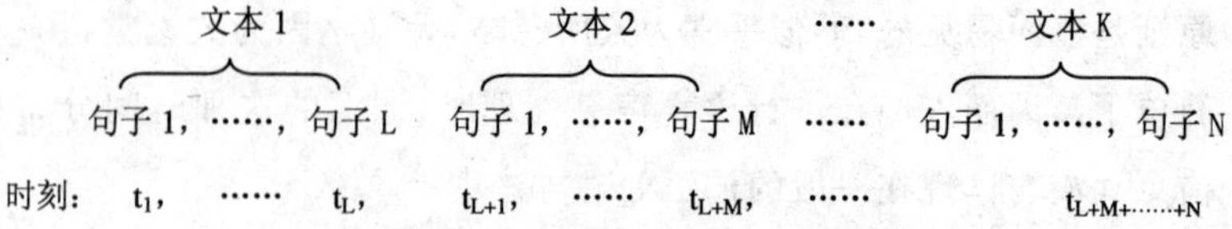

```
       文本 1              文本 2         ……              文本 K
   ⌈‾‾‾‾‾‾‾‾‾⌉      ⌈‾‾‾‾‾‾‾‾‾⌉                     ⌈‾‾‾‾‾‾‾‾‾⌉
   句子1,……,句子L    句子1,……,句子M   ……              句子1,……,句子N
时刻：t₁, …… t_L,    t_{L+1}, …… t_{L+M}, ……            t_{L+M+……+N}
```

图 1　语料集中的相对时刻标记示意图

图 1 表示了为整个语料集人为赋予一个相对的时间参照系。因为是相对的时刻标记,所以不同的文本排序不会对计算结果产生影响。句子中出现的所有词汇都具有与该句同样的时刻,如此语料中的所有词汇都具有了时刻标记。如果词 w 在语料中的所有出现时刻都被记录的话,则可以得到词 w 在语料中的时间分布信息：

$$TD_w = \left\{ t_i / \begin{array}{c} I_{t_i}(w) = 1 \\ 1 \leqslant i \leqslant L+M+\cdots\cdots+N \end{array} \right\} \quad (1)$$

上式中 $I(\cdot)$ 为指示函数, $I=1$ 时表示词 w 在 t_i 时刻出现。由上式得到的词汇时间分布信息可以与频次信息相互补充,对词汇在语料中的分布做出更详细更具体的刻画。

2.1　同步关系

不同词汇,如果在同一语料集中具有相同的时间分布,我们就称为词汇之间具有同步关系。不同词汇之间是否具有同步关系,当然可以通过比较词汇之间的时间分布信息来判断,但是依据公式(1)所得到的时间分布信息将会是一个高维向量,计算困难。为此我们提出同步衰减频率的概念,以简单快速地衡量不同词汇之间是否具有同步关系。

2.2　同步衰减频率

我们从二元组的频次入手,定义二元组 (w_{i-1}, w_i) 的频次计

算公式如下

$$C(w_{i-1},w_i) = \sum_H I(w_{i-1},w_i) \quad (2)$$

对于指示函数 $I(\cdot)$，当（•）为真时 $I=1$，否则 $I=0$。H 表示语料集。

我们假设语料 H 含有 T 个句子，每个句子代表一个时刻，则以 $(1\cdots T)$ 的时间顺序可以将语料划分成顺序排列的句子集合，即 $H=(H_1,\cdots,H_t,\cdots,H_T)$，则公式(2)改写为

$$C(w_{i-1},w_i) = \sum_{t=1}^T \sum_{H_t} I(w_{i-1},w_i) \quad (3)$$

不同时刻出现的频次必须加以区分，在此我们通过乘以包含时间变量的指数衰减函数 $e^{-\partial(T-t)}$ 来实现这个目的。∂ 为衰减速率，T 为最大时刻，t 为当前时刻。则公式(3)改写为

$$C_{Decay}(w_{i-1},w_i) = \sum_{t=1}^T \sum_{H_t} I(w_{i-1},w_i) e^{-\partial(T-t)} \quad (4)$$

我们称 $C_{Decay}(w_{i-1},w_i)$ 为二元组 (w_{i-1},w_i) 的同步衰减频率。当不同二元组的时间分布相同时，其同步衰减频率相等；当不同二元组的时间分布相似时，其同步衰减频率相近。

在二元组 (w_{i-1},w_i) 同步衰减频率的基础上可以得到一元组 (w_i) 的同步衰减频率，如下式，V 表示词表。

$$C_{Decay}(w_i) = \sum_{w_{i-1} \in V} C_{Decay}(w_{i-1},w_i) \quad (5)$$

利用公式(4)和公式(5)得到的同步衰减频率显然只涉及标量计算，计算量小，便于实现，一个典型的应用就是未登录词的提取。

3 未登录词提取

汉语中未登录词可以被看成一种较为固定的词汇搭配,其组成成分在语料中往往具有共现现象,据此可以提取出相应的未登录词。由于处理大规模真实文本的需要,未登录词的提取方法多倾向基于统计的方法,或者构建字符串的结构树,或者通过假设检验排除垃圾串,或者通过互信息等概率指标计算相关度,寻找相关度大的字或词串组合。这些方法要么对词长有所限制,要么计算量大,要么对跨词碎片无能为力。

所谓词汇的共现现象,从时间分布的角度来看就是词汇之间具有同步关系。因此,我们可以用同步衰减频率来衡量不同词汇之间的同步关系,即共现程度,从而判断其是否能构成一种较为固定的搭配关系,也就是未登录词。

本文中,未登录词定义为分词词典未包含的可以成词的切分单元组合。未登录词被分为两类,即两组切分单元构成的词对和两组以上构成的词串。词对由两个一元组构成,词串由若干二元组首尾串接而成。词串类的未登录词,其组成的二元组一般具有同步关系,也就是在相同的句子中共现。词对类的未登录词,其组成的一元组往往具有准同步关系。

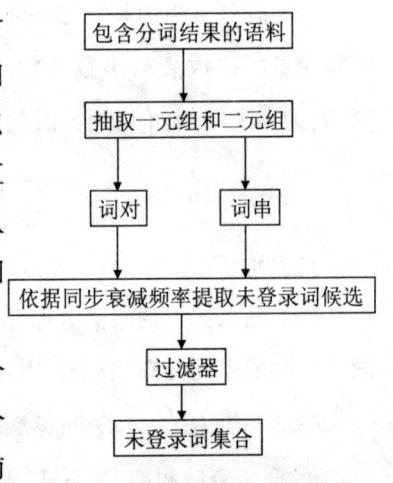

图2 未登录词提取流程图

未登录词的提取过程如图2所示。首先将语料依据常用词词典进行自动分词,分词过程倾向于取短词。依据分词结果抽取一元组和二元组,分别计算一元组和二元组的同步衰减频率,提取未登录词候选,经过过滤器得到最终的未登录词集合。

3.1 未登录词候选的提取

未登录词候选的提取包括词对和词串两类未登录词候选的提取。首先提取词串类未登录词候选,即提取一组首尾相接的二元组,并依据式(6)计算其同步衰减频率是否相等,如相等则作为词串类未登录词候选。

$$C_{Decay}(w_{i-1},w_i) = C_{Decay}(w_i,w_{i+1}) \quad (6)$$
$$i = 1,2,\cdots,N$$

在提取了词串类未登录词候选后余下的二元组中,可依据式(7)计算其一元组同步衰减频率是否相等,如相等则将该二元组作为词对类未登录词候选。

$$C_{Decay}(w_{i-1}) = C_{Decay}(w_i) \quad (7)$$

3.2 过滤器

分别建立词对类和词串类未登录词候选集后,必须通过过滤器进一步排除垃圾串。这是由于本文力图验证所提方法对低频词提取的鲁棒性,因此没有预设词频门限,词对类和词串类候选集中含有大量低频词,对于只在语料中出现了一次的情况,其偶然性大为提高,必然导致候选集中垃圾串增多。此外,诸如"的""和"等高频词也可能形成干扰。

过滤器的设计思想是候选未登录词的组成成分中,至少有一个一元组的同步衰减频率与二元组的衰减频率相近,也就是至少有一个组成词的时间分布与该候选未登录词的时间分布相似,以

便尽可能的排除偶然结合成的二元组。假设候选未登录词共有 N 个词组成,则过滤器计算公式如下:

$$\min\left\{\frac{C_{Decay}(w_i)}{C_{Decay}(w_i,w_{i+1})}\right\} > F \quad i=1,2,\cdots,N \quad (8)$$

对于词对类和词串类候选,门限 F 分别表示成 F_{pair} 和 $F_{sequence}$。超过门限值的候选未登录词将被排除。

4 实验分析

4.1 实验语料

由于本文所提出方法无需训练集,因此实验中只用到测试语料集,为 2003 年 10 月 2 日《人民日报》(海外版),共有约 1.8 万字。

自动分词后的语料中共包含 2 936 个一元组和 7 964 个二元组,一元组和二元组的出现频次及所占比例如表 1 所示。

表 1 语料中一元组和二元组构成

频次 %	1	2	3	4	≥5
一元组	54.2	17.3	8.5	5.3	14.6
二元组	83.0	10.3	2.8	1.8	2.1

由表 1 可见,测试语料非常稀疏,大部分词汇只出现一到两次,其中 54.2% 的一元组只出现一次,而只出现一次的二元组竟高达 83%。这样稀疏的领域是无法得到可靠的概率参数,仅仅依赖于词频信息是无法提取可能的未登录词。

4.2 未登录词提取流程

针对这样一个稀疏领域,我们依据图 2 的流程分别进行词串类和词对类未登录词的提取。首先自动切分语料,分词词典共有1到4字常用词4万7千余条,针对切分结果统计二元组,计算同步衰减频率,图3列出带同步衰减频率的一段二元组例子。

单元1	单元2	同步衰减频率	频次
s	曾	2.438592	8
曾	庆	1.888524	8
庆	红	1.888524	8
红	看望	0.230150	1
看望	不同	0.230150	1
不同	时期	0.461691	2
时期	留学	0.461691	2
留学	回国	1.667199	7
回国	科学家	0.230150	1
科学家	/s	0.230150	1

图3 一段二元组例子

图中s和/s分别为句子开始符和结束符。首先抽取首尾相接、同步衰减频率一致的二元组作为词串类未登录词候选,即〈曾 庆 红〉、〈红 看望 不同〉、〈不同 时期 留学〉、〈回国 科学家 /s〉,余下的孤立二元组作为词对类未登录词候选,即〈s 曾〉、〈留学 回国〉。这些候选经过过滤器可得到未登录词〈曾庆红〉、〈留学回国〉。由图3可以看出本文所提出方法的特点:1)利用时间分布信息自然刻画未登录词边界,不需要人为设定词长限制。例如与〈曾 庆 红〉左连接的二元组〈s 曾〉频次同样为8不能排除,但是同步衰减频率值不一样,说明其时间分布不一致被排除,这样自然确定了〈曾 庆 红〉的左边界,同理可得右边界。2)运算简单快速,通过数值对比即可提取词串类未登录词候选,余下的孤立二元组自然成为词对类未登录词候选,避免了对每一个二元组都要判断是否成词的冗余运算。

4.3 未登录词提取结果

为了获得较高的召回率,我们将词对类候选提取的约束条件放宽,即将式(7)改写为下式:

$$1/k \leqslant \frac{C_{Decay}(w_{i-1})}{C_{Decay}(w_i)} \leqslant k \quad (k>0) \qquad (9)$$

上式中 K 为松弛系数,$k=1$ 时即为式(7),为最紧约束。实验中,$k=5$ 为经验值。过滤器中的门限值 $F_{pair} = F_{sequence} = 2$ 亦为经验值,上述经验值可依据应用域进行调整。实验中衰减速率 ∂ 被设为 0.001,以避免计算机浮点运算中舍入误差的影响。

为了检验本文所提方法对低频词提取的鲁棒性,表2列出了所提取的词对类和词串类未登录词,并依据频次进行分类,给出相应的精度。表3依据频次列出了未登录词提取总的召回率和精度。

表 2 依据频次列出的未登录词提取精度

% 频次	1	2	3	4	≥5
词对类未登录词	27.3	49.0	63.6	65.2	68.4
词串类未登录词	43.8	60.6	83.3	83.3	71.4

表 3 依据频次列出的总召回率和精度

% 频次	1	2	3	4	≥5
精度	42.5	53.5	72.5	69.0	69.7
召回率	59.3	73.9	72.5	71.4	80.9

从表2和表3中可以观察到未登录词的提取精度和召回率随着频次的增加而明显改善,这说明相比于一般度量指标,时间分布信息对频次的变化更加敏感,对细节的捕捉能力更强。

更加让人鼓舞的是该方法对低频未登录词的提取获得了良好的效果,尤其是只出现一次的未登录词,该方法获得了42.5%的精度和59.3%的召回率。考虑到54.2%的一元组和83%的二元组仅出现了一次,我们有理由相信该方法能够提取一般意义上无法提取的一次未登录词。

依据词汇的同步衰减频率能够自然精细地刻画未登录词边界,从而使得本文所提出的未登录词提取方法对低频词表现出良好的鲁棒性。以未登录词〈水柱〉为例,该词仅出现2次,而组成该词的〈水〉出现了18次,〈柱〉出现了2次,单纯依据概率统计量是很难提取的。通过观察该词所在二元组,如下:

……

数　千　0.441305 1

千　水　0.441305 1

水　柱　0.886164 2

柱和数　0.441305 1

和数千　0.441305 1

……

不难发现,〈水 柱〉的前后边界〈千〉、〈和数〉被自然断开,〈水柱〉作为一个孤立二元组其成词可能性大为增加,在此基础上尽管〈水〉出现了18次,但由于一元组〈柱〉和二元组〈水 柱〉时间分布相同,经过滤器后,可得到未登录词〈水柱〉。

本文所提出的方法对未登录词词长并无限制,不同长度的未登录词一次遍历后全部被提取出来,实验中所提取的最长未登录词为五元组,四元组和五元组的未登录词出现频次小于两次,长词出现频率低,我们认为这和人们语言使用中倾向于较短的表达式有关。

5 结论

本文未登录词提取实验结果,表明了词汇的时间分布信息是一种新的有效的词汇基本信息。我们认为词汇的时间分布信息能够更加细致地刻画词汇在语料中的分布,给出句子级的位置信息,这种优越性使得基于同步衰减频率的未登录词提取具有突出的优点:

(1) 运算速度快,一次线性遍历即可提取全部未登录词。
(2) 没有频次限制,对低频未登录词提取效果良好。
(3) 没有词长限制,自然刻画未登录词边界。
(4) 无需训练集,适合于实时性要求高的在线学习任务。

参考文献

① 索绪尔《普通语言学教程》,胡明扬译,商务印书馆1982年版。
② 陈小荷《自动分词中未登录词问题的一揽子解决方案》,《语言文字应用》1999年第3期。
③ 韩客松、王永成、陈桂林《无词典高频字串快速提取和统计算法研究》,《中文信息学报》2001年第2期。
④ 秦文、苑春法《基于决策树的汉语未登录词识别》,《中文信息学报》2004年第11期。

⑤ Lee-Feng Chien, PAT-tree-based adaptive key phrase extraction for intelligent Chinese information retrieval, Information Processing and Management, 1999 (35).

⑥ K. Church, P. Hanks, D. Hindle, and W. Gale, Using Statistics in Lexical Analysis, 1991, pp.115 - 164. Lawrence Erlbaum.

⑦ Ted E. Dunning, Accurate methods for the statistics of surprise and coincidence, Computational Linguistics 19(1):61 - 74, 1993.

⑧ George Saon and Mukund Padmanabhan, Data-Driven Approach to Designing Compound Words for Continuous Speech Recognition, IEEE transaction on speech and audio processing, Vol. 9, no. 4, 2001, pp.327 - 332.

⑨ Frank Z. Smadja, Retrieving collocations from text: Xtract, Computational Linguistics, 1994, 19(1):143 - 177.

⑩ Qin Shi, Li Qin Shen and Hai Xin Chai, Automatic new word extraction method, ICASSP 2002, pp.865 - 868(Ⅰ).

⑪ Zhang Le, Lv Xueqiang, Shen Yanna, Yao Tianshun, A Statistical Approach to Extract Chinese Chunk Candidates from Large Corpora, ICCPOL,2003.

⑫ 何伟、李红莲、袁保宗、林碧琴《基于对话回合衰减的 cache 语言模型在线自适应研究》,《中文信息学报》,Vol.17,No.5,pp.41 - 47,2003 年。

关于语言资源的几点思考

(闭幕词)

崔希亮

我们这次会议叫"高峰论坛","高峰"的意思是我们是在顶端,也可以这样理解,我们研究的是宏观语言学的问题,不是很微观的问题。

我们讨论的问题是社会上高度关注的,这是非常好的一件事,所以我在这里希望这个论坛只是一个开始,不是最后的结束,以后我们还会有机会一起讨论。

我没有参加全部的会,今天下午的论坛我非常喜欢。为什么喜欢?我觉得我们讨论的内容十分丰富,问题特别广泛,讨论的深度很好。还有我们有交锋,有碰撞,有脑力激荡,这样才能够产生很多新的思考、新的问题,这些问题以前可能是有些人思考过的,有些可能还没有经过认真思考的。比方说语言资源是什么?其实语言资源监测和应用语言学的发展,首先第一个问题应该解决语言资源是什么。通过这两天的会议我们发现大家说的还是不完全有交集,有的时候有交集,有的时候没有,大家说的是不一样的事情。

第二个问题,我们的语言状况或者说语言资源,或者说语言社会生活怎么监测?用什么样的手段,用什么样的方法,用什么样的取样模型监测？这是大家讨论的技术层面的问题。

第三个问题，语言资源监测的结果怎么公布？可能以前我们没怎么想过这个问题，怎么公布才最好，它的社会效果最佳。

第四个问题，这个监测的结果用来干什么，怎么用，谁来用，谁来引导，怎么说明？这都是我们这次引出来的话题。

第五个问题，我们作为语言学工作者，新闻工作者，或者说作为信息处理的科学家，我们应该做什么，我们能够做什么？这些问题也是我们讨论的，有些问题是应该做的，比如少数民族语言监测问题，但是现在限于技术手段还不能做，将来要做，将来怎么做？

第六个问题，监测和规范化的问题，比方说公布新词语是不是一个规范化手段？今天已经说清楚了，这个问题不是哪些人自己来定的事情。而且我个人认为，规范化一定要稍稍地错后一点，而且不要经常地出新的规范，规范一定要在成熟了以后再出台，而且出台得越少越好，因为我知道最近可能《汉字规范表》马上要出来，而且上次开讨论会的时候我的意见非常明确，改得越少越好，不要改来改去弄得大家无所适从。

第七，还有一些问题，不知道大家讨论过没有。比方说广告问题，因为广告的影响特别大，比如一到晚上打开电视，每天晚上新闻联播之后都是"今年过节不收礼，收礼还收脑白金"，我听了之后特别不舒服，这样的广告反映了什么样的大众心理、社会心理？不收礼还收脑白金，而且鼓励人家送礼，是什么心理？还有一些格调不太高，比方说有一个广告叫做"没什么大不了"的，是做丰乳产品的广告，还有一个"做女人挺好"，还有一个广告说"做男人也挺好"，这些广告仔细琢磨琢磨，这里面有很多是跟语言有关系，但又不完全是我们管得了的事情。但是我们可以监测。这就涉及下面的一个问题,我们是监测,不是监视,也不是监察,监测还是可以的,语言社会生活我们来观察,观察之后把它客观地记录下来,然后为社会各界进行服务,那就是各取所需,你有什么用处是用户的问题,我只提供一些信息给大家,这还是可以的。

还有一些问题我们今天可能没有讨论到,我们现在的语言社会生活当中有一个现象,就是没有任何创造性,没有新意的,没有活力的一些话,官话、套话,没有信息内容的话,我经常听一个领导做报告,他讲半个小时每一句话我听得懂,然后问今天开会领导讲了什么,我一下说不出来,为什么?因为没有内容。这样的篇章我们要不要去监测?在我们的监测范围内是需要讨论的。我前天参加了我们学校的一个师德建设的座谈会,我发现有的老师说话非常有创造性,你就留下了深刻的印象;有的老师说20分钟全部是套话,没有一句话是让你有印象的。这是一个问题。

这次我们的主题是"国家语言资源监测和应用语言学的发展",国家语委、教育部语信司更关注的是国家语言资源的大问题,作为为学校服务来讲,我更关心应用语言学的学科发展问题,当然这次可能是时间的问题,没有很多的精力来讨论应用语言学学科发展问题,但是大家有一个共识,我们所做的这个研究,如果能顺应了时代和社会的需求就会得到社会的支持,用刚才的套话来说,就是"有为才能有位",大家都这么说,其实我最不爱说这样的话,但是这句话说得对。就是说语言学界只有真正做出了让社会认可的东西,让社会关注的东西,我们才能有我们自己的地位。

最后,我希望各个分中心之间彼此加强合作和交流,使我们国家语言资源监测工作能够做得更好。

图书在版编目(CIP)数据

中国语言资源论丛(一)/张普,王铁琨主编. —北京:商务印书馆,2009
ISBN 978 - 7 - 100 - 06683 - 9

Ⅰ. 中… Ⅱ. ①张…②王… Ⅲ. 社会语言学—中国—文集 Ⅳ. H1 - 53

中国版本图书馆 CIP 数据核字(2009)第 093890 号

所有权利保留。
未经许可,不得以任何方式使用。

ZHŌNGGUÓ YǓYÁN ZĪYUÁN LÙNCÓNG
中国语言资源论丛
(一)
主　编:张　普　王铁琨

商　务　印　书　馆　出　版
(北京王府井大街36号　邮政编码 100710)
商　务　印　书　馆　发　行
北京瑞古冠中印刷厂印刷
ISBN 978 - 7 - 100 - 06683 - 9

2009 年 9 月第 1 版　　　开本 850×1168　1/32
2009 年 9 月北京第 1 次印刷　　印张 12¼
定价:26.00 元